ROLF ARNOLD
HENNING PÄTZOLD

Schulpädagogik kompakt
Prüfungswissen auf
den Punkt gebracht

W0171318

Cornelsen

SCRIPTOR

Die Autoren: Rolf Arnold ist Professor für Pädagogik (Berufs- und Erwachsenenpädagogik) an der Technischen Universität Kaiserslautern und Leiter des Zentrums für Fernstudien und Universitäre Weiterbildung.
Henning Pätzold ist Juniorprofessor für Erwachsenenpädagogik an der Technischen Universität Kaiserslautern.

www.cornelsen.de

Bibliografische Information
Die Deutsche Bibliothek verzeichnet diese Publikation in der
Deutschen Nationalbibliografie; detaillierte bibliografische Daten
sind im Internet über http://dnb.ddb.de abrufbar.

Dieses Werk berücksichtigt die Regeln der reformierten Rechtschreibung und
Zeichensetzung.

7.	6.	5.	4.	3.	Die letzten Ziffern bezeichnen
11	10	09	08	07	Zahl und Jahr der Auflage.

Redaktion: lüra – Klemt & Mues GbR, Wuppertal
Satz: stallmeister publishing, Wuppertal
Umschlaggestaltung: Bauer + Möhring, Berlin
Druck und Bindearbeiten: DZA Druckerei zu Altenburg GmbH, Altenburg
Printed in Germany
ISBN 978-3-589-21377-1

Gedruckt auf säurefreiem Papier, umweltschonend hergestellt
aus chlorfrei gebleichten Faserstoffen.

Inhalt nach Schlagworten

Inhalt nach Schlagworten

Sozialisation und Gesellschaft

Bildungssystem und Bildungspolitik

Vorbemerkungen

Dieses Buch richtet sich an Lehramtsstudierende, an Referendarinnen und Referendare wie auch Pädagoginnen und Pädagogen in außerschulischen Tätigkeitsfeldern, die ihre erziehungswissenschaftlichen Kenntnisse auffrischen und aktualisieren oder auch einen ersten Einblick in ihnen weniger bekannte Bereiche gewinnen möchten.

Mit „Schulpädagogik kompakt" haben wir den Versuch unternommen, den Kernbestand des Studien- und Prüfungswissens angehender Lehrerinnen und Lehrer in verständlicher und sehr kompakter Form darzustellen. In sechs Teilbereichen werden anhand von insgesamt hundert Leitfragen die Themen erschlossen, die für die Lehramtsausbildung zentral sind. Dabei geht es sowohl um pädagogische Grundlagenthemen (z.B. Grundbegriffe wie „Lernen", „Erziehung", „Didaktik") als auch um anwendungsbezogene Fragen („Disziplinprobleme") und Rahmenkonzepte.

Jedes Kapitel beginnt mit einer Leitfrage, die anhand des Textes beantwortet wird. Auf der gegenüberliegenden Seite wird der Inhalt durch eine Grafik zusätzlich veranschaulicht, zusammengefasst oder ergänzt. Lern- und Reflexionsfragen am Ende jedes Kapitels helfen, sich auf Wesentliches zu besinnen und sollen nicht zuletzt die Prüfungsvorbereitung erleichtern. In dieser kompakten Form können die einzelnen Kapitel einen Studientext natürlich nicht ersetzten. Sie geben vielmehr einen Überblick und sollen helfen, bereits Gelerntes wieder präsent zu machen und eventuelle Lücken zu schließen. Zur Vertiefung der Themen wird am Ende eines jeden Kapitels auf aktuelle grundlegende sowie weiterführende Literatur verwiesen.

Über Rückmeldungen, Fragen oder Anregungen würden wir uns freuen: sekpaed@rhrk.uni-kl.de

Kaiserslautern, im September 2007 *Rolf Arnold, Henning Pätzold*

Erlebte Pädagogik

Anders als in manch anderen Disziplinen verfügen Studierende der Pädagogik immer bereits über eigene thematische Erfahrungen als Erzogene, Schüler bzw. Lernende. Diese Erfahrungen prägen und präformieren das Denken über Erziehung und Bildung, und nicht selten beeinflussen sie das eigene pädagogische Handeln stärker als so manch gelesenes Fachbuch oder noch so gut belegte Forschungsergebnisse.

In Untersuchungen wurde sogar festgestellt, dass die Beschäftigung mit wissenschaftlichen Sichtweisen zu Erziehungs- und Bildungsfragen häufig bloß zu einer vorübergehenden Differenzierung der eigenen erlebten Pädagogik führt: Insbesondere wenn unter Druck erzieherisch reagiert oder unterrichtlich gehandelt werden muss, fallen z.B. viele Lehrer, Erzieher oder auch Weiterbildner in die ihnen vertrauten Deutungs- und Handlungsmuster zurück.
(WAHL 1991)

Erfahrung versus Wissen

Eine erziehungswissenschaftliche Ausbildung setzt daher voraus, dass man die eigene erlebte Pädagogik reflektiert und sich darum bemüht, die durch sie grundgelegten Überzeugungen, Annahmen und Sichtweisen zu erkennen. Eine solche Reflexion verlangt jedoch zweierlei: Man muss hierzu die Möglichkeiten einer anderen bzw. besseren Praxis theoretisch erkennen und deren Andersartigkeit in ihren lernförderlichen Wirkungen zumindest in Ansätzen auch erfahren können. Nur durch eine solche auf Erfahrung basierende *pädagogische Selbstprüfung* kann es gelingen, eigene Festgelegtheiten (Vorwissen, Erwartungen, Vorurteile) als solche zu erkennen, sich der Kraft des besseren Argumentes zu öffnen sowie eine alternative Praxis mitgestalten zu können.

Professionelles Handeln

Professionelles Handeln in Bildung und Erziehung lebt davon, dass es den besseren Argumenten bzw. den empirischen Belegen folgt und nicht Ausdruck zufälliger persönlicher Erfahrungen, Vorlieben oder Beliebigkeiten ist.

So entsteht erst die Möglichkeit, Bildung und Erziehung in unserer Gesellschaft „rational und nicht egoistisch, empirisch gesättigt und nicht prinzipien-illusionistisch zu gestalten".
(LENZEN 1999, S. 176)

---

1. Welche spezifischen Erfahrungen haben Ihr Lehrer- und/oder Schülerbild eher negativ geprägt, welche eher positiv?
2. Wie hängen die persönlich erlebte Pädagogik und das eigene professionelle Handeln beispielsweise bei Lehrerinnen und Lehrern zusammen?
3. Beschreiben Sie (aus Ihrer eigenen Erfahrung als ehemalige Schülerin oder ehemaliger Schüler), über welche Kompetenzen ein professioneller Pädagoge Ihres Erachtens verfügen sollte.

COMBE, A./HELSPER, W. (Hrsg.): Pädagogische Professionalität. Frankfurt a.M. 1996.
GIESECKE, H.: Pädagogik als Beruf. Grundformen pädagogischen Handelns. Weinheim/München 1992.
LENZEN, D.: Orientierung Erziehungswissenschaft. Was sie kann, was sie will. Reinbek b. Hamburg 1999.
WAHL, D.: Handeln unter Druck. Der weite Weg vom Wissen zum Handeln bei Lehrern, Hochschullehrern und Erwachsenenbildnern. Weinheim 1991.

Professionelles pädagogisches Wisssen resultiert nicht allein aus der Ausbildung, sondern auch aus laienpädagogischem Vorwissen, aus Erwartungen und Vorurteilen.

Wenn Sie sich mit Pädagogik beschäftigen, können Sie dieses Vorverständnis unter folgenden Fragestellungen prüfen:

Laienpädagogisches Vorwissen	Erwartungen	Vorurteile

- Womit beschäftigen sich Pädagogen?
- Mit welchen Problemen sind sie konfrontiert?
- Was wissen professionelle Pädagogen im Unterschied zu Laien?

- Welche Ziele möchte ich durch die Beschäftigung mit der Pädagogik erreichen?
- Was würde mich ganz besonders interessieren?
- Was möchte ich auf gar keinen Fall?

- Meine Meinung über Lehrer und Unterricht?
- Meine Meinung über Schülerinnen und Schüler?
- Meine Meinung über das Verhältnis von Theorie und Praxis?

Pädagogisches Wissen

Wissenschaftliche pädagogische Ausbildung

Der Mensch als Mängelwesen

Die Anthropologie ist die Wissenschaft bzw. die Lehre (griech. *Logos*) vom Menschen (griech. *Anthropos*). Ihr Ziel ist es, das Wesen des Menschen zu bestimmen. Ein Weg hierzu besteht darin, die Unterschiede zwischen Mensch und Tier zu untersuchen. Dabei ist unter anderem die mangelhafte körperliche und instinktmäßige Ausstattung des Menschen betont worden – der Mensch sei eine „physiologische Frühgeburt" (A. PORTMANN), die ihre Reifemängel in einer Art extrauteriner Frühzeit ausgleichen müsse. Diese Mängel gehen mit einer hohen Lernfähigkeit einher.

Aus der Notwendigkeit, den Instinktmangel (A. GEHLEN sprach vom Menschen als „Mängelwesen") durch Lernen und Erziehung auszugleichen zu müssen, ergibt sich einerseits zwar eine *Erziehungsbedürftigkeit*, andererseits aber auch ein spezifischer Vorteil: Denn der Mensch ist wie kein anderes Lebewesen lernfähig und prägbar. Es ist letztlich diese *Bildsamkeit* des Menschen, die sein evolutionäres Überleben gewährleistet und somit menschliche Zivilisation ermöglicht.

Die Lernfähigkeit des Menschen

Die verschiedenen anthropologischen Ansätze bestimmen das spezifisch Menschliche also zum einen durch das Feststellen spezifischer *Mängel* (an Instinkten, körperlichen Eigenschaften etc.) und zum anderen durch den Hinweis auf das *Vorhandensein spezifischer Vorteile* und Potenziale (an Lernfähigkeit, Offenheit, Fähigkeit zu sozialen Bezügen etc.). Während die Annahme der Mängel vor allem aus biologischen Vergleichen erwachsen ist, ist deren Deutung als spezifisch menschliches Potenzial vor allem philosophisch beeinflusst, etwa durch Herders Charakterisierung des Menschen als „erstem Freigelassenen der Schöpfung".

Erziehung als Notwendigkeit

Beide Ansätze allerdings führen zu der doppelten Feststellung, dass der Mensch der Erziehung bedarf *und* dass er auch erzogen werden kann. Sowohl aus biologischer wie auch aus philosophischer Sicht ist davon auszugehen, dass der Mensch der Förderung bedarf, damit er sein Potenzial entfalten kann. Erziehung ist also gewissermaßen eine anthropologische Tatsache, etwas, das zum Menschsein dazu gehört. KANT formulierte dies mit den Worten:

> „Der Mensch kann nur zum Menschen werden durch Erziehung."

Für den Menschen – insbesondere für die Lehrenden – ergibt sich daraus die Pflicht zur Erziehung des Menschen – sowohl in Bezug auf eine soziale Umwelt als auch in Relation zur Gesellschaft (→ E 67).

1. Was versteht man unter der Instinktarmut des Menschen? Welche Notwendigkeiten ergeben sich daraus?
2. Erläutern Sie die Begriffe Erziehungsbedürftigkeit und Bildsamkeit.
3. Welche Bedeutung kommen dem Handeln und der Sprache für die menschliche Entwicklung zu?

GEHLEN, A.: Der Mensch. Seine Natur und seine Stellung in der Welt. Frankfurt a. M. [13]1987.
KAISER, A./KAISER, R.: Studienbuch Pädagogik. Grund- und Prüfungswissen. Berlin [9]1998.
SCHEUNPFLUG, A.: Biologische Grundlagen des Lernens. Berlin 2001.
SCHRÖDER, H.: Theorie und Praxis der Erziehung. Herausforderung an die Schule. München [2]2000.
ZDARZIL, H.: Pädagogische Anthropologie. Graz u.a. 1978.

Anthropologische Voraussetzungen der Erziehung – Grundlagen und Folgerungen

Anthropologie: Lehre/Wissenschaft vom Menschen

Anthropologische Voraussetzungen:
all die Bedingungen, die durch das Menschsein der am Unterrichtsgeschehen Beteiligten, d.h. der Schülerinnen und Schüler sowie der Lehrenden, vorgegeben sind.

Individuelle Voraussetzungen	Allgemeine menschliche Voraussetzungen
■ Alter ■ Geschlecht ■ Entwicklung ■ Milieu ■ Familiensituation ■ Lernfähigkeit, -tempo ■ sprachliche Kompetenz ■ Interessen ■ Motivation ■ Einschränkungen (z.B. Behinderungen)	■ instinktreduziert ■ hilfloser Nestflüchter ■ physiologische Frühgeburt/ extrauterine Frühzeit ■ Bildsamkeit ■ Mensch handelt sinnbestimmt (vs. instinktgesteuertes Verhalten) ■ sprachliche Vermittlung der Handlung
Mangel (an Instinkten, körperlicher Ausstattung etc.)	**Potenziale** (an Offenheit, Lernfähigkeit etc.)

Erziehungsbedürftigkeit:
Mängel müssen ausgeglichen werden, spezifisch menschliche Potenziale können nur mit Erziehung zur Entfaltung gebracht werden.

Erziehungsfähigkeit:
Durch die besondere Lernfähigkeit und Prägbarkeit sowie die spezifischen kulturellen Fähigkeiten (z.B. Sprache) kann der Mensch erzogen werden und erziehen.

Erziehungspflicht:
Wir sind verpflichtet, uns der Erziehungsbedürftigkeit des Menschen anzunehmen und – zur Sicherung des biologischen wie des geistigen Lebens – Erziehungsaufgaben wahrzunehmen.

Erziehung in sozialer Bezogenheit:
Auch der Bezug zu Mitgliedern der eigenen Spezies ist beim Menschen nicht instinktiv gesichert. Seine Kulturfähigkeit bedingt, dass er in eine je spezifische Welt hineingeboren wird.

A 3 Worin unterscheidet sich das Wissen und Handeln des professionellen Pädagogen von dem des Laien?

Differenziertheit

Das erziehungswissenschaftliche Wissen ist komplexer als das laienpädagogische. Erziehungswissenschaftliche Theorien etwa führen nicht direkt auch zu zweckrational nutzbaren Technologien. Sie beschreiben, entschlüsseln und deuten Realität in ihrer Vielschichtigkeit und in ihrer Aspektvielfalt und stellen somit eine differenzierte Sicht der Dinge bereit. Teilweise ist es möglich, die theoretischen Annahmen anhand empirischer Belege zu überprüfen. Sie sind also in ihren Aussagen intersubjektiv überprüfbar, doch keineswegs von einer quasi-naturgesetzlichen Exaktheit, auf deren Basis auch wirkungssichere Technologien bzw. Interventionstechniken entwickelbar wären.

Pädagogische Professionalität

Während erziehungswissenschaftliches Wissen also dem *Kriterium der intersubjektiven Gültigkeit* verpflichtet ist, d. h. dem Bemühen um die Erarbeitung einer möglichst zuverlässigen, gültigen und objektiven Sicht der Dinge, ist das laienpädagogische Wissen auf die Bewältigung konkreter Erziehungssituationen und auf die Lösung konkreter Erziehungsfragen bezogen. Als pädagogische Professionalität bezeichnet man daher eine berufliche Handlungskompetenz, die von einer differenzierteren Wissensbasis ausgeht als das Handeln pädagogischer Laien (z. B. Eltern) und die deshalb auch in der Lage ist, situations- und komplexitätsangemesseneres Handeln anzuleiten und pädagogische Vorgänge zu reflektieren.

Wo z. B. Eltern überwiegend intuitiv reagieren und etwa bei unerwünschtem Verhalten strafend, zurechtweisend und vielfach in den von den eigenen Eltern erlebten Formen handeln, fragt der Professional gründlicher nach den Bedingungen dieses Verhaltens sowie dessen verborgenen Motiven und Auslösekontexten (z. B. Familiendynamiken).

Ursachenbezogene Interventionen

Auf der Basis einer solchen komplexeren Analyse sind dann auch ursachenbezogene Interventionen möglich, die langfristig erziehungswirksam und nicht auf das Bewirken möglichst unmittelbarer Anpassungseffekte gerichtet sind. Eine solche Professionalität kann nur dort entstehen, wo berufspraktische Handlungsroutinen vor dem Hintergrund erziehungswissenschaftlichen Wissens kontinuierlich reflektiert, in Frage gestellt und innovativ weiterentwickelt werden.

1. Skizzieren Sie den Unterschied zwischen erziehungswissenschaftlichem und laienpädagogischem Wissen.
2. Definieren Sie die Charakteristika pädagogischer Professionalität.
3. Wie kann man den pädagogischen Professionalisierungsprozess intensivieren?
4. Welche Funktionen haben die unterschiedlichen Wissensformen?

ARNOLD, R.: Pädagogische Professionalisierung betrieblicher Bildungsarbeit. Frankfurt a. M. 1983.
COMBE, A./HELSPER, W. (Hrsg.): Pädagogische Professionalität. Frankfurt a. M. 1996.
DEWE, B.: Wissensverwendung in der Fort- und Weiterbildung. Zur Transformation wissenschaftlicher Informationen in Praxisdeutungen. Baden-Baden 1998.
VOGEL, P.: Vorschlag für ein Modell pädagogischer Wissensformen. In: Vierteljahresschrift für wissenschaftliche Pädagogik Nr. 4, 1997, S. 415–427.

Pädagogik ist keine Technologie

- Wissenschaftliche pädagogische Theorien sind keine Rezeptanweisungen für pädagogisches Handeln.
- Die Praxis funktioniert auch ohne wissenschaftliche Theorien.
- Das tatsächliche pädagogische Handeln hat etwas mit der Lehrperson und mit ihrer Persönlichkeit zu tun.

Es gibt unterschiedliche Wissensformen
Professionalisierung ist eine Transformation dieser Wissensformen:

Wissensform	Funktion
erziehungswissenschaftliches Wissen	Erklärung der Erziehungswirklichkeit
berufspraktisches Alltagswissen von Lehrern u.a.	professionelle Gestaltung pädagogischer Wirklichkeit
laienpädagogisches Wissen	Bewältigung der Erziehungsfragen im Lebensalltag

Professionalisierung ist eine doppelte Übersetzungs- bzw. Transformationsleistung, die jeder Lehrende für sich selbst vollziehen muss:

- die Transformation des erziehungswissenschaftlichen Wissens in berufspraktisches Handlungswissen einerseits und
- die Anreicherung laienpädagogischen Wissens andererseits (reflektierte Routine).

(nach E. WENIGER)

Auf Erziehungsprobleme sollte man möglichst nicht unmittelbar und vorschnell reagieren. Sie sollten zunächst verstanden und in ihrer Aspektvielfalt erschlossen werden. Aus diesem Grunde ist es in vielen Erziehungssituationen angezeigt, die Chance eines Handlungsaufschubs für eine *hermeneutische Reflexion*, d.h. eine Erschließung der Situation durch Gesichtspunkte zu nutzen. Und selbst dort, wo unmittelbar eingeschritten und reagiert werden muss (Beispiel: Ein Schüler zerstört ein Schulbuch), kann eine nachträgliche Reflexion helfen, die leitenden Gesichtspunkte des eigenen Handelns zu erkennen und im Hinblick auf ihre Angemessenheit bzw. im Hinblick auf ihre „ungewollten Nebenwirkungen" (SPRANGER) kritisch zu hinterfragen. Der vorübergehende Handlungsaufschub ist nämlich eine wichtige Voraussetzung für reflektiertes und kriterienbezogenes Handeln.

Beispiel: „Peter stört"

JÜRGEN HENNINGSEN (1984) schildert einen konkreten fiktiven Fall, in dem der Schüler Peter im Unterricht sein Schulbuch bemalt. Hier sind verschiedene Reaktionsweisen der Lehrerin oder des Lehrers denkbar, die allerdings – bei einer genauen Analyse – von unterschiedlichen Gesichtspunkten geleitet werden: So z.B. intervenieren die Lehrerin bzw. der Lehrer, weil sie das Schuleigentum (und das Kulturgut „Buch") bedroht sehen, oder sie sehen ihre eigene Autorität bedroht und möchten ihr Gesicht vor der Klasse wahren oder sie wollen einer Beeinträchtigung der Lernprozesse in der Gruppe vorbeugen. Welche erzieherische Interventionsform auch immer gewählt werden mag, sie dient bestimmten Gesichtspunkten mehr, anderen weniger. So unterbindet das Schicken des Schülers zum Rektor zwar augenblicklich das Disziplinproblem innerhalb der Klasse, trägt aber womöglich den zugrundeliegenden Schwierigkeiten des störenden Schülers in keiner Weise Rechnung. Aber auch ein Eingehen auf die möglicherweise zugrundeliegenden Schwierigkeiten des Schülers (z.B. durch Diskussion in der Klasse) lässt wiederum andere erzieherisch bedeutsame Gesichtspunkte außer Acht.

Angemessenheit des Handelns

Diese Überlegungen zeigen, dass in *pädagogischen Handlungskontexten* selten sofort und eindeutig bestimmt werden kann, welches Verhalten richtig und welches falsch ist, und dass etwa Disziplin als Ordnungsfaktor durch gemeinschaftliche Verständigung aller Beteiligten etabliert werden muss.

Es kommt darauf an, die Situation durch Betrachtung von einzelnen Gesichtspunkten zu erschließen bzw. zu rekonstruieren, welche Gesichtspunkte das (eigene) Handeln in einer konkreten Situation geleitet haben. Erst auf dieser Basis kann schließlich beurteilt werden, ob und inwieweit die gewählten Gesichtspunkte adäquat waren oder nicht.

1. Welcher der aufgeführten Gesichtspunkte ist aus Ihrer Sicht der wichtigste für eine Erziehungsintervention?
2. Fallen Ihnen noch weitere Gesichtspunkte zu diesem Beispiel ein?
3. Schildern Sie die möglichen Folgen bzw. Nachwirkungen (Fortsetzungen) der skizzierten Interventionen.
4. Erläutern Sie die Bedeutung der hermeneutischen Reflexion für die Erziehungspraxis.

→ „Peter stört" – erziehungswissenschaftliche Reflexion eines Falles

Situation

Peter bemalt im Unterricht sein Schulbuch. – Was tun?

▼

Interpretation als Erschließung der Situation durch Gesichtspunkte/Aspekte

Welche Aspekte sind zu bedenken?

- Buch ist Eigentum der Schule.
- Buch ist Kulturgut.
- Leistung/Lernprozess
- Disziplin

- Autorität des Lehrers (das Gesicht wahren)
- Peters Schwierigkeiten

- Die Aspekte sind miteinander verschränkt.
- Gehandelt wird zumeist situativ.
- Nachträgliche Reflexion kann helfen, die leitenden Gesichtspunkte zu erkennen.

▼

Fortsetzungen

(1) Schüler zum Rektor schicken
(2) nicht bestrafen, sondern Beachtung schenken – Diskussion in der Klasse

Alle ▶

- sind möglich.
- sind von Voreinstellungen abhängig.
- dienen bestimmten Gesichtspunkten mehr, anderen weniger.

▼

Hermeneutische Reflexion

macht sensibel für Zusammenhänge und Phänomene, die wir durch unsere Voreinstellungen und Handlungen konstruieren.

(nach HENNINGSEN 1984)

HENNINGSEN, J.: Peter stört. In: FLITNER, A./SCHEUERL, H. (Hrsg.): Einführung in pädagogisches Sehen und Denken. München/Zürich 1984, S. 46–65.
HITZLER, R./HONER, A. (Hrsg.): Sozialwissenschaftliche Hermeneutik. München 1997.
SCHORR, H. E.: Peter stört. Sicht und Einsicht in pädagogischen Situationen. In: BAECKER, D./MARKOWITZ, J./STICHWEH, R./TYRELL, H./WILLKE, H. (Hrsg.): Theorie als Passion. Niklas Luhmann zum 60. Geburtstag. Frankfurt a. M. 1987, S. 667–693.
UHLE, R.: Verstehen und Pädagogik. Eine historisch-systematische Studie über die Begründung von Bildung und Erziehung durch den Gedanken des Verstehens. Weinheim 1989.

Die Pädagogik ist die Wissenschaft von der Bildung und Erziehung des Menschen. Diese umfasst nicht nur die in Institutionen (z. B. Schule, Volkshochschule) stattfindenden Lernprozesse, sondern auch die Selbstlernprozesse des *lebenslangen Lernens* (z. B. Lernen am Arbeitsplatz, Lernen am PC usw. → E 66). Die Pädagogik hat nicht nur die Phasen der Kindheit und des Jugendalters zum Gegenstand, sondern beschäftigt sich ebenfalls mit der Phase der Erwachsenen- und der Altenbildung. Daher kann sie auch als eine Lebenslaufwissenschaft verstanden werden (LENZEN / LUHMANN 1997). Als eine solche untersucht sie zum einen die *Ziele und Begründungen* des lebenslangen Lernens und fragt zum anderen nach den *Bedingungen und Möglichkeiten* von gelingender Bildung und Erziehung sowie nachhaltigem Lernen. Pädagogik dokumentiert und rekonstruiert also nicht allein die Strukturen und Wirkungszusammenhänge vorgefundener Realität, sondern analysiert diese auch vor dem Hintergrund der historisch erreichten Möglichkeiten von Freiheit, Mündigkeit und Selbstbestimmung.

Pädagogische Paradigmen

Bis ins 18. Jahrhundert waren Bildung und Erziehung Gegenstand der Philosophie und der Theologie. Die Pädagogik in heutiger Form hat ihre Wurzeln in der Philosophie der Aufklärung. Noch heute ist sie geisteswissenschaftlicher Tradition verbunden (vgl. DANNER 1979) und findet in der *Hermeneutik* bzw. im pädagogischen Verstehen ihre spezifische Forschungsmethode.

In den 1960er-Jahren vollzog die Pädagogik eine so genannte „realistische Wende" und war darum bemüht, sich als eine *empirisch-analytische Wissenschaft* zu begründen, die ihre Forschungsfragen erfahrungswissenschaftlich (durch Erhebungen, Befragungen, Tests, Beobachtungen etc.) untersucht (ROTH 1962). Dies löste heftige Debatten zwischen den Hermeneutikern und den Empirikern bzw. – wie man heute sagt – zwischen den Vertretern qualitativer und denen quantitativer Forschungsverfahren aus. Mittlerweile werden:

- Verstehen (Hermeneutik),
- Erklären (Empirie) und
- Kritik (Kritische Theorie)

als drei Modi pädagogischer Forschung angesehen, die auch komplementär genutzt werden können. Man spricht mittlerweile von einem Paradigmenpluralismus – und gleichzeitig stellt sich für Pädagogen die Frage, ob die Bildungspraxis diesen pluralistischen Maßgaben entspricht oder hinter ihnen zurückbleibt. In diesem Sinne also kann die Pädagogik als eine *kritische Wissenschaft* verstanden werden.

1. Erläutern Sie den Gegenstand der Pädagogik.
2. Mit welcher Begründung lässt sich die Pädagogik als eine Lebenslaufwissenschaft definieren?
3. Was versteht man unter der „realistischen Wende" der Pädagogik?

DANNER, H.: Methoden geisteswissenschaftlicher Pädagogik. München / Basel 1979.
LENZEN, D. / LUHMANN, N. (Hrsg.): Bildung und Weiterbildung im Erziehungssystem. Lebenslauf und Humanontogenese als Medium und Form. Frankfurt a. M. 1997.
ROTH, H.: Die realistische Wendung in der pädagogischen Forschung. In: Neue Sammlung 1962, H. 2, S. 481–490.

Definition: Pädagogik ...

a) ist die Wissenschaft von der Erziehung und Bildung des Menschen.

- Entwicklung des Einzelnen
- pädagogisches Handeln
- pädagogisches Verstehen

b) forscht nach den Begründungen und Zielen von Erziehung und Bildung.

- Erziehungsziele
- Bildungstheorie
- Schulkritik

c) untersucht die Bedingungen und Möglichkeiten von Erziehung und Bildung.

- Innovation
- Bildungspolitik
- Bildung als „verborgener Reichtum" (UNESCO)

Forschung / Wissenschaft

- Verstehen
- Erklären
- Kritik

Historische Entwicklung

- Wurzeln der Pädagogik in der Philosophie
- Beginn einer wissenschaftlichen Pädagogik im 18. Jahrhundert
- geisteswissenschaftliche Tradition (Hermeneutik als verstehende Methode) bis in die 1960er-Jahre vorherrschend
- 1962 ff. „realistische Wende" (empirisch-analytische Forschung)
- 1990er-Jahre: Konzeptionierung der Pädagogik als Lebenslaufwissenschaft

Die Erziehungswissenschaft – wie die Pädagogik seit den 1970er-Jahren zunehmend bezeichnet wurde – hat erst im 20. Jahrhundert ihren Wissenschaftscharakter durch die Profilierung differenzierter Theoriekonzepte und die Entwicklung eigenständiger Forschungsmethoden herausbilden können und sich auch als universitäre Disziplin etabliert. Bereits in der Weimarer Republik waren es vor allem zwei Hauptströmungen, die schulebildend wirkten und die für das Jahrhundert prägenden Diskurse der Erziehungswissenschaft in ihren wesentlichen Argumentationen grundlegten: die geisteswissenschaftliche Pädagogik (u. a. NOHL, FLITNER, SPRANGER) und die empirische Erziehungswissenschaft (u. a. LAY, MEUMANN, LOCHNER). Nach dem unrühmlichen Intermezzo einer nationalsozialistischen Pädagogik (z. B. KRIECK) erlebte die geisteswissenschaftliche Pädagogik nach dem Jahr 1945 eine Renaissance (u. a. WENIGER). Sie wurde jedoch ab etwa 1965 wiederum durch die empirische Erziehungswissenschaft (ROTH, BREZINKA) kontrastiert. Ab etwa 1970 gewann neben den genannten Strömungen im Anschluss an die kritische Theorie von HORKHEIMER, ADORNO und HABERMAS die kritische Erziehungswissenschaft (KLAFKI, BLANKERTZ, MOLLENHAUER) an Einfluss. Nach 1975 spricht man von einem *Theorienpluralismus* in der Erziehungswissenschaft, der sich aus einem Nebeneinander unterschiedlichster Theoriekonzepte und Forschungsansätze erklärt.

Forschungsmethoden

Der wesentliche Unterschied zwischen der geisteswissenschaftlichen und der empirischen Erziehungswissenschaft besteht in den Forschungsmethoden. Die *geisteswissenschaftliche Pädagogik* geht davon aus, dass die den erzieherischen Phänomenen und Prozessen innewohnende Logik nur durch eine verstehende Rekonstruktion der handlungsleitenden Bedeutungen erschlossen werden kann. Die Vertreter der *empirischen Erziehungswissenschaft* hingegen sind darum bemüht, diese durch den Einsatz messender Forschungsmethoden (z. B. Befragung, Tests, statistische Berechnungsverfahren) nach dem Vorbild der exakten Wissenschaften zu entwickeln. In den 1960er-Jahren wurde die Wende zu einer mehr empirisch orientierten Erforschung der Erziehungsrealität programmatisch auch als „realistische Wendung von der Pädagogik zur Erziehungswissenschaft" (ROTH) bezeichnet.

Während die geisteswissenschaftliche Pädagogik in der Hermeneutik eine spezifische verstehende bzw. qualitative Herangehensweise an ihre Gegenstände entwickelte, greift die empirische Erziehungswissenschaft auf erklärende Verfahren der empirischen Sozialforschung zurück.

Heute hat sich vielerorts eine komplementäre Forschungspraxis entwickelt, die sowohl qualitative Interpretationen als auch statistische Verrechnungen und Analysen verknüpft.

1. Zeichnen Sie die historischen Entwicklungsschritte der geisteswissenschaftlichen Pädagogik und der empirischen Erziehungswissenschaft nach (Beginn, erste Blüte, Renaissance).
2. Beschreiben Sie den Gegensatz zwischen hermeneutischer und empirischer erziehungswissenschaftlicher Forschung.
3. Welche erziehungswissenschaftlichen Fragestellungen lassen sich Ihres Erachtens angemessener hermeneutisch, welche eher empirisch klären?

1800	**Kant**		**Schleiermacher**
	Marx		
ca. 1870	**Freud**	**Comte**	**Dilthey**
	Husserl		

bis 1933	Empirische Erziehungswissenschaft (LAY, MEUMANN, FISCHER, LOCHNER, PETERSEN, WINNEFELD)	Geisteswissenschaftliche Pädagogik (NOHL, FLITNER, SPRANGER, LITT)

Pädagogik des Nationalsozialismus (z. B. KRIECK, BÄUMLER)

ab 1945 — Geisteswissenschaftliche Pädagogik (u. a. WENIGER, BLOCHMANN)

ab 1965 — Empirische Erziehungswissenschaft (ROTH, BREZINKA, HEID, FEND)

ab 1970 — **Horkheimer Adorno Habermas** → Kritische Erziehungswissenschaft (KLAFKI, BLANKERTZ, MOLLENHAUER)

Theorienpluralismus

ab 1975

- Praxeologische Pädagogik (DERVOLAV, BENNER)
- Transzendentalphilosophische Pädagogik (PETZELT, HEITGER, FISCHER, RUHLOFF)
- Historisch-materialistische Pädagogik (GAMM, HEYDORN, SCHMIED-KOWARZIK, KIRCHÖFER, SÜNKER)
- Psychoanalytische Pädagogik (BITTNER, FATKE, TRESCHER)
- Phänomenologische Pädagogik (LOCH, LIPPITZ, MEYER-DRAWE)
- Systemtheoretische Erziehungswissenschaft (LUHMANN, SCHORR)
- Strukturalistische Pädagogik (LENZEN, PONGRATZ)
- Ökologische Pädagogik (SCHULZE, BAACKE, KLEBER)
- Feministische Pädagogik (PRENGEL, FAULSTICH-WIELAND, NYSSEN, METZ-GÖCKEL)
- Postmoderne Ansätze in der Erziehungswissenschaft (LENZEN, MAROTZKE, MEDER)

- Kommunikative Pädagogik (SCHALLER, SCHÄFER)
- Interaktionistische Pädagogik (BRUMLIK, THIERSCH, TERHART)
- Entwicklungspädagogik (AUFENANGER, GARZ, OSER)
- Evolutionstheoretische Pädagogik (LENHART, TREML)
- Handlungstheoretische Erziehungswissenschaft (KRÜGER, LERSCH, KÖNIG)

Pädagogische Lehren, z. B.

Montessoripädagogik
Waldorfpädagogik
Freinetpädagogik
Antiautoritäre Pädagogik
Antipädagogik

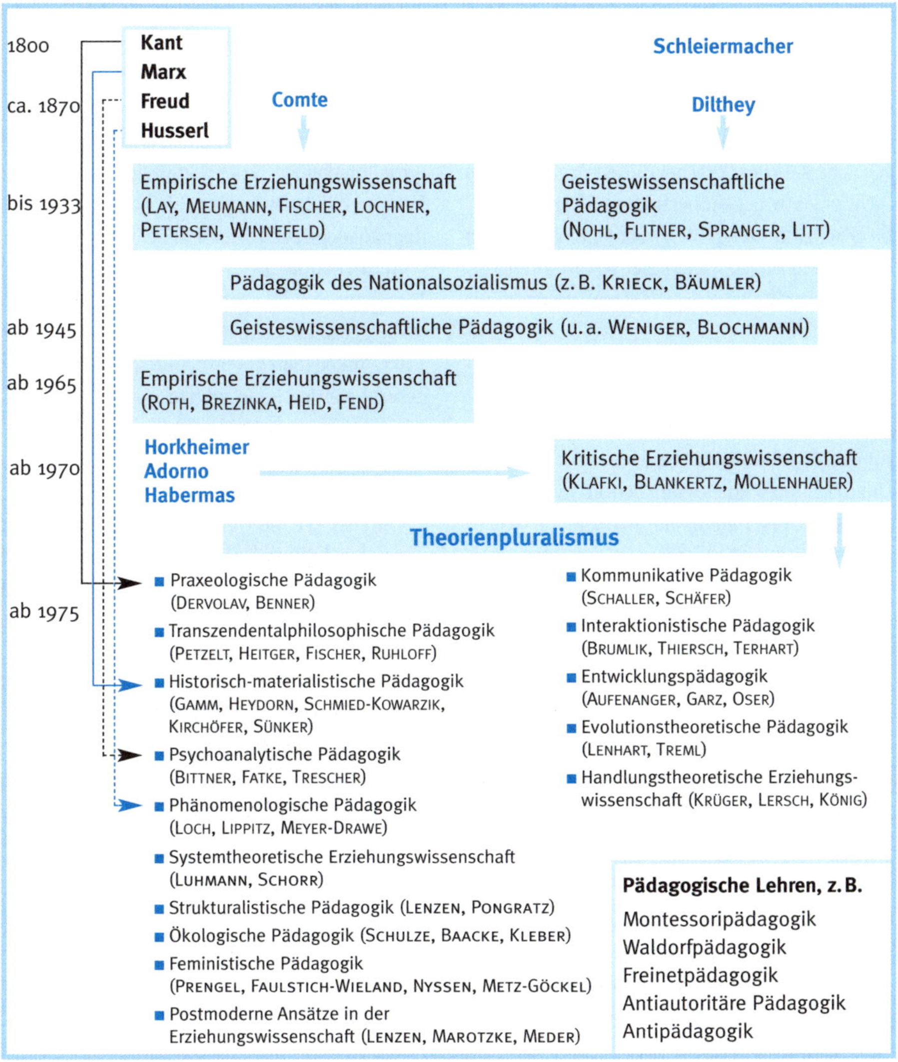

(KRÜGER 1997, S. 11)

BENNER, D.: Hauptströmungen der Erziehungswissenschaft. Weinheim ³1991.

FROMM, M.: Zur Verbindung qualitativer und quantitativer Methoden. In: Pädagogische Rundschau, H. 44, 1990, S. 469–481.

KRÜGER, H. H.: Einführung in Theorien und Methoden der Erziehungswissenschaft. Opladen 1997.

LENZEN, D.: Orientierung Erziehungswissenschaft. Reinbek b. Hamburg 1999.

ROTH, H.: Die realistische Wendung in der pädagogischen Forschung. In: Neue Sammlung, H. 2, 1962, S. 481–490.

Hermeneutik ist eine wissenschaftliche Forschungsmethode, die darauf ausgerichtet ist, den Sinn von Interaktionsprozessen oder Kulturprodukten (etwa Texten, Transkripten, Gemälden, Fotos) zu verstehen. Grundlegend ist dabei die Einsicht, dass der Forscher diesen Gegenständen nicht objektiv gegenübertritt, sondern dass er – da er selbst Bestandteil der Forschungssituation und zudem Angehöriger einer bestimmten Kultur ist – bereits über ein gewisses Vorverständnis verfügt.

Vorverständnis

Das Vorverständnis bildet den Ausgangspunkt für das Verständnis des Gegenstandes (etwa des Unterrichts als eines vom Lehrer inszenierten Prozesses). Erst indem man sich auf den Gegenstand einlässt und verschiedene Lesarten sowie Bedeutungsschichten zu rekonstruieren vermag, kann man ein erweitertes Vorverständnis entwickeln, welches wiederum zu einem erweiterten Gegenstandsverständnis verhilft. Es ist deshalb typisch für hermeneutisches (und allgemein qualitatives) Forschen, dass Forschungsfragen im Prozess der zyklischen Auseinandersetzung mit dem Gegenstand erst entstehen oder sich währenddessen immer weiter präzisieren.

Durch diese Vorgaben unterscheidet sich etwa das interpretative Paradigma einer hermeneutischen Sozialforschung auch ganz grundlegend von dem Paradigma der, von den Naturwissenschaften beeinflussten, empirisch-analytischen Sozialforschung, welche mittels quantitativer Verfahren (Test, Befragung etc.) um ein *Erklären* der pädagogischen Situation bemüht ist.

Hermeneutik bzw. qualitativ-interpretative Forschungsansätze gehen davon aus, dass man pädagogischen Handlungssituationen (etwa Peter/unkonzentrierter Schüler, → A 4) nur gerecht werden kann, indem man deren *Multiperspektivität* beschreibt. Ihnen geht es um ein *Verstehen* der pädagogischen Situationen. Dazu schreibt J. Henningsen:

„Aus der Art und Weise, wie ein Lehrer konkret handelt, können wir, indem wir dies Handeln im Blick auf unsere eben entwickelten Gesichtspunkte und vor dem Hintergrund unserer pädagogischen Erfahrung interpretieren *(erziehungswissenschaftliche Reflexion ist* in wesentlichem Umfang *Hermeneutik pädagogischen Handelns)*, ermessen, was ihm wichtig ist und welche Rangordnung er jenen Gesichtspunkten im Handeln zumisst." (Henningsen 1984, S. 57)

---

1. Definieren Sie mit eigenen Worten den Begriff Hermeneutik.
2. Warum ist hermeneutisches Forschen die für die Analyse sozialer bzw. pädagogischer Handlungssituationen adäquate Methode?
3. Welche Erkenntnisse lassen sich aus der Interpretation des konkreten Handelns von Lehrerinnen und Lehrern gewinnen?

Danner, H.: Methoden geisteswissenschaftlicher Pädagogik. Einführung in Hermeneutik, Phänomenologie und Dialektik. München/Basel 1979.

Dilthey, W.: Der Aufbau der geschichtlichen Welt in den Geisteswissenschaften. Frankfurt a. M. 1970.

Gudjons, H.: Pädagogisches Grundwissen. Bad Heilbrunn/Obb., ⁴1995.

Henningsen, J.: Peter stört. In: Flitner, A./Scheuerl, H. (Hrsg.): Einführung in pädagogisches Sehen und Denken. München ¹⁰1984, S. 46–66.

Hitzler, R./Honer, A. (Hrsg.): Sozialwissenschaftliche Hermeneutik. Eine Einführung. Opladen 1997.

Mayring, P.: Einführung in die qualitative Sozialforschung. München ⁴1999.

Grundbegriffe und Grundkonzepte der Pädagogik

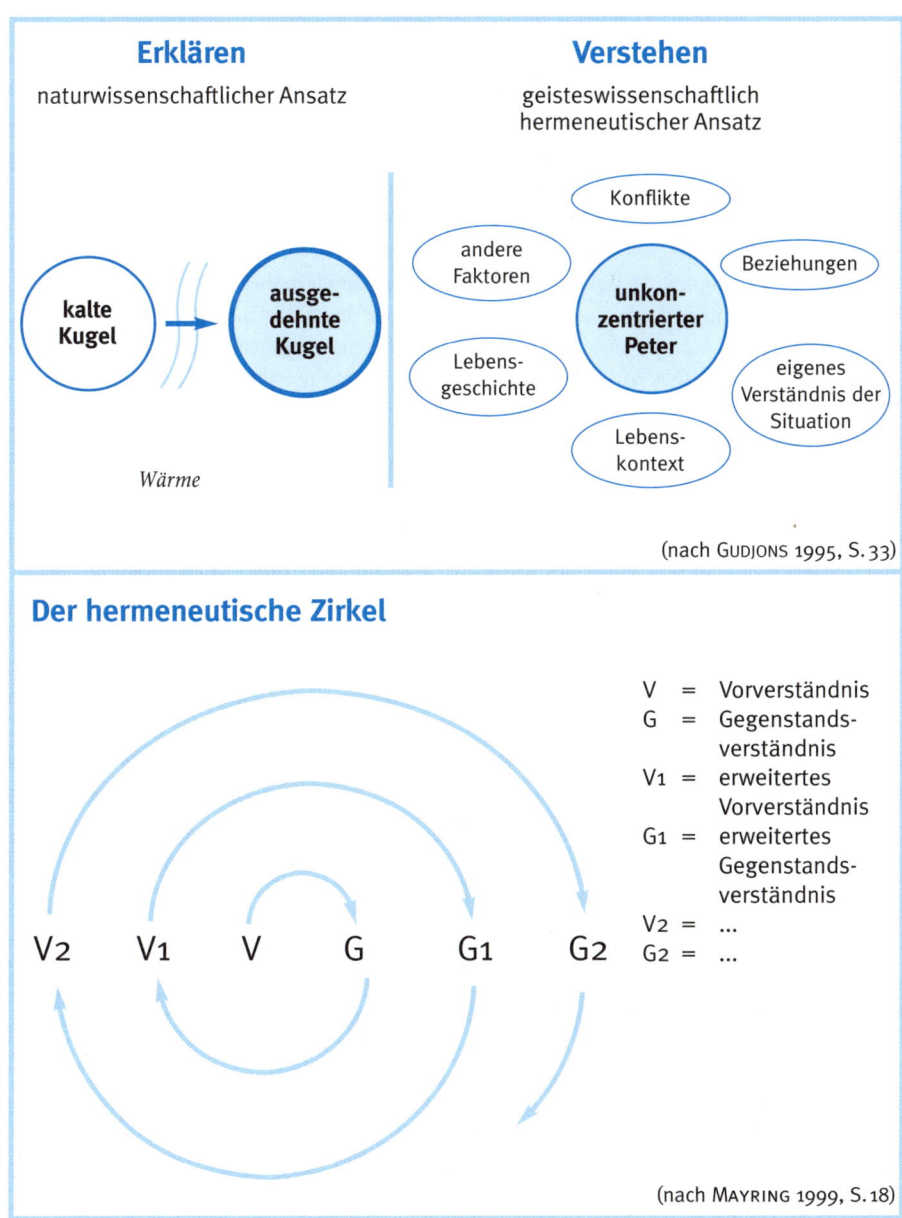

Erklären

naturwissenschaftlicher Ansatz

Verstehen

geisteswissenschaftlich
hermeneutischer Ansatz

Konflikte

andere Faktoren

Beziehungen

kalte Kugel → ausge-dehnte Kugel

unkon-zentrierter Peter

Lebens-geschichte

eigenes Verständnis der Situation

Lebens-kontext

Wärme

(nach GUDJONS 1995, S. 33)

Der hermeneutische Zirkel

V₂   V₁   V   G   G₁   G₂

V = Vorverständnis
G = Gegenstandsverständnis
V_1 = erweitertes Vorverständnis
G_1 = erweitertes Gegenstandsverständnis
V_2 = ...
G_2 = ...

(nach MAYRING 1999, S. 18)

Die humanistische Pädagogik geht von der These aus, dass Erziehung *Sinn* benötigt. Ausgangspunkt hierfür ist der Mensch selbst, das heißt die Frage, was wir über das Menschsein wissen und was Bildung und Erziehung tun bzw. unterlassen müssen, um dieses Menschsein zu fördern. ERICH FROMM hat darauf hingewiesen, dass die menschliche Fähigkeit zur Sinnstiftung und Produktivität eng mit der Selbstliebe bzw. Selbstachtung verbunden ist. Erziehung hat demnach einen Beitrag zur Ausbildung eines „humanistischen Gewissens" zu leisten, das dem Menschen in seiner Selbstachtung und Sinnstiftung Orientierung bietet. Dieses unterscheidet sich grundlegend von einem autoritären Gewissen, welches auf Verinnerlichung „äußerer Gewalt" aufbaut und „Haben" bzw. Pflichterfüllung und Gehorsam in den Mittelpunkt des Lebens stellt. FROMM geht davon aus,

> „[...] dass der Mensch grundsätzlich die Wahl hat zwischen Leben und Tod, zwischen Kreativität und destruktiver Gewalt, zwischen Wirklichkeitssinn und Illusion, zwischen Objektivität und Intoleranz, zwischen brüderlicher Unabhängigkeit und einer Bezogenheit aufgrund von Über- und Unterordnung" (FROMM 1980, S. 78 ff.).

Lebendiges Lernen

Lehr-Lern-Prozesse müssen den Ideen der humanistischen Pädagogik folgend grundsätzlich in solcher Weise arrangiert werden, dass Empathie, Echtheit und positive Wertschätzung von den Lernenden erlebt, erprobt und geübt werden können. Ansätze des schüler- oder lernerzentrierten Lernens tragen nachgewiesenermaßen dazu bei, dass Schülerinnen und Schüler ihr Selbstkonzept ausgeprägter entwickeln und somit auch besser zu einem selbst gesteuerten Verhalten in der Lage sind (vgl. Gesellschaft ... 1987, S. 30).

Ein dergestalt *lebendiges* Lernen (→ B 24, D 53) fördert – so die Annahme – jenes humanistische Gewissen, welches FROMM vom „autoritären Gewissen" abgrenzt. Es begünstigt die produktive Aneignung an Stelle von Verinnerlichung bzw. Befolgung äußerer Autorität. Lernen Menschen auf diese Weise, stehen sie in einem engen Kontakt zu ihrem „wahren Selbst" und ihren Interessen.

Mit FROMM formuliert, erfolgt der Lernprozess im „Modus des Seins", da dieser Prozess durch Wachstum, Lebendigsein (dürfen) und Tätigsein gekennzeichnet ist.

---

1. Versuchen Sie die Begriffe „Haben" versus „Sein" didaktisch zu deuten.
2. Wie könnte ein Unterricht aussehen, der die Fähigkeit der Schülerinnen und Schüler zur Selbstliebe fördert?
3. Inwieweit hängt Selbstliebe mit Selbsttätigkeit zusammen?

ARNOLD, R.: Humanistische Pädagogik. Emotionale Bildung nach Erich Fromm. Frankfurt/Main 2002.
BUDDRUS, V. (Hrsg.): Humanistische Pädagogik. Eine Einführung in Ansätze integrativen und personenzentrierten Lebens und Lernens. Bad Heilbrunn/Obb. 1995.
CLASSEN, J. (Hrsg.): Erich Fromm und die Pädagogik. Gesellschaftscharakter und Erziehung. Weinheim/Basel 1987.
CLASSEN, J. (Hrsg.): Erich Fromm und die Kritische Pädagogik. Weinheim/Basel 1991.
FROMM, E.: Probleme der Humanistischen Ethik. In: ders.: Analytische Charaktertheorie, Bd. 2 der Gesamtausgabe. Stuttgart 1980, S. 78 ff.
ROGERS, C.: Entwicklung der Persönlichkeit. Stuttgart 1979.

	Autoritäres Gewissen	**Humanistisches Gewissen**
Definition	verinnerlichte äußere Autorität	Fähigkeit zur Selbstliebe, Biophilie und Produktivität
Verhältnis zur Selbstsucht	Widerspruch: „Sei nicht selbstsüchtig!" versus „Sei selbstsüchtig!"	Selbstliebe ist etwas anderes als Selbstsucht.
Verhältnis zum Selbstinteresse	negativ: „echtes" Selbstinteresse nicht zugelassen	positiv: Voraussetzung des humanistischen Gewissens
Verhältnis zur Selbstliebe	Selbstliebe als Selbstsucht denunziert	„Liebe deinen Nächsten wie dich selbst!"
Lebensmodus	Modus des Habens (tote Materie, Pflicht, Gehorsam)	Modus des Seins (Wachstum, Tätigsein, Interesse, Lebendigkeit)

(nach FROMM 1980)

ERICH FROMM: *„Erziehung braucht Sinn."*

CARL ROGERS:

„Je mehr ich gegenüber den Realitäten in mir und im Anderen offen bin, desto weniger verfalle ich dem Wunsch, herbeizustürzen und ‚die Dinge in Ordnung zu bringen'. Während ich versuche, mir und den Erfahrungsvorgängen, die sich in mir ereignen, zuzuhören, und je mehr ich versuche, die gleich zuhörende Einstellung auf andere Menschen auszudehnen, desto mehr Respekt empfinde ich vor den komplexen Prozessen des Lebens. So werde ich immer weniger dazu neigen, hinzueilen, um Dinge in Ordnung zu bringen, ‚Ziele zu setzen', Menschen zu formen, sie in die Richtung zu manipulieren und zu schieben, in die ich sie haben möchte." (ROGERS 1979, S. 37)

Mit dem Begriff Reformpädagogik wird zweierlei bezeichnet: zum einen eine Epoche in der Geschichte der Pädagogik, die etwa ein halbes Jahrhundert – von etwa 1880 bis 1930 – umfasste, zum anderen „ein prinzipiell unabschließbares Projekt" (OELKERS 1996, S. 153) im Sinne einer pädagogischen *Alternative*.

Die gegenwärtigen reformpädagogischen Strömungen beziehen sich in der Mehrzahl auf die Gründerväter und -mütter (z. B. PETER PETERSEN, RUDOLF STEINER, JOHN DEWEY, MARIA MONTESSORI, ELLEN KEY), die die pädagogische Diskussion in den ersten Jahrzehnten des letzten Jahrhunderts bestimmten. Sie entwickeln deren Ideen und Konzepte weiter. Die Orientierung des erzieherischen Handelns am und vom Kinde aus (MONTESSORI) etwa ist eines der nachhaltigen Prinzipien dieser Bewegung.

Reformpädagogisches Denken

Ähnliche Konzepte wie die der Reformpädagogik vertritt auch die humanistische Pädagogik (→ A 8). Diese beiden Richtungen basieren auf grundsätzlichen anthropologischen Auffassungen, beispielsweise über die intrinsische Motivation zum Lernen beim Kind, über die Bedeutung der Selbsttätigkeit für das Lernen sowie über den berechtigten Anspruch auf entsprechende Entfaltungsmöglichkeiten der Schülerinnen und Schüler.

Reformpädagogische Bewegungen haben allerdings zu jeder Zeit alternativ zu bestehenden Strukturen gewirkt und dies ist auch als ein „Wesensmerkmal der reformpädagogischen Argumentation und Planung" (RÖHRS 1998, S. 93) zu verstehen. Auch wenn Reformpädagogik vor allem in Zusammenhang mit den aus ihr erwachsenen Schulformen (z. B. Waldorfschulen, Montessorischulen, Jenaplanschulen) wahrgenommen wird, stellt sie keine Schulbewegung dar. Reformpädagogisches Denken ist vielmehr auf eine bestimmte „Lebensreform" (ebd., S. 39) hin ausgerichtet, die die Schule als einen wichtigen Ansatzpunkt anerkannt hat. Aus diesem Grund ist es auch problematisch, bestimmte Ideen oder einzelne Methoden unreflektiert aus ihrer reformpädagogischen Tradition herauszulösen und in andere Erziehungskonzepte einzubauen.

Inzwischen hat eine erhebliche Diffusion reformpädagogischer Ansätze in das staatliche Schulwesen stattgefunden – was sich besonders in den Grundschulen bemerkbar macht. So entstammen z. B. das arbeits- und gruppenunterrichtliche Verfahren, die Freiarbeit und der Projekt- sowie Epochenunterricht der reformpädagogischen Tradition (ebd., S. 88). Darüber hinaus gibt es ein lebendiges *alternatives* Schulwesen (→ F 87), in dem die Ansätze der Reformpädagogik zum Teil noch weiter entwickelt werden.

---

1. Welche zwei Bedeutungen hat der Begriff Reformpädagogik?
2. Welche Rolle spielt die Schule in der Reformpädagogik?
3. Welche Bezüge gibt es zwischen der Reformpädagogik und anderen pädagogischen Richtungen?

HASENCLEVER, W.-D. (Hrsg.): Reformpädagogik heute. Wege der Erziehung zum ökologischen Humanismus. Frankfurt a. M. 1993.
OELKERS, J.: Reformpädagogik. Eine kritische Dogmengeschichte. Weinheim/München ³1996.
RÖHRS, H.: Reformpädagogik und innere Bildungsreform. Weinheim 1998.

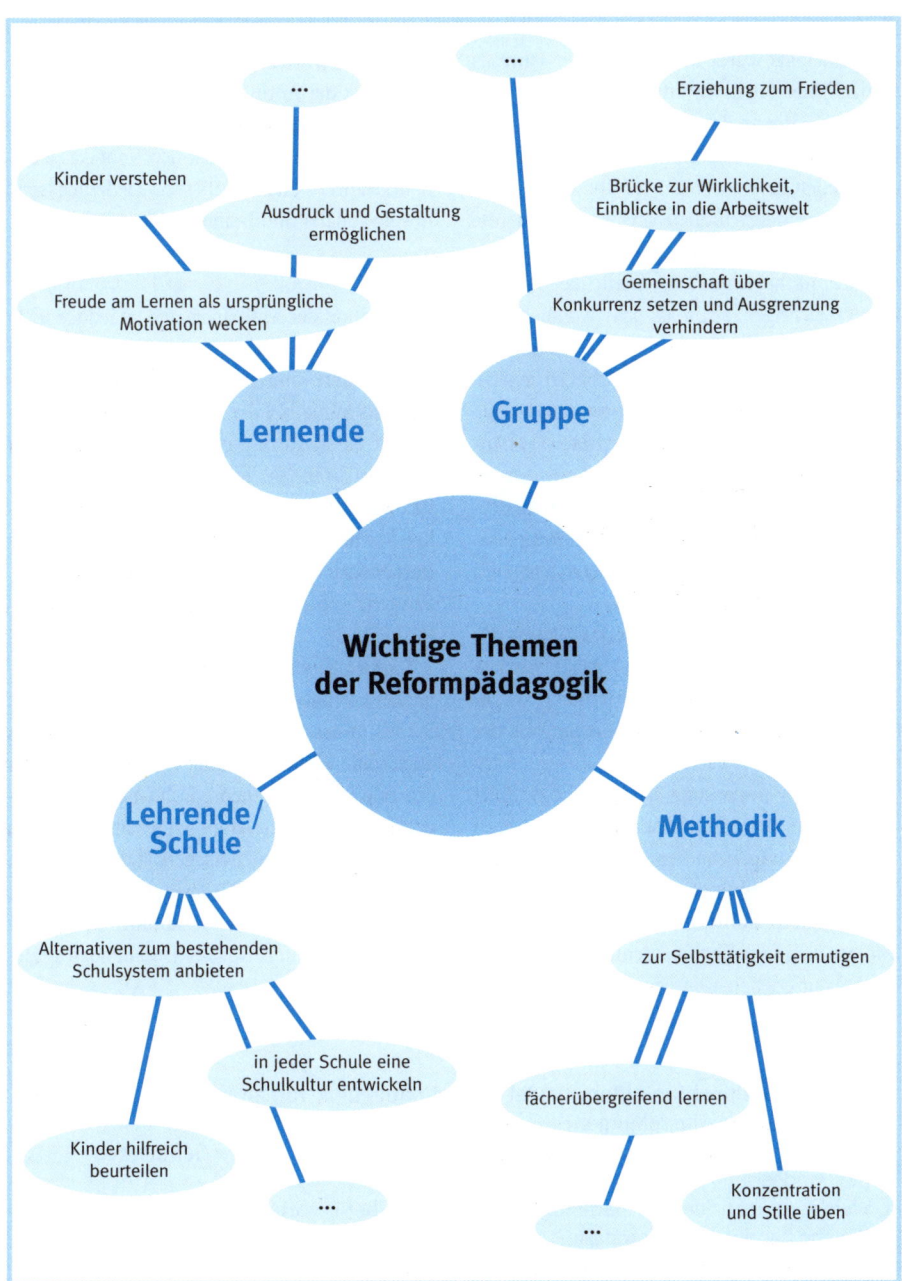

Konzept

Antipädagogik wurde Mitte der 1970er-Jahre als Begriff eingeführt. Mit ihm verbindet sich eine radikale Kritik an der Funktion und Praxis von Pädagogik und Erziehung: Die Antipädagogen unterstellen Erwachsenen, dass ihr Erziehungsverhalten kinderfeindlich sei, weil ihnen „die angestrebten Erziehungsziele (Sauberkeit, Ordnung, Pünktlichkeit, Fleiß, Ehrlichkeit und so weiter) wichtiger [seien als das] Wohlbefinden [des Kindes]" (V. BRAUNMÜHL 1978, S. 21).

Die „Lektion", die die Kinder dabei lernen, ist, dass sie nicht so angenommen werden, wie sie sind, sondern dass die Zuwendung davon abhängig ist, ob sie den geforderten Verhaltens-, Denk- und Fühlweisen entsprechen. Kinder lernen deshalb mit der Zeit – so die These vieler Antipädagogen – einen Teil ihrer Gefühle abzuspalten und entwickeln ein „falsches Selbst".

In ihrem vielbeachteten Buch „Das Drama des begabten Kindes" (1979), das ALICE MILLER 1997 in einer „Um- und Fortschreibung" vorgelegt hat, spricht sie von der „verlorenen Welt der Gefühle" und stellt fest:

> „Die frühe Anpassung des Säuglings führt dazu, dass die Bedürfnisse des Kindes nach Liebe, Achtung, Echo, Verständnis, Teilnahme, Spiegelung verdrängt werden müssen. [...] Es ist eine ganze Kunst entwickelt worden, Gefühle von sich fernzuhalten, denn ein Kind kann diese nur erleben, wenn eine Person da ist, die

es mit diesen Gefühlen annimmt, versteht und begleitet" (MILLER 1997, S. 22 f.).

Die Kritik der Antipädagogen richtet sich demnach gegen die Anpassung des Kindes durch Erziehung, weil es dadurch den Kontakt zu seinem „wahren Selbst" verliert und lediglich lernt, in emotionaler Blind- und Taubheit zu leben.

Kritik

Die Position der Antipädagogen ist jedoch nicht unwidersprochen geblieben. Angefochten wurde insbesondere ihre romantisierende Grundhaltung: Es käme bei der Erziehung einzig darauf an, auf die Bedürfnisse und die Lebenswelt der Heranwachsenden einzugehen. Übersehen werde dabei allerdings, dass man nicht *nicht* erziehen könne (FLITNER) und dass es bei Erziehung immer auch um Stellungnahmen und Bewertungen gehe – so die Kritiker der antipädagogischen Position.

Damit „Kinder optimale Entwicklungsmöglichkeiten haben" (OELKERS/LEHMANN 1990, S. 139), müsse Erziehung sowohl souverän als auch ohne Willkür gestaltet werden. Das sei der zentrale erziehungstheoretische Aspekt: Es handelt sich bei der Erziehungsfrage also nicht um eine Entscheidung zwischen den Positionen Erziehen oder Nicht-Erziehen, sondern um die entwicklungsfördernde Gestaltung des grundsätzlich nicht zur Disposition stehenden Erziehungsumgangs.

1. Welche Grundposition unterscheidet die Antipädagogik von anderen pädagogischen Einstellungen?
2. Wie wirkt sich Erziehung nach Ansicht der Antipädagogen auf die Gefühlswelt des Kindes aus?
3. Welche Aspekte der antipädagogischen Position befürworten Sie? Welche Aspekte kritisieren Sie?
4. Wie lauten die Argumente der Kritiker gegen die Position der Antipädagogik?

Grundthesen von Ekkehard von Braunmühl: „Zeit für Kinder". Frankfurt a. M. 1978:

Positionen eines Antipädagogen:

„Das Problem besteht darin, dass Erwachsene häufig kinderfreundliche Gefühle in sich vorfinden, dass sie aber dennoch vieles tun, was Kinder als Unfreundlichkeiten empfinden müssen."

„Alle Erfahrungen über die Ursachen seelischer Erkrankungen bei Kindern und Jugendlichen zeigen: Hiebe aus Liebe sind weniger schlimm als Spaß aus Hass. Aber auch Hiebe aus Liebe sind schlimm genug, sind kinderfeindlich."

„Jedes Kind, das von liebenden Eltern Erziehungsmaßnahmen unterworfen wird, nimmt außer der Liebe auch zur Kenntnis, dass seine Eltern die angestrebten Erziehungsziele (Sauberkeit, Ordnung, Fleiß, Ehrlichkeit und so weiter) wichtiger finden als sein Wohlbefinden."

„Viele Eltern quälen Kinder heute aus einer Liebe heraus, die das Morgen meint. Aber die in die Zukunft gesendete Liebe kann von Kindern nicht empfangen werden."

„Das Kind kann ein sicheres Selbstgefühl und Selbstbewusstsein nur entwickeln, wenn es von seinen wichtigen Beziehungspartnern in der jeweiligen Gegenwart bedingungsloses Angenommensein erfährt und erfühlt. Diese Tatsache lässt sich mit Erziehungsakten nicht vereinbaren."

(E. v. BRAUNMÜHL 1978, S. 17 ff.)

BRAUNMÜHL, E. v.: Zeit für Kinder. Frankfurt a. M. 1978.
FLITNER, A.: Konrad, sprach die Frau Mama. Über Erziehung und Nicht-Erziehung. München / Zürich 1990.
MILLER, A.: Am Anfang war Erziehung. Frankfurt a. M. 1980.
MILLER, A.: Das Drama des begabten Kindes. Eine Um- und Fortschreibung. Frankfurt a. M. 1997.
OELKERS, J. / LEHMANN, T.: Antipädagogik. Herausforderung und Kritik. Braunschweig ²1990.

Forschungsinhalte

Die Pädagogik beschäftigt sich mit der Analyse

- der gesellschaftlichen Bedingungen (Makro-Ebene),
- der institutionellen Gegebenheiten (Meso-Ebene I),
- der interaktiven bzw. unterrichtlichen Prozesse (Meso-Ebene II),
- der individuellen Aneignungsformen (Mikro-Ebene) pädagogischen Handelns.

Dabei bedient sie sich sowohl *qualitativ-hermeneutischer Verfahren*, die auf das rekonstruktive Verstehen bezogen sind, als auch *empirisch-analytischer* Zugriffe, die mit quantitativen Forschungsmethoden arbeiten und Erklärungswissen (z. B. Wenn-dann-Aussagen) anstreben (→ A 6, 7). Der Anspruch der Pädagogik ist es dabei aber nicht nur, ihren Gegenstand zu analysieren. Als *kritisch-konstruktive Handlungswissenschaft* (→ A 15) möchte sie darüber hinaus Anregungen und Hinweise zur professionellen Gestaltung und Verbesserung pädagogischer Praxis bereitstellen.

Solche Hinweise sind jedoch keinesfalls als allgemein übertragbare Anweisungen zu verstehen. Denn pädagogische Handlungssituationen sind durch jeweils sehr spezifische Kontextbedingungen gekennzeichnet und diese erfordern ein der jeweiligen Situationsspezifik angemessenes Handeln. Das wissenschaftliche Wissen kann über die Vielfalt der möglichen Aspekte, Motive sowie Bedingungen von Handlungssituationen aufklären und ermöglicht so Interventionsformen, die im Gegensatz zu schematisiertem Handeln der Komplexität der jeweiligen Handlungssituationen angemessen sind.

Bildungspolitik

Die vier Gegenstandsebenen der Pädagogik verdeutlichen zudem, dass pädagogisches Forschen mehr umfasst als die Analyse von Lehr-Lern-Prozessen und die Bildungsfrage von Individuen. Von besonderer Bedeutung ist hierbei die Tatsache, dass Bildung und Erziehung Ausdruck einer gesellschaftlichen Situation sind und nicht zuletzt auch in weiten Bereichen politischer, also staatlicher bzw. öffentlicher Verantwortung unterliegen. Insbesondere der institutionelle Aspekt pädagogischen Handelns wird häufig zu wenig in den Blick genommen.

Erst in jüngerer Zeit wurde erkannt, welche Rolle die Entwicklung des institutionellen Rahmens für pädagogisches Handeln spielt (Stichwort Schulentwicklung, → F 99) und wie diese die Qualität von Bildungsangeboten und Lernprozessen bestimmt.

1. Auf welcher Ebene würden Sie die didaktische Forschung ansiedeln?
2. Auf welchen Ebenen sind der Bildungs- und der Erziehungsbegriff verankert? Erläutern Sie die Bezüge (z. B. den gesellschaftlichen Aspekt von Bildung).
3. Formulieren Sie für jede Gegenstandsebene zwei weitere Fragestellungen und markieren Sie anhand dieser mögliche Gestaltungs- und Verbesserungsperspektiven.

BENNER, D.: Hauptströmungen der Erziehungswissenschaft. Weinheim 1991.
KRÜGER, H.-H./HELSPER, W. (Hrsg.): Einführung in Grundbegriffe und Grundfragen der Erziehungswissenschaft. Opladen 42000.
KRÜGER, H.-H./RAUSCHENBACH, TH. (Hrsg.): Einführung in die Arbeitsfelder der Erziehungswissenschaft. Opladen 32000.

Fokus der Pädagogik — Gegenstandsebenen	Ausgewählte Fragestellungen pädagogischer Forschung	
	Verstehen/Erklären	**Gestalten/Verbessern**
Makro-Ebene (Gesellschaft)	▪ Welchen gesellschaftlichen Interessen und Zielen dient das Bildungssystem? ▪ Welchem zukünftigen Bedarf muss die Schule von morgen Rechnung tragen? ▪ etc.	▪ Wie lassen sich Bildungsgänge (z. B. ein Studium) praxisnah gestalten? ▪ Wie kann die Qualität der Berufsbildung verbessert werden? ▪ etc.
Meso-Ebene I (Institution)	▪ Wie wirken sich die organisatorisch-institutionellen Aspekte von Bildung auf deren Qualität aus? ▪ Welche pädagogischen Nachteile sind mit der Institutionalisierung von Bildungsprozessen verbunden? ▪ etc.	▪ Wie können Partizipationschancen (Mitwirkung von Eltern und Schülern) in den Schulen erhöht werden? ▪ Wie lassen sich die Institutionen pädagogischer gestalten? ▪ etc.
Meso-Ebene II (Interaktion)	▪ Welche Bedingungen und Faktoren beeinflussen das Unterrichtsgeschehen? ▪ etc.	▪ Wie können die Voraussetzungen für soziales Lernen verbessert werden? ▪ etc.
Mikro-Ebene (Individuum)	▪ Wie lernen Menschen? ▪ Wie wirken sich die jeweiligen subjektiven und biografischen Voraussetzungen im Lernprozess aus? ▪ etc.	▪ Wie kann das individuelle Lernen effektiver gestaltet werden? ▪ Wie kann die Persönlichkeitsentwicklung des Einzelnen gefördert werden? ▪ etc.

Wie andere wissenschaftliche Disziplinen ist auch die Pädagogik arbeitsteilig organisiert. In verschiedene Subdisziplinen ausdifferenziert, widmet sie sich den unterschiedlichsten Aspekten oder Teilbereichen des Erziehungs- und Bildungssystems. Es werden zunächst die folgenden drei Bereiche unterschieden:

- die historische Pädagogik,
- die vergleichende Pädagogik,
- die allgemeine Pädagogik.

Subdisziplinen

Aus Letzterer haben sich weitere Pädagogiken ausdifferenziert: *Vorschulpädagogik* untersucht die Formen der Förderung im Vorschulalter (Kindergarten usw.). *Familienpädagogik* nimmt die erzieherische Bedeutung der Familie in den Blick. *Sozialpädagogik* widmet sich der außerschulischen Jugendbildung und den erzieherischen Integrationsbemühungen der Rand- und Problemgruppen in unserer Gesellschaft sowie der Förderung anderer spezieller Gruppen (z. B. alter Menschen). *Schulpädagogik* analysiert schulisch institutionalisierte Bildungsgänge. Da das lebenslange Lernen (→ E 66) in den modernen Gesellschaften zunehmend an Bedeutung gewinnt, erlangen die *Erwachsenenpädagogik* und die *Betriebspädagogik* (Lernen am Arbeitsplatz, betriebliche Aus- und Weiterbildung) als Spezialdisziplinen der Pädagogik immer mehr Beachtung. Die *Berufs-* und die *Wirtschaftspädagogik* schließlich stehen den Zielen, Bedingungen sowie Formen und Möglichkeiten der beruflichen Qualifizierung näher.

Neben diesen wichtigen Teildisziplinen gibt es weitere Spezialisierungen. Gemäß der Aufteilung der Deutschen Gesellschaft für Erziehungswissenschaft in Fachkommissionen wären hier zu nennen:

- die Freizeitpädagogik,
- die Sonderpädagogik (Behindertenpädagogik),
- die Sportpädagogik,
- die psychoanalytische Pädagogik,
- die Pädagogik der frühen Kindheit.

Die Grenze zwischen Erziehungswissenschaft und Pädagogik wird von verschiedenen Autoren unterschiedlich gezogen – zum Teil werden beide Begriffe synonym verwendet. Bisweilen allerdings wird die Bezeichnung Erziehungswissenschaft als wissenschaftliche Disziplin der Pädagogik als normativ- und praxisorientierterer Lehre gegenübergestellt. Erziehungswissenschaft hat in diesem Sinn nicht wie die Pädagogik die Aufgabe, eine unmittelbare Regelung der Erziehungspraxis anzustreben, sondern sie soll diese kritischer hinterfragen. Die pädagogische Psychologie und die Erziehungssoziologie (auch Bildungssoziologie) – spezielle Arbeitsbereiche der Bezugswissenschaften Psychologie und Soziologie – werden bei KESSLER und KRÄTZSCHMAR (1993) unter einen sehr weit gefassten Begriff von Erziehungswissenschaften subsumiert.

---

1. Welche Subdisziplinen der Pädagogik könnten Beiträge zum Verständnis eines störenden Schülers leisten?
2. Aus welchen Gründen gewinnt die Erwachsenenpädagogik seit einigen Jahren kontinuierlich an Bedeutung?
3. Ist die Auffächerung der Schulpädagogik vollständig? Welche Themenbereiche fehlen?

Ausdifferenzierungen der Pädagogik

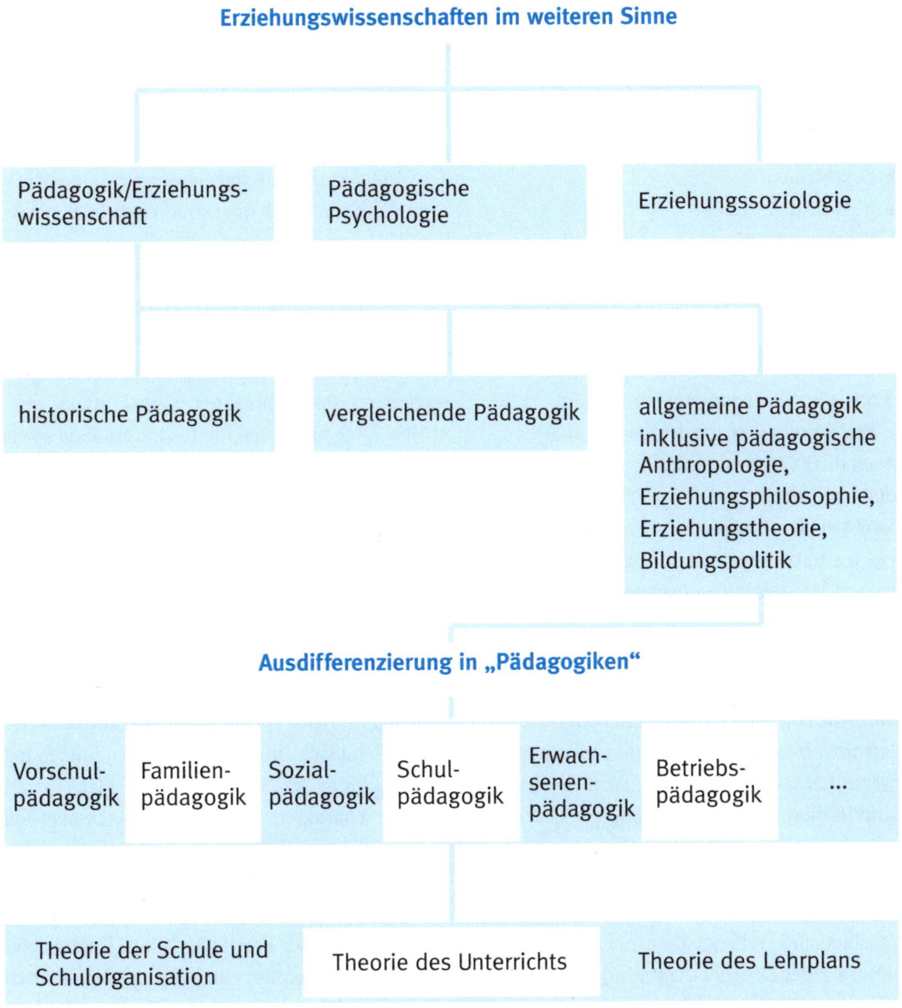
Erziehungswissenschaften im weiteren Sinne
Pädagogik/Erziehungswissenschaft
Pädagogische Psychologie
Erziehungssoziologie
historische Pädagogik
vergleichende Pädagogik
allgemeine Pädagogik inklusive pädagogische Anthropologie, Erziehungsphilosophie, Erziehungstheorie, Bildungspolitik
Ausdifferenzierung in „Pädagogiken“
Vorschulpädagogik
Familienpädagogik
Sozialpädagogik
Schulpädagogik
Erwachsenenpädagogik
Betriebspädagogik
...
Theorie der Schule und Schulorganisation
Theorie des Unterrichts
Theorie des Lehrplans

(KESSLER/KRÄTZSCHMAR 1993, S. 4)

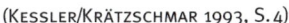

GIESECKE, H.: Einführung in die Pädagogik. Weinheim/München 1990.

KESSLER, E./KRÄTZSCHMAR, C.: Schulpädagogisches Repetitorium. Neuwied 1993.

KRÜGER, H.-H./RAUSCHENBACH, T. (Hrsg.): Einführung in die Arbeitsfelder der Erziehungswissenschaft. Opladen ^{2}1997.

LENZEN, D.: Orientierung Erziehungswissenschaft. Was sie kann und was sie will. Reinbek b. Hamburg ^{3}2004.

MEYER, H.: Schulpädagogik. Bd. 1 und 2. Berlin 1997.

Die Schulpädagogik befasst sich mit allen Aspekten der schulisch institutionalisierten Erziehung und Bildung von Heranwachsenden bzw. jungen Erwachsenen – unter anderem behandelt sie Themen wie

- Geschichte,
- Theorie der Schule,
- Schulorganisation,
- Schulrecht,
- allgemeine Didaktik,
- Unterricht,
- Theorie der Lern- und Sozialisationsbedingungen sowie
- Professionalisierung der Lehrerschaft.

Auch die Erwartungen der *Gesellschaft*, d. h. bildungsrechtliche und -politische Vorgaben und Kontroversen (bis hin zur Schulkritik), die das Lernen und Unterrichten in der Schule beeinflussen, werden von ihr in den Blick genommen.

Formalisierungen und Funktionen

Im Zentrum der Schulpädagogik stehen allerdings die Formalisierungen und Funktionen von *Interaktion und Kommunikation* zwischen *Lehrer und Schüler*. Wesentliche Formalisierungen sind in diesem Zusammenhang der *Unterricht*, das *Curriculum* sowie das *Lernarrangement*. Diese sind insofern formalisiert, als sie mehr oder weniger deutlich definierten Standards verpflichtet sind (z. B. der Unterrichtsplanung und -stufung, der Lernzielorientierung, der Schülerselbsttätigkeit), an deren Erreichen oder Nicht-Erreichen sich auch Qualitätsbeurteilungen festmachen lassen. Die wesentlichen Funktionen schulisch formalisierter Bildung und Erziehung sind die *Beratung, Förderung* und *Beurteilung* Heranwachsender (→ Kapitel D) sowie deren *Qualifikation* und *Sozialisation* (→ Kapitel E).

Außerdem erfüllt das Bildungssystem wichtige Funktionen für die Gesellschaft (z. B. Selektion). Es ist zudem für die Regelung und Organisation von Schule verantwortlich (Schulgesetze, Lehrpläne etc.). Aber es sind nicht nur die staatlichen Instanzen (z. B. Kultusministerien und Schulaufsichtsbehörden), die auf die entsprechenden Rahmenbedingungen Einfluss nehmen. Auch zahlreiche Interessenverbände sowie Kirchen und Parteien artikulieren ihre Erwartungen und versuchen, diese durchzusetzen: In diesem Sinne sprach ERICH WENIGER von Lehrplänen als Ergebnissen eines „Kampfes der gesellschaftlichen Mächte".

Schulentwicklung als Prozess

HILBERT MEYER geht in seiner „Schulpädagogik" weniger von den Formalisierungen und Funktionen schulisch institutionalisierter Erziehung und Bildung aus, sondern vom Gedanken des Prozesscharakters von Schulentwicklung, da „Schule immer in Bewegung ist". Er befasst sich besonders mit „Leitbildern" der Schule, mit Organisationslernen, mit den Entwicklungsaufgaben (etwa der Entwicklung von Unterrichts- und Methodenkultur) und dem „pädagogischen Ethos", welches die Schulentwicklung zu fördern und anzuleiten vermag.

1. Was versteht man unter der Qualifikations-, was unter der Sozialisationsfunktion von Schule? In wessen Interesse werden diese wahrgenommen?
2. Welche gesellschaftlichen Rahmenbedingungen (Interessen, Voraussetzungen, Möglichkeiten) bestimmen die Schulentwicklung?
3. Inwiefern bestimmen die Formalisierungen und Funktionen von Schule die Lehrer- und Schülerrollen?

Übersicht zu den Inhalten der Schulpädagogik

Inhalte der Schulpädagogik

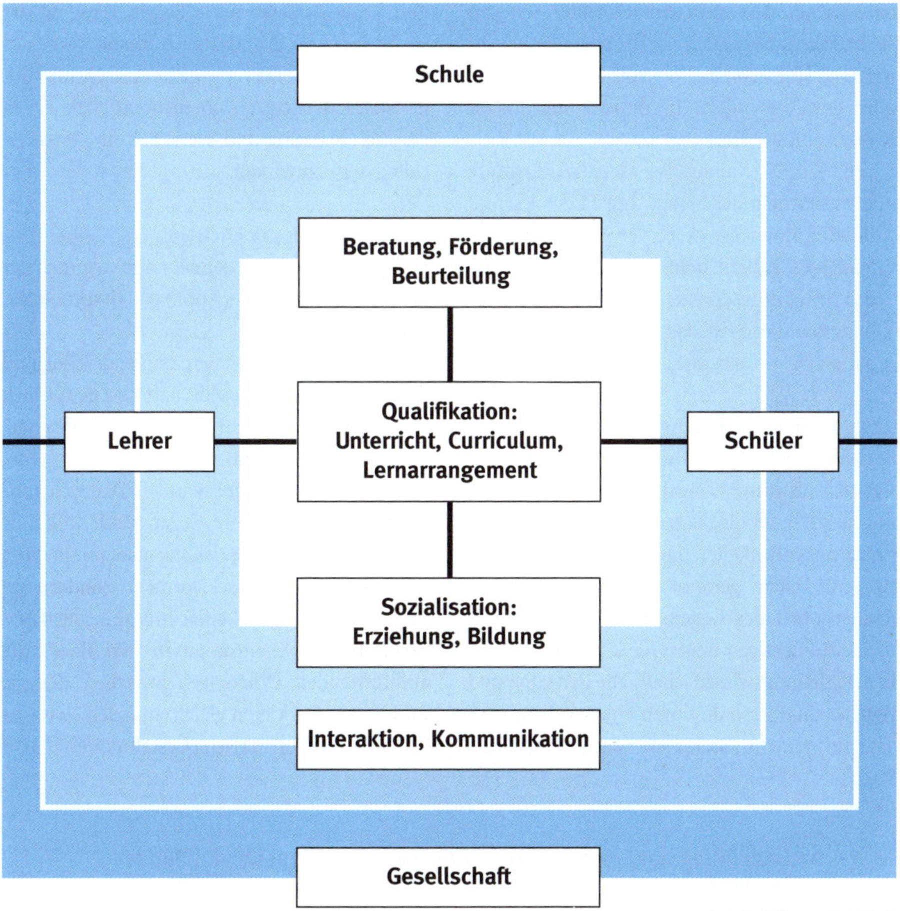
Schule
Beratung, Förderung, Beurteilung
Lehrer
Qualifikation: Unterricht, Curriculum, Lernarrangement
Schüler
Sozialisation: Erziehung, Bildung
Interaktion, Kommunikation
Gesellschaft

(nach MÄRZ 1980, S. 7)

DIEDERICH, J./TENORTH, H.-E.: Theorie der Schule. Ein Studienbuch zur Geschichte, Funktionen und Gestaltung. Berlin, 1999.
KESSLER, E./KRÄTZSCHMAR, C.: Schulpädagogisches Repetitorium. Frankfurt a. M. 1993.
MÄRZ, W.: Erziehung und Gesellschaft. München 1980.
MEYER, H.: Schulpädagogik. Bd. 1 und 2, Berlin 1997.

Emanzipation

Pädagogische Theorien (Theorien über das pädagogische Handeln) spiegeln die beobachtbare Wirklichkeit nicht einfach wider, sondern sie befragen diese auch im Hinblick darauf, inwieweit sie Emanzipation zulässt und fördert oder etwa behindert. In diesem Sinne stellt K. MOLLENHAUER fest:

> „Für die Erziehungswissenschaft konstitutiv ist das Prinzip, das besagt, dass Erziehung und Bildung ihren Zweck in der Mündigkeit des Subjektes haben; dem korrespondiert, dass das erkenntnisleitende Interesse der Erziehungswissenschaft das Interesse an Emanzipation ist" (MOLLENHAUER 1968, S. 10).

Folgen und Veränderungen

Erziehungswissenschaftliche Theorie beschäftigt sich also immer auch mit der Frage nach ungewollten, ambivalenten Folgen sowie ungenutzten Möglichkeiten und denkbaren Veränderungen. Dabei geraten dann Aspekte und Dimensionen des Gegenstandes in den Blick, die dem flüchtigen ersten Blick verborgen bleiben. Erziehungswissenschaftliche Reflexion und Analyse sind deshalb durch einen Vorrang der Theorie (gemeint: Vorrang vor der Praxis, *wie sie ist*) gekennzeichnet. Für die Erziehungswissenschaft ist zwar der Bezug zur Praxis konstitutiv, doch bezieht sich die Reflexion auf die mögliche und sinnvoll konstruierte Praxis. Diese ist der vorfindbaren – grundsätzlich immer verbesserungswürdigen Praxis – nicht einfach funktionalistisch zu Diensten, um nicht unreflektiert an der Stabilisierung und am Erhalt des Unzureichenden mitzuwirken.

Prinzipielle Möglichkeiten

Demgegenüber ist es vielmehr der Anspruch der kritischen Theorie (ADORNO, HORKHEIMER, HABERMAS), die

> „Diskrepanzen zwischen dem realen Zustand der bürgerlichen Gesellschaft und dem Glück verheißenden Begriff, den diese von sich hat" (KRÜGER 1997, S. 63)

aufzuzeigen und zu überwinden. Dadurch konstruiert Pädagogik ihre Gegenstände, d. h., sie nimmt Bildung und Erziehung nicht nur in ihren vorfindbaren Ausdrucksformen, sondern in prinzipiellen Möglichkeiten ihrer sinnvollen und vernünftigen Organisation in den Blick. Die aufbrechenden Differenzen zwischen Theorie und Praxis markieren gleichzeitig den Horizont für bildungsreformerische Gestaltung(en).

---

1. Welche Bedeutung hat Emanzipation für eine kritische Theorie von Bildung und Erziehung?
2. Was bedeutet es, vom Vorrang der Theorie (vor der Praxis) zu sprechen?
3. Welche Bedeutung hat Veränderung für die kritische Reflexion von Praxis?

ARNOLD, R.: Weiterbildung. Ermöglichungsdidaktische Grundlagen. München 1996.

BLANKERTZ, H.: Kritische Erziehungswissenschaft. In: SCHALLER, K. (Hrsg.): Erziehungswissenschaft der Gegenwart. Bochum 1979, S. 28–48.

CLAUSSEN, B./SCARBATH, H. (Hrsg.): Konzepte einer kritischen Erziehungswissenschaft. München/Basel 1980.

KRÜGER, H.: Einführung in Theorien und Methoden der Erziehungswissenschaft. Opladen 1997.

MOLLENHAUER, K.: Erziehung und Emanzipation. München 1968.

MOLLENHAUER, K.: Theorien zum Erziehungsprozess. München 1972.

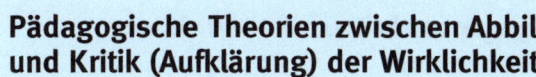
Aufklärung (Kritik) \ **Abbild**		**Vorrang der Praxis** ("erster Blick")	
		Spiegeln	**Dienen**
Vorrang der Theorie ("zweiter Blick")	**Konstruieren**	„Theorie spiegelt Wirklichkeit." „Theorie konstruiert Wirklichkeit."	„Theorie dient der Praxis" (funktionalistisch).
	Verändern	„Theorie fragt nach ungewollten, ambivalenten Folgen und ungenutzten Möglichkeiten, sie „dient der Emanzipation des Subjekts."	

(ARNOLD 1996, S. 57)

A 15

Was bedeutet es, von Pädagogik als kritisch-konstruktiver Handlungswissenschaft zu sprechen?

Die Logik von Handlungen

Der Gegenstand der Pädagogik ist nicht faktisch im Sinne einer naturwissenschaftlichen Gegenständlichkeit. Zwar sind auch Schulgebäude, Lehrpläne sowie Lehrende und Lernende faktisch vorhanden, doch konstituiert sich der Sinn dessen, was sie verbindet, erst durch Interaktion und soziales Handeln.

Diese folgen einer Logik (Absichten, Motiven, Zielen), die die Handelnden konstruieren. Sie füllen vorgegebene Rollen (mehr oder weniger eigenständig) aus. Sie verständigen sich über den Sinn ihres eigenen Handelns oder unterstellen doch zumindest, dass das gemeinsame Handeln (z. B. ein Lehr-Lern-Prozess) auch geteilten Zielsetzungen dient.

Verstehen, erklären und verbessern

1. Als *Handlungswissenschaft* ist die Pädagogik darum bemüht, diese Sinnzuschreibungen zu rekonstruieren und das Handeln der Beteiligten zu verstehen. Das heißt, sie setzt an den Handlungsmotiven, -begründungen und -interpretationen der Handelnden an, expliziert, strukturiert und analysiert diese – mit dem Ziel, den Handelnden andere Deutungs- und situationsangemessene Interventionsmöglichkeiten aufzuzeigen.

2. Als Handlungswissenschaft ist sie darüber hinaus jedoch auch in einem *konstruktiven Sinn*. Es geht der Pädagogik nämlich niemals nur um das nüchterne Verstehen und Erklären der vorfindbaren Erziehungs- und Bildungspraxis, sondern immer auch um das Gestalten und Verbessern dieser. Aus diesem Grunde waren und sind Erziehungswissenschaftler immer daran interessiert, Modelle einer alternativen (besseren) Praxis zu entwickeln und zu erproben (z. B. Laborschule Bielefeld; Kollegstufe) oder Empfehlungen auszusprechen. Diese kommen aber nicht in der Form von rezeptähnlichen Anweisungen daher, sondern als Vorbilder einer alternativ funktionierenden pädagogischen Praxis, deren Muster des Gelingens in der Regel nur im Prozess beobachtet und in der gemeinsamen Reflexion zwischen Theorie und Praxis analysiert und rekonstruiert werden können.

3. Als *kritisch-konstruktive Handlungswissenschaft* nun bildet die Pädagogik die vorfindbare Praxis nicht einfach ab, sondern misst diese am Anspruch der Emanzipation und fragt z. B., wie Chancengleichheit gefördert und Bildungsbenachteiligung beseitigt werden kann.

---

1. Was bedeutet es, von der Pädagogik als einer Handlungswissenschaft zu sprechen?
2. Was bedeutet es, von der Pädagogik als einer konstruktiven Handlungswissenschaft zu sprechen?
3. Was bedeutet es, von der Pädagogik als einer kritisch-konstruktiven Handlungswissenschaft zu sprechen?

BERGER, P. L./LUCKMANN, TH.: Die gesellschaftliche Konstruktion der Wirklichkeit. Eine Theorie der Wissenssoziologie. Frankfurt a. M. 1980.
KLAFKI, W.: Aspekte einer kritisch-konstruktiven Erziehungswissenschaft. Weinheim/Basel 1972.
KLAFKI, W.: Thesen und Argumentationsansätze zum Selbstverständnis „kritisch-konstruktiver Erziehungswissenschaft". In: KÖNIG, E./ZEDLER, P. (Hrsg.): Erziehungswissenschaftliche Forschung. Paderborn/München 1982, S. 15–52.

Pädagogik als Handlungswissenschaft

- Der Gegenstand der Pädagogik wird durch das soziale Handeln der Beteiligten erst konstruiert (und ist deshalb auch veränderbar).
- Pädagogik setzt in den Köpfen der Handelnden an (Deutungsmuster, Alltagstheorien, mentale Modelle, Konstrukte).

Pädagogik als konstruktive Handlungswissenschaft

- Es geht der Pädagogik nicht nur um Verstehen und Erklären, sondern auch um Gestalten und Verbessern der Praxis.
- Dabei entwickelt sie keine Rezeptanweisungen, wohl aber Hinweise, Vorschläge und Richtigstellungen – insbesondere aus empirischen Befunden.

Pädagogik als kritisch-konstruktive Handlungswissenschaft

Die Pädagogik misst die vorfindbare Praxis am Anspruch der Emanzipation.
Sie fragt etwa,
- ob die Realität in den Schulen Persönlichkeitsbildung behindert oder fördert.
- wie Chancengleichheit gefördert und Bildungsbenachteiligung abgebaut werden kann.

A
16

Welche Anforderungen werden an Lehrerinnen und Lehrer als Professionals gestellt?

Bereits der Deutsche Bildungsrat hatte zu Beginn der 1970er-Jahre ein Berufsbild für Lehrerinnen und Lehrer skizziert, das über die Aufgaben des bloßen Unterrichtens hinausging: „Die Aufgaben des Lehrers" – so wurde damals festgestellt – „lassen sich darstellen unter den Gesichtspunkten des Lehrens, Erziehens, Beurteilens, Beratens und Innovierens" (Deutscher Bildungsrat 1970, S. 217). Das Lehren wurde damals allerdings noch als „der primäre Inhalt des Lehrerberufs" (ebd.) angesehen.

An diesem differenzierten Anforderungsprofil hat sich seitdem grundsätzlich nicht viel geändert, außer dass heute stärker das Lernen des Schülers oder der Schülerin im Vordergrund steht, das die Lehrperson ermöglicht und coacht – „Innovieren" umfasst daher mehr als unterrichtliche Innovationen.

Fachleute für das Lernen

Von Lehrerinnen und Lehrern wird heute auch erwartet, dass sie sich an der Schulentwicklung sowie der Evaluierung und Qualitätssicherung der schulischen Lernangebote beteiligen. In diesem Sinne werden Lehrerinnen und Lehrer in einer gemeinsamen Erklärung des Präsidenten der Kultusministerkonferenz und der Bildungs- und Lehrergewerkschaften sowie ihrer Spitzen-organisationen vom 5. 10. 2000 als „Fachleute für das Lernen" bezeichnet, deren „Kernaufgabe" die „gezielte und nach wissenschaftlichen Erkenntnissen gestaltete Planung, Organisation und Reflexion von Lehr- und Lernprozessen sowie auch ihre individuelle Bewertung und systematische Evaluation" darstellt.

Darüber hinaus sollen sie

- sich bewusst sein, „dass die Erziehungsaufgabe in der Schule eng mit dem Unterricht und dem Schulleben verknüpft ist",
- ihre Beurteilungsaufgabe wahrnehmen,
- ihre eigenen Kompetenzen ständig weiterentwickeln,
- sich an der Schulentwicklung beteiligen,
- die externe und interne Evaluation unterstützen.

Die Wahrnehmung dieser Aufgaben erfordert eine Professionalität, die durch wissenschaftliche Ausbildung und reflektierte Praxiserfahrung entwickelt werden muss. Nach H. MEYER liegt Professionalität dann vor,

„wenn die Lehrerin komplexe schulpädagogische Situationen elegant, Zeit sparend und unter Nutzung ihres Expertenwissens löst und an der bewussten Weiterentwicklung ihrer Lehrerpersönlichkeit arbeitet" (MEYER 1997, S. 47).

---

1. Hat sich das Aufgabenprofil von Lehrpersonen gegenüber früher verändert?
2. Welche Aufgaben halten Sie selbst mit Blick auf die Zukunft für besonders wichtig?
3. Welche Rolle spielt die Präsentation von Informationen im Rahmen des Aufgaben-profils von Lehrern?

„Aufgaben von Lehrerinnen und Lehrern heute – Fachleute für das Lernen". Gemeinsame Erklärung des Präsidenten der Kultusministerkonferenz und der Vorsitzenden der Bildungs- und Lehrergewerkschaften sowie ihrer Spitzenorganisationen. Berlin 2000.

Deutscher Bildungsrat: Strukturplan für das Bildungswesen. Empfehlungen der Bildungskommission. Stuttgart 1970.

GIESECKE, H.: Was Lehrer leisten. Portrait eines schwierigen Berufs. München 2001.

MEYER, H.: Schulpädagogik. Berlin 1997.

STRUCK, P.: Vom Pauker zum Coach. Die Lehrer der Zukunft. Wien 1999.

Das müssen Lehrerinnen und Lehrer können:

Lernen ermöglichen

Fachwissen vermitteln
Schlüsselqualifikationen fördern
- didaktische Kenntnisse, Fähigkeiten und Fantasien anwenden
- vielfältige Methoden und Medien einsetzen
- Lernarrangements gestalten

Erziehen
- Selbstvertrauen stärken
- Werte vorleben und entwickeln
- mit Konflikten umgehen
- Disziplinprobleme lösen

Beurteilen
- Leistungsstände zuverlässig ermitteln
- Testverfahren einsetzen

Beraten
- bei Lern- und Entwicklungsproblemen Hilfestellungen zugänglich machen

Innovieren
- neue fachliche, didaktische und methodische Ansätze aufgreifen und anwenden
- aus Feedback und Fehlern lernen

Gestalten
- im Team kooperieren
- die eigene Schule leitbildorientiert entwickeln
- Qualitätsentwicklung bzw. Evaluierung unterstützen

Sich weiterentwickeln
- neue Kompetenzen erwerben
- bisherige Kompetenzen überprüfen und weiterentwickeln

Bildung ist einer der Grundbegriffe der Pädagogik. Im Anschluss an WILHELM V. HUMBOLDT (1767–1835) bezeichnet dieser Begriff einen individuellen Entwicklungsgrad, gemäß dem das Individuum zur „Welt- und zur Selbstreflexion" (KRON 1988, S. 64) in der Lage ist: Unter Bildung ist demnach nicht nur die Aneignung von Wissen zu verstehen, Bildung bezeichnet in diesem Sinne vielmehr den Entfaltungsvorgang der inneren Kraft des Menschen.

Bildungskanon

Der Gedanke des wechselseitigen Aufeinanderbezogenseins von Welt und Individuum im Prozess der Bildung ist in der deutschen Nachkriegspädagogik am deutlichsten von WOLFGANG KLAFKI in seinem Konzept einer *kategorialen Bildung* zum Ausdruck gebracht worden. Er definierte Bildung als

> „Erschlossensein einer dinglichen und geistigen Wirklichkeit für einen Menschen – das ist der objektive oder materiale Aspekt; aber das heißt zugleich: Erschlossensein dieses Menschen für diese seine Wirklichkeit – das ist der subjektive oder formale Aspekt zugleich im ‚funktionalen' wie im ‚methodischen' Sinne" (KLAFKI 1975, S. 43).

KLAFKIS kategoriale Bildungstheorie beinhaltet, ähnlich wie W. V. HUMBOLDTS Bildungskonzept, eine Verknüpfung von materialer und formaler Bildung.

In der Bildungspraxis war und ist auch heute noch häufig das *materiale Bildungsdenken* vorherrschend. Ein solches Denken geht von der Annahme aus, dass die möglichst umfangreiche Aneignung der von einer Gesellschaft als wesentlich angesehenen Kulturgüter und Kulturtechniken Bildung konstituiert. In den letzten Jahren jedoch wurde eine solche einseitige Theorie von Bildung zunehmend zurückgedrängt.

Ausgewogenheit

Doch auch neuerliche Auffassungen neigen zur Einseitigkeit, etwa im Kontext der Schlüsselqualifikation, bei der die *formale Bildung* im Vordergrund steht. Ihnen liegt die Einschätzung zu Grunde, dass es angesichts des immer rasanteren Wandels im Bereich des Wissens zukunftsträchtiger sei, Menschen nicht bloß mit Wissensmaterie auszustatten, sondern sie darin auszubilden, wie sie sich Wissen selbst aneignen und wie sie es mit anderen kommunikativ teilen und bearbeiten können.

Es darf bei einer solchen Argumentation jedoch nicht außer Acht gelassen werden, dass es eines gewissen Maßes an materialem Wissen bedarf, um sich in einer komplexen Gesellschaft zu orientieren und um handlungsfähig zu bleiben. Einerseits ist es angesichts der wissenschaftlichen und gesellschaftlichen Entwicklung zwar kaum möglich, einen dauerhaften materialen Kanon von Bildungsgütern zu identifizieren, andererseits kann es aber auch keine rein formale Bildung geben.

Exemplarik

Eine Lösung dieses Problems besteht in der Arbeit mit *exemplarischen* Inhalten, anhand derer formale Bildung entwickelt werden kann und die von ihrem materialen Gehalt her bedeutungsvoll sind, gleichzeitig aber auch über sich hinausweisen. Dieses Ziel stellt hohe Ansprüche an die Auswahl und Aufbereitung von Bildungsinhalten, weshalb KLAFKI diesen Aufgaben eine besondere Bedeutung im Rahmen der didaktischen Analyse zugesprochen hat.

	Zielsetzung	Fragestellungen für die Bildungspraxis
Materiale Bildungstheorien	möglichst umfassende Kenntnis der Bildungsgüter	Welcher inhaltliche Kanon von Kenntnissen, Fähigkeiten und Fertigkeiten ist für die Gesellschaft verbindlich?
Kategoriale Bildungstheorien	Aneignung von Kategorien, die von grundsätzlicher Bedeutung für Weltverstehen und Weltaneignung sind	Wie lassen sich die inhaltlichen Anforderungen in einer für die Personwerdung und die Entwicklung des Einzelnen fruchtbaren Weise vermitteln?
Formale Bildungstheorien	möglichst umfassende Entfaltung der individuellen Persönlichkeit	Welche Inhalte und Methoden sind geeignet, um zur Entfaltung der inneren Kräfte und Fähigkeiten des Individuums beizutragen?

(nach ARNOLD 1990, S. 52)

1. Wie unterscheiden sich formale und materiale Bildung?
2. Warum kann es keine rein formale oder rein materiale Bildung geben?
3. Wie verbindet die kategoriale Bildungstheorie materiale und formale Bildung (→ D 47)?

ARNOLD, R.: Berufspädagogik. Aarau 1990.
HENTIG, H. v.: Bildung. Ein Essay. München/Wien 1996.
KLAFKI, W.: Studien zur Bildungstheorie und Didaktik. Weinheim/Basel 1975.
KRON, F. W.: Bildung. In: ders.: Grundwissen Pädagogik. München u. a. 1988, S. 64–69.
LANGEWAND, A.: Bildung. In: LENZEN, D. (Hrsg.): Erziehungswissenschaft. Ein Grundkurs. Reinbek b. Hamburg, 42000, S. 69–98.

Unter Lernen versteht man einen Prozess, „der zu relativ stabilen Veränderungen im Verhalten oder im Verhaltenspotenzial führt und auf Erfahrung aufbaut. Lernen ist nicht direkt zu beobachten. Es muss aus den Veränderungen des beobachtbaren Verhaltens erschlossen werden" (ZIMBARDO 1995, S. 263).

Zum einen aber eröffnet die Tatsache, dass Lernen nicht direkt beobachtet werden kann, einen erheblichen Spielraum dahingehend, welche beobachtbaren Vorgänge als Indikatoren für stattgefundene Lernvorgänge gelten dürfen. Zum anderen schließt eine solche Definition ausdrücklich nicht nur die Veränderung von Verhalten, sondern auch die Veränderung von Verhaltenspotenzialen ein.

Lerntheorien

Die Psychologie kennt eine Reihe von Modellen, wie und unter welchen Umständen Lernen stattfindet. Nachdem die *behavioristischen Lerntheorien* (klassische Konditionierung, Lernen durch Versuch und Irrtum, Verstärkungslernen) in den 1960er-Jahren nahezu eine Monopolstellung innehatten, spielen sie inzwischen nur eine Rolle neben anderen, komplexeren Lerntheorien, insbesondere solcher aus der *kognitiven* und der *handlungstheoretischen Psychologie*. Dieser Umstand soll nicht darüber hinwegtäuschen, dass die Vorstellungen von PAWLOW, THORNDIKE, SKINNER und anderen immer noch eine große Rolle im alltäglichen Denken (auch von Lehrenden) spielen. Viele pädagogische Ratschläge („den Störenfried nicht beachten, das bestärkt ihn nur in seinem Verhalten") basieren auf einer trivialisierten behavioristischen Vorstellung.

Konstruktion von Wissen

Das Lernen komplexer Vorgänge und Inhalte, das im Bildungswesen den weitaus größten Raum einnimmt, lässt sich hingegen kaum mit dem behavioristischen Modell erklären. Verschiedene *kognitive Lerntheorien* gehen davon aus, dass Wissen von den Lernenden konstruiert werden muss: HANS AEBLI etwa weist darauf hin, „dass es kein Wissen gibt, das man dem Schüler einfach geben könnte. Er muss es in jedem Falle selber aufbauen. Wir können ihm dazu nur Anstöße geben und es richtig anzuleiten versuchen, wo er aus eigener Kraft nicht dazu gelangt. Wir müssen – mit anderen Worten – in seinem Denken und Verhalten Prozesse anzubahnen versuchen, bei deren Lösung er zu den Handlungsschemata, den Operationen und Begriffen gelangt, die wir ihm vermitteln wollen" (AEBLI 1993, S. 28).

Diese Vorstellung von Lernen als individueller Konstruktion geht von der Annahme aus, dass Wissensaneignung von außen nicht erzeugt, sondern allenfalls ermöglicht werden kann. Sie bezieht sich damit auf neuere Erkenntnisse der Neurobiologie (etwa der chilenischen Neurowissenschaftler MATURANA und VARELA) sowie der Systemtheorie (LUHMANN) und des Konstruktivismus (VON GLASERSFELD, VON FOERSTER, WATZLAWICK).

1. Welche Lernmodelle des Behaviorismus kennen Sie?
2. Welche Konsequenzen ergeben sich aus der Aussage AEBLIS für das Lehren und Lernen in der Schule?

AEBLI, H.: Zwölf Grundformen des Lernens. Stuttgart ⁷1993.
EDELMANN, W.: Lernpsychologie. Weinheim ⁶2000.
Scheunpflug, A: Biologische Grundlagen des Lernens. Berlin 2001.
ZIMBARDO, P. G.: Psychologie. Herausgegeben von S. HOPPE-GRAF und B. KELLER. Berlin u. a. ⁶1995.

Lernen

Behaviorismus

klassisches Konditionieren (PAWLOW)

Ein neutraler Reiz wird mit einem biologisch signifikanten Reiz gepaart. Nach einigen Wiederholungen wird die zu Letzterem gehörende Reaktion auch auf den neutralen Reiz hin gezeigt.

Konditionierung zweiter Ordnung

Ist ein neutraler Reiz durch Konditionierung zum Auslöser einer bestimmten Reaktion geworden, so kann hiermit ein weiterer Reiz konditioniert werden, der dann ebenfalls zum Auslöser dieser Reaktion wird.

operantes/instrumentelles Konditionieren (WATSON, SKINNER, THORNDIKE)

Auf ein bestimmtes Verhalten hin erfolgt eine positive oder negative Konsequenz. Im ersten Fall wird dieses Verhalten in vergleichbaren Situationen mit höherer Wahrscheinlichkeit wieder gezeigt, im zweiten Fall wird sein Auftreten unwahrscheinlicher.

Verstärkungslernen

Im Falle systematischer Verstärkung durch regelmäßige positive oder negative Konsequenzen auf ein Verhalten spricht man von Verstärkungslernen.

Kognitive Lernkonzepte

Beobachtungslernen (BANDURA)

Beobachtungslernen erfolgt nicht durch die Darbietung bestimmter Reize oder Verstärker, sondern durch Beobachten und Nachahmen eines realen oder medialen Vorbilds.

Verallgemeinerung

Wenn Beobachtungen, Regeln oder Ähnliches auf andere, umfassendere Kontexte übertragen und angewandt werden, spricht man von Verallgemeinerung.

Lernen durch Einsicht (KÖHLER)

Die Auswahl eines Verhaltens, das eine gewünschte Konsequenz nach sich zieht, erfolgt nicht nur durch Versuch und Irrtum, sondern auch durch Einsicht in die Beziehungen zwischen den Situationsbestandteilen.

Aktives Wissen

In Lehr-Lern-Prozessen spielt die Gewinnung von Wissen eine zentrale Rolle. Doch Wissen umfasst dabei mehr als die Aneignung von Informationen. Über Wissen verfügt vielmehr nur jemand, der kohärente und strukturierte Erklärungszusammenhänge beherrscht und dadurch auch in der Lage ist, vereinzelte Informationen einzuordnen und zu bewerten. Von Lernenden wird erwartet, dass sie in den relevanten Sachgebieten eine sichere Wissensbasis entwickeln. In Prüfungen wird festgestellt, ob und inwieweit dies gelungen ist und ob die Lernenden auch in der Lage sind, ihr Wissen anzuwenden, das heißt in ein *aktives Wissen* zu überführen.

Schlüsselqualifikationen

Seltener werden die reflexiven Wissensformen überprüft. Diese umfassen weniger abfragbare Einsichten, Kenntnisse und Erklärungszusammenhänge (= Know-how), sondern setzen sich aus einem *Know-how-to-know* zusammen, welches den Einzelnen in die Lage versetzt, sich eigenständig materiale Wissensbestände (z.B. neue Technologien) zu erschließen oder bei der Bewältigung von Krisen und der Erarbeitung von Problemlösungen produktiv zu kooperieren und sein Wissen mit anderen zu teilen. Die zunehmende Bedeutung von Schlüsselqualifikationen verweist auf die wachsende Notwendigkeit, der Entwicklung solcher reflexiven Wissensformen mehr Beachtung zu schenken.

Wissensmanagement

Es ist immer mehr Wissen in immer kürzeren Zeitabständen verfügbar. Jedoch ein größeres Informationsangebot mündet nicht notwendig in eine bessere Informiertheit. Die Verkürzung der Halbwertszeiten von Wissen (= Zeitraum, in dem 50 Prozent des jeweiligen Wissens veralten) infolge nicht zuletzt der Wissensexplosion hat den gesellschaftlichen Fokus verstärkt auf den Umgang mit dem Wissen gerichtet.

Menschen wie auch Organisationen müssen zunehmend Strategien entwickeln, die ihnen helfen, das notwendige Wissen zu managen. Dabei gewinnen die reflexiven Wissensformen an Bedeutung. Gleichzeitig müssen Individuen und Organisationen systematische Vorkehrungen dafür treffen, dass sowohl *träges Wissen* (also solches Wissen, dass möglicherweise in Prüfungssituationen verfügbar ist, aber nicht angewandt wird) als auch *totes Wissen* (das heißt nutzloses, veraltetes Wissen) abgebaut werden und im Gegenzug aktives Wissen stärker berücksichtigt wird.

Schließlich müssen die impliziten Wissensbestände (z.B. Erfahrungen) gesichert und für andere Mitglieder der Organisation zugänglich gemacht werden.

---

1. Wie unterscheidet sich Wissen von Informationen?
2. Was bedeutet Know-how-to-know?
3. Worin unterscheiden sich aktives und passives Wissen?
4. Erläutern Sie, was unter einer Entgrenzung des Wissens zu verstehen ist.

ARGYRIS, C.: Wissen in Aktion. Eine Fallstudie zur lernenden Organisation. Stuttgart 1997.
GÖTZ, K. (Hrsg.): Wissensmanagement. Zwischen Wissen und Nichtwissen. München 1999.
PROBST, G./RAUB, S./ROMHARDT, K.: Wissen managen. Wie Unternehmen ihre wertvollste Ressource optimal nutzen. Frankfurt a. M. u. a. 1997.

Entgrenzung des Wissens

Um die gewaltigen Mengen an Wissen, die verfügbar sind, bewältigen zu können, ist ein ganzheitliches System der Wissensverarbeitung, eine Entgrenzung des Wissens, erforderlich.

Materiales Wissen bedarf des reflexiven Wissens, um angemessen eingeordnet werden zu können; implizites Wissen muss ebenfalls stärker berücksichtigt werden, und erst der Übergang von passivem zu aktivem Wissen sichert Handlungsfähigkeit.

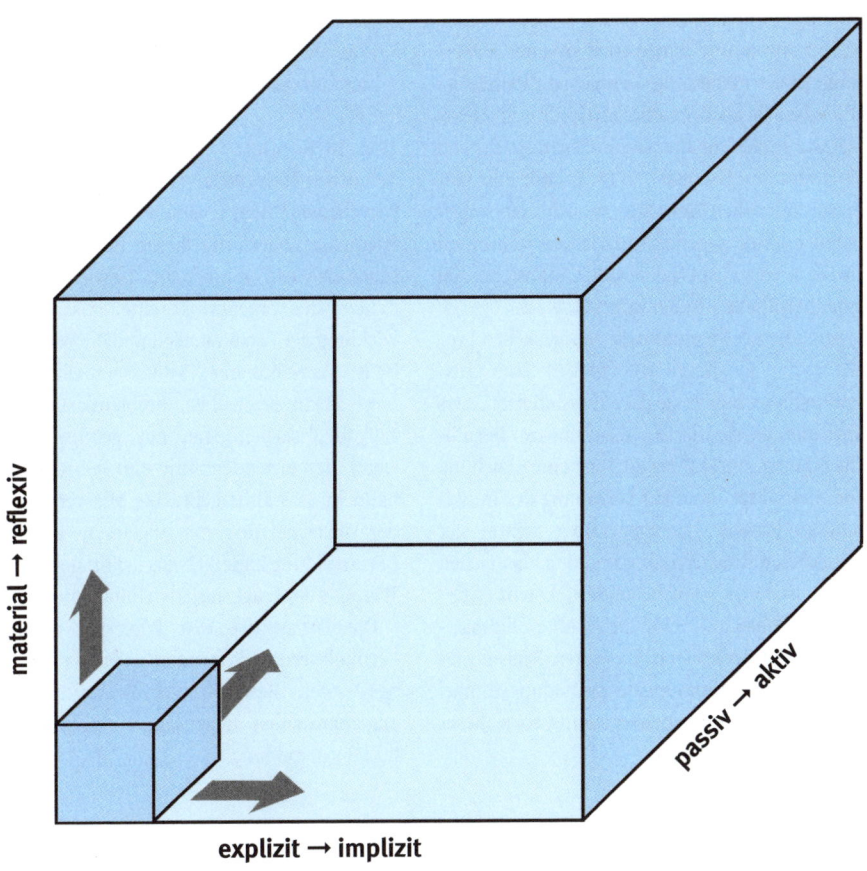

material → reflexiv

passiv → aktiv

explizit → implizit

Sowohl in der deutschen Bildungstheorie als auch in der bildungspolitischen Realität stehen die Allgemein- und die Berufsbildung eher in einem Missverhältnis zueinander.

Allgemeinbildung

Nach der Aufklärung gelang es dem Bürgertum zwar, dem demokratisch-emanzipatorischen Gedanken der Allgemeinbildung als einer Bildung für die Allgemeinheit (für alle die gleiche Bildung) zum Durchbruch zu verhelfen, doch diese Entwicklung führte auch zu einer Abwertung der Berufsbildung – zunächst theoretisch, bald danach auch gesellschaftspolitisch. Deutlich wurde dies vor allem in der *Vorrangthese* von WILHELM VON HUMBOLDT (1767–1835): Er plädierte dafür, allen Menschen zunächst eine allgemeine Bildung angedeihen zu lassen, bevor man sie den enger spezialisierten Anforderungen einer beruflichen Ausbildung aussetzte.

Aus dieser Vorrangthese entwickelten vor allem die Epigonen HUMBOLDTS eine Ausschlussthese, indem sie darauf insistierten, dass anwendungsorientierte, insbesondere berufliche Bildung „unrein" sei oder gar eine Erziehung zur „Bestialität" bzw. zur Verrohung des Individuums darstelle. Demgegenüber wurde der zweckfreien Beschäftigung und den klassischen Bildungsgütern – insbesondere Latein, Griechisch, Deutsch – eine überhöhte Bildungswirkung zugeschrieben. In weiten Kreisen des Bildungsbürgertums wurde ein Bildungsdünkel gepflegt, der auf der Beherrschung eben dieser Bildungsinhalte beruhte.

Berufsbildung

Es blieb den Berufsbildungstheorien von GEORG KERSCHENSTEINER (1854–1932), EDUARD SPRANGER (1882–1963) und THEODOR LITT (1880–1962) vorbehalten, auf die bildende und insbesondere verantwortungsbildende Kraft der beruflichen Bildung hinzuweisen. Für KERSCHENSTEINER stand die Berufsbildung an der „Pforte zur Menschenbildung". SPRANGER stellte der Überhöhung der Allgemeinbildung sogar trotzig die Aussage entgegen:

> „Der Weg zur Bildung führt über den Beruf und nur über den Beruf."

Durchdringung

Seit den späten 1980er-Jahren haben sich in der beruflichen Bildung verstärkt neue Lehr-Lern-Formen etabliert, die diesen in der pädagogischen Diskussion ein neues Gewicht verliehen haben. Die Erkenntnis reifte, dass die Entwicklung der Persönlichkeit und die Vermittlung breit verwendbarer Schlüsselqualifikationen (→ B 21) im Kontext von Problemlösungen und Aufgabenbearbeitungen nur gelingen könne, wenn die Lernenden aktiv und selbst gesteuert handeln. Das althergebrachte Missverhältnis in der Wertschätzung von Allgemein- gegenüber Berufsbildung hatte sich aus der Frage nach dem *Was*, also der Frage nach den Inhalten, abgeleitet.

Die Perspektive des *Wie*, das heißt der Lernkulturen und -formen, bedeutet möglicherweise den Beginn einer Aufweichung des angenommenen Gegensatzes von Allgemein- und Berufsbildung.

---

1. In welcher Hinsicht ist Allgemeinbildung allgemein?
2. Was versteht man unter der Vorrangthese?
3. Wie steht es um das Verhältnis von Allgemein- und Berufsbildung heute?

Allgemeinbildung		Berufsbildung
möglichst umfassende Ausstattung mit Bildungsgütern zur Befähigung der Teilhabe an der Kultur und zur Entwicklung der Persönlichkeit	**Ziele**	möglichst anforderungs- und praxisbezogene Ausstattung mit den für eine spezialisierte Berufstätigkeit erforderlichen Qualifikationen
Bildung der Persönlichkeit zu ihrem eigenen Zwecke (HUMBOLDT: „proportionierliche Ausbildung aller Kräfte")	**Zweckbindung**	Ausbildung der Persönlichkeit für beruflich bzw. betrieblich vorgegebene Zwecke
möglichst alle Menschen (Allgemeinbildung = die für alle Menschen gleiche Bildung)	**Zielgruppe**	Menschen, die für eine spezielle Berufstätigkeit ausgebildet werden (Berufsbildung = spezialisierte Bildung)
Kulturtechniken, kulturelles, politisches und gesellschaftliches Orientierungswissen (inkl. Fremdsprachen und PC-Kenntnisse)	**Inhalte**	berufsspezifische Fachkenntnisse sowie Methoden- und Sozialkompetenzen
je höhere Abschlüsse in allgemein bildenden Institutionen, desto höher in der Regel die Karrierechancen und Einkommensmöglichkeiten	**Lebenschancen**	Berufsbildung eröffnet Zugänge zu unteren und mittleren Positionen in der Gesellschaft, aber auch Möglichkeiten der Aufstiegsfortbildung und des 2. Bildungsweges.

ARNOLD, R./BAUERDICK, J.: Der Gegensatz „Allgemeinbildung versus Berufsbildung" ist auch nicht mehr das, was er einmal war… – Anmerkungen zu Paradoxien der Berufsbildungs-Politik. In: BEICHT, U./ BERGER, K./HERGET, H./KREKEL, E. M. (Hrsg.): Berufsperspektiven mit Lehre. Wert und Zukunft dualer Berufsausbildung. Beiträge aus Berufsbildungswissenschaft und -praxis. Berlin 1997, S. 27–55.
DAUENHAUER, E./KLUGE, N. (Hrsg.): Das Verhältnis von Allgemeinbildung und Berufsbildung. Theorie- und Praxisprobleme. Bad Heilbrunn/Obb. 1977.
HUSEMANN, R./MÜNCH, J./PÜLZ, C. (Hrsg.): Mit Berufsausbildung zur Hochschulreife. Argumente zur Gleichwertigkeit allgemeiner und beruflicher Bildung. Frankfurt a. M. 1995.

Was sind Schlüsselqualifikationen?

Der Begriff der Schlüsselqualifikation wurde 1974 von DIETER MERTENS, einem Arbeitsmarkt- und Berufsforscher, in die Bildungsdebatte eingeführt. Er verstand darunter

„[...] solche Kenntnisse, Fähigkeiten und Fertigkeiten, welche nicht unmittelbaren und begrenzten Bezug zu bestimmten, disparaten praktischen Fähigkeiten erbringen, sondern

a) die Eignung für eine große Zahl von Positionen und Funktionen als alternative Optionen zum gleichen Zeitpunkt und

b) den Zeitpunkt und die Eignung für die Bewältigung einer Sequenz von (meist unvorhersehbaren) Änderungen von Anforderungen im Laufe des Lebens" (MERTENS 1974, S. 40).

Erst ab Mitte der 80er-Jahre wurde dem Begriff der Schlüsselqualifikation größere Aufmerksamkeit geschenkt: Damals wurde – vor allem in Diskussionen um die berufliche Bildung (→ B 20) – die Ausbildung breiter Handlungskompetenzen und Problemlösungsfähigkeiten in den Vordergrund gestellt. Ziel war es fortan, die Auszubildenden – so die Formulierung in zahlreichen Ausbildungsordnungen – zum „selbstständigen Planen, Durchführen und Kontrollieren" der beruflichen angezeigten Aufgabenbewältigungen zu qualifizieren.

Emotionale Kompetenz

Dass innerhalb der Ausbildung sowohl *fachliche* als auch *methodische* und *soziale Qualifikationen* eine Rolle spielten, stand außer Frage. Doch erst in jüngerer Zeit wurde das Augenmerk verstärkt auf die emotionalen Qualifikationen gelenkt – man spricht daher auch von der emotionalen Kompetenz –, die wiederum viele der Fähigkeiten beinhaltet, die früher zumeist als personale Fähigkeiten bezeichnet wurden.

Lernkultur

Das Konzept der Schlüsselqualifikationen trägt der Tatsache Rechnung, dass die Kompetenz zum selbstständigen Handeln in sich ständig wandelnden Bezügen nicht im Kontext rein allgemeiner oder fachlicher Lehr-Lern-Prozesse entwickelt werden kann. Notwendig ist vielmehr eine Lernkultur, die durch *Methoden* und *Lernarrangements* gekennzeichnet ist, die den Lernenden aktivieren und zu selbst gesteuertem und handlungsorientiertem Lernen anleiten. Nur wenn die Lernenden bereits während ihres Lernprozesses die Handlungen üben und anwenden können, die später von ihnen erwartet werden, ist damit zu rechnen, dass sie die für selbstständige Problemlösungen notwendigen Qualifikationen auch tatsächlich erwerben.

Schlüsselqualifikationen erfordern somit kein weiteres Schulfach, sie entwickeln sich vielmehr dann, wenn die inhaltlich notwendigen Lernprozesse in den Bildungseinrichtungen grundlegend anders arrangiert werden. In der beruflichen Bildung hat sich deshalb mittlerweile eine *Didaktik des handlungsorientierten Lernens* entwickelt, deren Ansätze erst allmählich auch in anderen Bildungsbereichen (z. B. allgemein bildenden Schulen) Einzug halten.

---

1. Welche Qualifikationen bezeichnet man als Schlüsselqualifikationen?
2. Wie können Schlüsselqualifikationen gelehrt werden?
3. Aufgrund welcher Entwicklungen werden Schlüsselqualifikationen heute für bedeutsamer angesehen als noch früher?

Definition: Schlüsselqualifikationen

Qualifikationen, die die Eignung

- für unterschiedliche Funktionen und Handlungen sowie
- für die selbstständige Bewältigung geänderter/neuer Anforderungen gewährleisten

Ebenen der Schlüsselqualifikationen	Beispiele für die erforderlichen Kompetenzen auf den verschiedenen Ebenen
Allgemeine Qualifikationen	■ schriftliche und mündliche Ausdrucksfähigkeit ■ logische und analytische Denkfähigkeit ■ Problemlösungsfähigkeit ■ Konzentrationsfähigkeit ■ Kreativität
Fachliche Qualifikationen	Je nach Bildungs-/Ausbildungsgang unterschiedlich, z. B.: ■ Messtechnik beherrschen ■ Arbeitsschutzbestimmungen berücksichtigen ■ Anlagen warten ■ über Fremdsprachenkenntnisse verfügen ■ PC als Werkzeug benutzen
Methodische Qualifikationen	■ Wissen selbstständig erarbeiten ■ Informationen ordnen ■ Informationen aufbereiten ■ das eigene Lernen organisieren
Soziale Kompetenzen	■ Konflikte austragen und konstruktiv lösen können ■ in Gruppen zusammenarbeiten können ■ kommunizieren können ■ zuhören können ■ Gespräche moderieren, leiten und zusammenfassen können
Emotionale Qualifikationen	■ die eigenen Gefühle kennen und ausdrücken können ■ mit Angst und Krisen umgehen können ■ eigene Projektionen erkennen und zurücknehmen können ■ sich in die Gefühle anderer versetzen können ■ emotionale Unterstützung geben können

ARNOLD, R./MÜLLER, H.-J. (Hrsg.): Kompetenzentwicklung durch Schlüsselqualifizierung. Bamannsweiler 1999.
KAISER, A.: Schlüsselqualifikationen in der Arbeitnehmerweiterbildung. Neuwied 1992.
MERTENS, D.: Schlüsselqualifikationen. Thesen zur Schulung für eine moderne Gesellschaft. In: Mitteilungen aus der Arbeitsmarkt- und Berufsforschung, H. 7, 1974, S. 36–43.
WILSDORF, D.: Schlüsselqualifikationen: Die Entwicklung selbstständigen Lernens und Handelns in der Berufsausbildung. München 1991.

Der Konstruktivismus ist für die Erziehungswissenschaft – und insbesondere für lerntheoretische Überlegungen – ohne Zweifel einer der wesentlichen theoretischen Impulse der letzten Jahre. Konstruktivistische Ansätze gehen davon aus, dass Erkenntnis wesentlich mehr mit dem erkennenden Individuum zu tun hat, als in traditionellen Konzepten angenommen. Zu dieser These formulierte ERNST VON GLASERSFELD in seinem Modell des radikalen Konstruktivismus zwei Grundannahmen:

1. „Wissen wird vom denkenden Subjekt nicht passiv aufgenommen, sondern aktiv aufgebaut.
2. Die Funktion der Kognition ist adaptiv und dient der Organisation der Erfahrungswelt, nicht der Entdeckung der ontischen Realität" (GLASERSFELD 1996, S. 48).

Individuum und Umwelt

Lernen ist also kein Vorgang, der mit dem Füllen eines Behälters oder dem Speichern von Daten verglichen werden kann. Vielmehr finden Lernvorgänge statt, um einen Einklang zwischen den Konstruktionen des Individuums und der es umgebenden Umwelt herzustellen. Dabei geht es aber nicht um ein direktes Eindringen in die umgebende Wirklichkeit, sondern um die Konstruktion eines *viablen* Modells der Umwelt. Mit dem Begriff der Viabilität (wörtl. Gangbarkeit) wird dabei ausgedrückt, dass Konstrukte dann stabilisiert werden, wenn sie sich als *passend* erweisen, beispielsweise dadurch, dass auf Basis des Konstruktes getroffene Voraussagen tatsächlich eintreffen. Dabei spielt es jedoch zunächst keine Rolle, ob diese Konstrukte aus einer anderen (z. B. wissenschaftlichen Perspektive) ebenfalls ein viables Modell darstellen würden. Erst wenn sie zwischen verschiedenen Lernenden kommuniziert werden, wird auch dem Kriterium der *intersubjektiven Übereinstimmung* (Viabilität zweiter Ordnung) Bedeutung beigemessen. Für Bildungs- und Lernprozesse bedeutet das zweierlei. Denn zum einen leistet der Konstruktivismus einen wichtigen Beitrag zur Erklärung erzieherischer Vorgänge, indem er beispielsweise dem empirisch bewährten didaktischen Prinzip der Subjektorientierung eine theoretische Erklärung unterlegt. Andererseits stellt er auch einen Ausgangspunkt für die Kritik der Erziehungswirklichkeit dar.

Aus konstruktivistischer Perspektive lassen viele der verbreiteten Lehr-Lern-Methoden nämlich keinen Kompetenzerwerb erwarten, sondern führen eher zu defensivem Lernen (HOLZKAMP), bei dem Lernerfolge erzielt werden, um Nachteile zu vermeiden. Dies führt in der Regel zu totem Wissen, das zwar reproduziert, aber in Problemsituationen oft nicht angewandt werden kann. Konstruktivistisch orientierte Lehr-Lern-Methoden lassen demgegenüber mehr Raum für die individuelle Konstruktion viabler Konzepte (→ B 57), etwa indem die Lernenden sich diskursiv mit einem Gegenstand auseinander setzen und auch Fehler als didaktische Ressource ernst genommen werden.

1. Was versteht man unter Viabilität?
2. Wie lässt sich Subjektorientierung mit konstruktivistischen Thesen begründen?
3. Welchen Zusammenhang gibt es zwischen dem konstruktivistischen Bild vom Lernen und den Methoden des lebendigen Lernens? (→ B 53)

Erzeugungs- und Ermöglichungsdidaktik in der Gegenüberstellung

	Traditionell: Erzeugungsdidaktik	Konstruktivistisch: Ermöglichungsdidaktik
Wissens-organisation	Speicher	Konstruktion
Ablauf von Lernprozessen	▪ linear ▪ fremdorganisiert ▪ vorhersagbar	▪ nicht-linear ▪ selbstorganisiert ▪ nicht vorhersagbar
Didaktische Folgerungen	▪ Erzeugungsdidaktik: stellvertretende Erschlie-ßung von Bildungsgehalten ▪ Planungsdenken: Unterricht ist Realisierung und Kontrolle von geplanten Lehrschritten. ▪ normative Position: Normierung der Vielfalt der Wirklichkeitskonstruk-tionen, Erziehung, Beleh-rung und Aufklärung	▪ Ermöglichungsdidaktik: selbstständige Erschließung von Bildungsgehalten ▪ operatives Denken: Unterricht ist die Realisie-rung und Begleitung von Lernprojekten. ▪ reflexive Position: Gültigkeit der Wirklichkeits-konstruktionen wird im Dia-log reflektiert und proble-matisiert, Individualisierung und Pluralisierung sind möglich.
Professionalität der Lehrenden	▪ lehren ▪ vermitteln ▪ führen	▪ begleiten ▪ beraten ▪ unterstützen
Vorrangiges Ziel	Vermittlung und Nachvollzug vorgegebenen Wissens	Entwicklung und Konstruktion reflexiven Wissens

ARNOLD, R./SCHÜSSLER, I.: Wandel der Lernkulturen. Darmstadt 1998.
GLASERSFELD, E. v.: Radikaler Konstruktivismus. Ideen, Ergebnisse, Probleme. Frankfurt a. M. 1996.
WATZLAWICK, P.: Die erfundene Wirklichkeit. Wie wir wissen, was wir zu wissen glauben. Beiträge zum Konstruktivismus. München, Wien 1995.

Was versteht man unter Lernstilen?

Lernen ist ein individueller, von außen nicht direkt beobachtbarer Vorgang, bei dem die Sinneseindrücke eine wichtige Rolle spielen. Letztlich allerdings ist entscheidend, was die oder der Lernende aus der Vielzahl von Reizen, Anregungen und Informationen macht, die durch die verschiedenen Sinneskanäle aufgenommen werden (→ B 18).

Lerntypen

Aufgrund beobachtbarer struktureller Unterschiede bezüglich der bevorzugten Lernformen bzw. Lernwege von Menschen lassen sich verschiedene Lernstile bzw. Lerntypen unterscheiden. Auf FREDERIC VESTER stützt sich eine recht einfache Typologie, die nach bevorzugten Sinneskanälen unterscheidet: Hiernach gibt es

- einen *auditiven* Typ, der Informationen vor allem dann nachhaltig verarbeitet, wenn er sie hört,
- einen *visuellen* Typ, der sich vor allem auf bildliche Informationen stützt,
- einen *haptischen* Typ, der besonders über Berührung aufgenommene Reize verarbeitet (VESTER 2001, S. 48 ff.).

Diese Typologie ist gut geeignet, Lernende und Lehrende in konkreten Unterrichtssituationen dafür zu sensibilisieren, wie unterschiedlich erfolgreiche Lernwege bei verschiedenen Lernenden sein können (vgl. auch KLIPPERT 1994, S. 60).

Die Einteilung nach bevorzugten Sinneskanälen allein wird allerdings der Komplexität des Themas Lernen nicht gerecht (zum Beispiel spielt die Möglichkeit, zu handeln, eine Rolle, auf die auch VESTER eingeht).

Es wurden differenziertere Modelle von Lerntypen bzw. Lernstilen entwickelt, zum Teil auch mit einem Lernstiltest (KOLB 1976) verknüpft. JOSEF SCHRADER identifizierte auf breiter empirischer Basis fünf Lerntypen (bezogen auf das Lernen Erwachsener):

- Der *Theoretiker* lernt mit Freude, zuversichtlich, gelassen und zielorientiert.
- Der *Anwendungsorientierte* benötigt die praktische Nähe zum Gegenstand, Anwendung ist für ihn „Ziel und Methode zugleich". (SCHRADER 1996, S. 176)
- Der *Musterschüler* hat ein hohes Bedürfnis nach Lenkung des Lernprozesses, da eine möglichst gute Bewertung in Zeugnissen oder Zertifikaten für ihn eine tragende Motivation darstellt.
- Der *Gleichgültige* lernt gerade so viel, wie er muss, um weder positiv noch negativ aufzufallen.
- Und der *Unsichere* begegnet dem Lernen mit Angst. Er benötigt zum Lernen genaue Anleitungen und möglichst positive Rückmeldungen, aber auch einen gewissen Druck.

Lernstile

Lernstile sind jedoch auch veränderbar, wenngleich nur bis zu einem gewissen Grad. Es sollte daher unter anderem die Aufgabe von Bildung sein, die Sicherheit der Lernenden sowie ihre Fähigkeit zur Selbststeuerung gezielt zu fördern. Auf diese Weise können Selbstlernkompetenzen entwickelt und auch die Bereitschaft sowie die Fähigkeit zum lebenslangen Lernen angebahnt werden (→ E 66).

1. Welche Konsequenzen ergeben sich aus den von SCHRADER beschriebenen Lernstilen für die Prüfung von Lernergebnissen?
2. Wie lässt sich begründen, dass Unterricht auch die partielle Veränderung von Lernstilen beabsichtigen kann?

Verschiedene Lernstile und der Umgang mit ihnen

Berücksichtigung von Lernstilen im Unterricht

Didaktik

Lerntypen transformieren – Bildung im Sinne von Selbstbestimmungs- und Kooperationsfähigkeit fördern

- bei *Unsicheren* Sicherheit fördern
- bei *Gleichgültigen* Betroffenheit fördern
- bei *Theoretikern* affektive Dimension herausarbeiten
- bei *Anwendern* theoretische Durchdringung fördern
- bei *Musterschülern* Eigenverantwortung fördern

Lerntypen thematisieren

- Selbstlernkompetenz steigern, indem die Lernenden ihren eigenen Lerntyp kennen lernen
- Gruppenprozesse fördern, indem Lerngruppen den unterschiedlichen Lerntypen gerecht werden
- kommunikative Kompetenz fördern, indem bei Referaten, Präsentationen etc. auf unterschiedliche Lerntypen Rücksicht genommen wird

Methodik

Fremd- und Selbststeuerung ausbalancieren

- die Selbststeuerung fördern, ohne die Lernenden zu überfordern
- eher rezeptive Lehrformen (Vortrag, Referat, Filmbeispiele etc.) und schüleraktive Formen berücksichtigen

Erschließungswege variieren

- optische Zugänge ermöglichen (durch Grafiken, Bildmaterial, die optische Strukturierung von Texten)
- akustische Zugänge ermöglichen (durch gute Artikulation, akustische Medien, Gespräche)
- haptische Zugangsmöglichkeiten berücksichtigen, wenn sie gegeben sind (Umgang mit Materialien)
- handelnde Zugänge fördern (durch Selbsterschließungsmethoden wie z.B. Visualisieren, Experimentieren)

Kognitive Zugänge variieren

- an Vorerfahrungen anknüpfen
- verschiedene kognitive Strukturierungen zulassen
- durch Projekte individuelle kognitive Zugänge ermöglichen

KLIPPERT, H.: Methodentraining. Übungsbausteine für den Unterricht. Weinheim [16]2006.
KOLB, D.: The Learning Style Inventory Technical Manual. Boston 1976.
SCHRADER, J.: Lerntypen bei Erwachsenen. Empirische Analysen zum Lernen und Lehren in der beruflichen Weiterbildung. Weinheim 1994.
VESTER, F.: Denken, Lernen und Vergessen. München 2001.

Was bedeutet Lernkulturwandel?

Systemische Lernkultur

Der Begriff der Lernkultur ist ein noch junger Fachbegriff der Pädagogik. Er bezeichnet die Aspekte und Dimensionen von Bildungsprozessen, die einem fraglos vertraut sind und die gleichzeitig die Konzeption und Organisation der Bildungsinstitutionen sowie die Mentalitäten derjenigen, die in diesen tätig sind, entscheidend prägen.

Lernkulturelle Vertrautheiten sind etwa Aussagen wie:

- Lehren ist eine wichtige Voraussetzung von Lernen.
- Der Lehrer oder die Lehrerin verfügt über Methodenkenntnis (Unterrichts- bzw. Lernmerkmethode).
- Am besten lernen Lerngruppen im Gleichschritt des Klassenverbandes.

Mechanistische Lernkultur

Nimmt man diese und andere lernkulturelle Vertrautheiten kritisch in den Blick, so erkennt man, dass durch diese Sichtweisen auch eine Wirklichkeit konstruiert wird, die beständig eine mechanistische Lernkultur bestätigt: Als *mechanistische Lernkultur* bezeichnet man die gesellschaftliche Konvention, Lernen als einen einseitig von Lehrenden gestalteten und letztlich machbaren Prozess zu organisieren, der – so die implizite Annahme – am wirksamsten in curricularen und institutionellen Leitplanken abläuft.

Lernkulturelle Vertrautheiten verschließen den Blick für Alternativen. Und im Sinne einer Self-fullfilling-Prophecy erzeugen eben solche mechanistische Sichtweisen auch entsprechende Lehr-Lern-Situationen, die nur wiederum ein mechanistisches pädagogisches Handeln rechtfertigen.

Lebendige Lernkultur

Mit dem Begriff des Lernkulturwandels und der Hinwendung zu einer *lebendigen Lernkultur* wird eine andere Sicht der Dinge möglich, die von einem positiven Bild der Lernenden ausgeht: Die Lernenden werden als Personen konzipiert, die für relevante Lernprozesse aufgeschlossen und prinzipiell lernbereit sind und zudem Verantwortung für ihr eigenes Lernen übernehmen können.

Systemisch-konstruktivische Perspektive

Grundlegend für das Lernen ist demnach eine *systemisch-konstruktivistische Perspektive*, die die Tatsache berücksichtigt, dass nachhaltiges und signifikantes Lernen notwendig auf der Eigeninitiative der Lernenden beruhen muss und voraussetzt, dass der Lerninhalt von diesen als für ihre eigenen Zwecke bedeutungsvoll erkannt werden kann. Diese theoretischen Ansätze für eine lebendige Lernkultur gewinnen gegenüber der mechanistischen Lerntheorie zunehmend an Bedeutung.

1. Fallen Ihnen weitere lernkulturelle Gewissheiten ein, die das Handeln und die mentalen Modelle von Pädagogen prägen?
2. Ergänzen Sie die Gegenüberstellung „Missverständnisse einer mechanistischen Lernkultur – Ansätze einer lebendigen Lernkultur" um eigene Beispiele?
3. Durch welche Methoden können relevante und nachhaltige Lernprozesse gefördert werden?

Mechanistisches und lebendiges Lernen

Lernkultur (nach CARL ROGERS)

Missverständnisse einer mechanistischen Lerntheorie	Ansätze eines lebendigen Lernens
Die bloße Präsentation von Informationen durch den Lehrenden führt automatisch zu Lernen.	Relevantes Lernen schließt stets die Veränderung der eigenen Person mit ein. Wirkliches Lernen ist oft exemplarisches Lernen.
Den Lernenden kann keine Verantwortung für ihren eigenen Lernprozess anvertraut werden.	Lernende besitzen – wie alle Menschen – ein natürliches Potenzial zum Lernen, das durch eine bessere Ausbildung gefördert und entfaltet werden kann.
Lernende betrachtet man am besten als manipulierbare Objekte und nicht als Personen.	Lernen, das auf Eigeninitiative beruht, mit Beteiligung der ganzen Person – Gefühl wie Intellekt – ist das eindringlichste und hat den am längsten anhaltenden Lerneffekt zur Folge.
Prüfungen sind ein geeignetes Mittel um herauszufinden, welche Qualifikationen Lernende erworben haben.	Nachhaltiges und signifikantes Lernen findet statt, wenn der Lerninhalt vom Lernenden als für seine eigenen Zwecke bedeutungsvoll erkannt wird.

(ARNOLD/SCHÜSSLER 1998, S. 73)

ARNOLD, R./SCHÜSSLER, I.: Wandel der Lernkulturen. Ideen und Bausteine für ein lebendiges Lernen. Darmstadt 1998.

PÄTZOLD, G./LANG, M.: Lernkulturen im Wandel. Didaktische Konzepte für eine wissensbasierte Organisation. Bielefeld 1999.

ROGERS, C.: Lernen in Freiheit. Zur Bildungsreform in Schule und Universität. Stuttgart [3]1979.

SIEBERT, H.: Pädagogischer Konstruktivismus. Neuwied 2000.

Die Erwachsenenbildung hat ihre ersten Anfänge in der Entstehung der Lesegesellschaften im frühen 18. Jahrhundert. Wesentliche Impulse erhielt sie durch die Arbeiterbewegung des 19. Jahrhunderts (ARNOLD 2001, S.11). Seit dieser Zeit ist eine eher zögerliche Auseinandersetzung mit den Besonderheiten des Lernens Erwachsener in Gang gekommen. Erst seit den 1970er-Jahren lässt sich eine systematischere Betrachtung der gesamten Lebensspanne im Rahmen der Entwicklungspsychologie feststellen. Auch in Lerntheorien wird mehr auf Kinder und jugendliche Lernende Bezug genommen, so dass die Anwendung auf Erwachsenenlernen nur sehr eingeschränkt möglich ist (vgl. HOLZKAMP 1996).

Stand der Forschung

Die Erwachsenenbildungsforschung hat inzwischen eine Reihe spezifischer Merkmale herausgearbeitet:

- *Erwachsene gehen mit vielfältigsten Vorkenntnissen, biografischen Vorprägungen und Deutungsmustern in die Lernsituationen.* In den Situationen des Erwachsenenlernens kann nur in Ausnahmefällen von einem homogenen Kenntnisstand ausgegangen werden. Neben den fachlichen Vorkenntnissen unterscheiden sich Erwachsene auch viel stärker als Jugendliche bezüglich der methodischen und sozialen Kompetenz, über die sie verfügen. Schließlich tragen sie aufgrund unterschiedlicher Vorerfahrungen entsprechend verschiedene Deutungen an eine Situation heran.

- *Die kognitive Leistungsfähigkeit nimmt im Lebenslauf keineswegs linear ab.* Die heute noch vielfach angenommene Intelligenzminderung im Alter ist durch wissenschaftliche Studien nicht belegt. Zahlreiche Unterschiede, die in früheren Untersuchungen der individuellen biografischen Entwicklung zugeschrieben werden, lassen sich eher über Kohorteneffekte erklären, also etwa darüber, dass die älteren untersuchten Personen gegenüber den Jüngeren im Durchschnitt über eine schlechtere Schulbildung verfügen. Beobachtbar sind allerdings Verschiebungen – etwa in dem nachlassende Merkfähigkeit durch Systematisierung und Verbindung mit bereits Bekanntem ausgeglichen wird.

- *Den zuvor genannten Unterschieden muss die Erwachsenenpädagogik durch eine entsprechende Didaktik genügen.* Sie erfordert andere Lernmethoden und muss in vielen Fällen an die Vorerfahrung der Teilnehmenden anknüpfen. Sie sollte zudem die vorhandenen Kompetenzen der Erwachsenen stärker berücksichtigen, den Transfer in die eigene Lebenswelt fördern und die Aktivität sowie die Interaktion der Lernenden fördern.

- *Schließlich stellt sich die Erwachsenenbildungslandschaft auch institutionell anders dar als Schule und Ausbildung.* Während Letztere in einem staatlich organisierten Rahmen stattfinden, ist die Erwachsenen- und Weiterbildungslandschaft äußerst heterogen und nur teilweise staatlich geregelt.

1. Welche Motive veranlassen Erwachsene, Bildungsveranstaltungen aufzusuchen? Wie unterscheiden sich diese hinsichtlich der Motive von Kindern und Jugendlichen?
2. Wie können sich die beschriebenen Unterschiede auf didaktisches Handeln in der Erwachsenenbildung im Einzelnen auswirken? Worauf muss geachtet werden?
3. Fallen Ihnen mit Blick auf die Forschungsthemen der Erwachsenenpädagogik noch weitere Spezifika ein?

Ebenen und ausgewählte Fragestellungen der Erwachsenenbildungsforschung

Ebene	Definition	Ausgewählte Untersuchungsfragestellung
Gesellschaftliche Ebene	die ökonomischen, technologischen, politischen, sozialen und kulturellen Strukturen und Wandlungen der Gesellschaft in ihrer Bedeutung für die Erwachsenenbildung	■ ökonomische und gesellschaftliche Interessen, Voraussetzungen und Funktionen der Erwachsenenbildung ■ Qualifikationsstrukturentwicklung und Erwachsenenbildungs-Bedarf ■ Möglichkeiten einer emanzipatorischen Erwachsenenbildung ■ soziale Defizite der Erwachsenenbildung ■ Bildungsmotivationen ■ latente (ideologische) Funktionen der Erwachsenenbildung ■ Funktionen der Erwachsenenbildung in gesellschaftlichen Krisen (Arbeitslosigkeit)
Institutionsebene	die öffentlichen und privaten Organisationen institutionalisierten Erwachsenenlernens	■ Organisationsziele und -strukturen der Erwachsenenbildung ■ Definition/Restriktion von Rollen, Handlungen und Entscheidungsspielräumen durch institutionellen Rahmen ■ Verhältnis von pädagogischer und bürokratischer Rationalität ■ Bedienung latenter Organisationsbedürfnisse durch Erwachsenenbildung ■ Verhältnis von Professionalität und Bürokratie
Interaktionsebene	die Interaktionsstrukturen im Erwachsenenunterricht; Erwachsenenbildung als gesellschaftliche Mikroorganisation	■ Analyse organisierter Lernprozesse in der Erwachsenenbildung ■ Verhältnis von kognitiven und affektiven Lernprozessen ■ Gruppeninteraktion und Lernverhalten ■ Passung von Lehr-/Lernstil und Lehr-/Lernverhalten ■ Voraussetzungen reflexiven Lernens
Individualebene	die Sozialisation und Identitätsentwicklung Erwachsener als Anknüpfungsebene des Erwachsenenlernens	■ Sozialisationserfahrungen und Deutungsmuster der Teilnehmenden ■ Lebenswelt und Lebenslauf von Erwachsenen ■ Krisen und Krisenbewältigung ■ Möglichkeiten der Deutungsmuster-Anknüpfung und der Identitätsförderung

(nach ARNOLD 2001, S. 76 f.)

ARNOLD, R.: Deutungsmuster und pädagogisches Handeln in der Erwachsenenbildung. Aspekte einer Sozialpsychologie der Erwachsenenbildung und einer erwachsenenpädagogischen Handlungstheorie. Bad Heilbrunn/Obb. 1985.

ARNOLD, R.: Erwachsenenbildung. Baltmannsweiler 42001.

FALTERMAIER, T./MAYRING, P./SAUP, W./STREHMEL, P.: Entwicklungspsychologie des Erwachsenenalters. Stuttgart u. a. 1992.

HOLZKAMP, K.: Wider den Lehr-Lern-Kurzschluss. Interview mit Rolf Arnold. In: ARNOLD, R. (Hrsg.): Lebendiges Lernen, Kaiserslautern 1996, S. 21–30.

MAYER K. U./BALTES, P. B.: Die Berliner Altersstudie. Berlin 21999.

Die Medienentwicklung hat sich in den letzten Jahren enorm beschleunigt. Ob es um traditionelle Medien wie etwa Bücher geht (auf dem deutschsprachigen Markt erscheinen derzeit über 80.000 neue Titel pro Jahr) oder um das Internet und seine Dienste (moderne Suchmaschinen indizieren mehrere Millionen Webseiten), das Informationsangebot und die verschiedenen Zugriffsmöglichkeiten nehmen ungebrochen zu. Für das didaktische Handeln ergeben sich daraus stets zwei grundsätzliche Fragen:

1. Soll ein neues Medienangebot im Unterricht zum Thema gemacht werden, etwa damit Lernende mit dessen Umgang vertraut werden?
2. Kann ein Medienangebot genutzt werden, um die Lernprozesse zu verbessern (z. B. Übungsprogramme, Computeralgebrasysteme, webbasierte Lernumgebungen usw.)?

Medienkompetenz

Die erste Frage stellt sich vor allem hinsichtlich der Aufgabe des Bildungswesens, die politische, wirtschaftliche und gesellschaftliche Teilhabe aller soweit möglich zu fördern. In Bezug auf das Internet wurde bereits vor dem *digital divide*, also einer Zweiklassengesellschaft gewarnt, in der nur eine Klasse durch die Fähigkeit zum Umgang mit neuen Medien privilegiert ist. Diese Fähigkeit umfasst dabei nicht nur die technische Bedienung etwa eines Computers, sondern auch die Kompetenz, aus Inhalten auszuwählen und die Bedeutung und Glaubwürdigkeit von Angeboten einzuschätzen usw. Dieses Fähigkeitsspektrum wird unter dem Begriff der *Medienkompetenz* (→ C 31) zusammengefasst.

E-Learning

Medien werden aber seit jeher im Unterricht auch eingesetzt, um dessen Anschaulichkeit zu verbessern (Schulbücher, Tafel, Overheadprojektor, multimediale Lernumgebungen). In diesem Zusammenhang stellt sich bei neuen Medien die Frage, *ob* und in welchen Zusammenhängen eine Nutzung möglich ist, aber auch, *wie* die spezifischen Möglichkeiten eines Mediums (z. B. Internetrecherche, Chatrooms) in den Unterricht einfließen bzw. diesen ergänzen und begleiten können. Dabei erweisen sich viele Konzepte als wenig wirksam, weil sie vorhandene Inhalte in leicht modifizierter Weise multimedial verpacken, ohne die Nutzung neuer Möglichkeiten aus didaktischer Perspektive auszuloten. Weit reichende Entwicklungen sind hingegen vor allem im Bereich der betrieblichen Bildung und noch mehr bei Formen des Fernstudiums zu erkennen, wo E-Learning mit multimedialen Lernumgebungen wie WebCT oder Ilias inzwischen oftmals selbstverständlich ist.

1. Welche Möglichkeiten ergeben sich mit neuen Medien, z. B. beim Fernunterricht?
2. Überlegen Sie sich, welche inzwischen gewohnten Lernmedien auch einmal neu gewesen sind und wie sie sich auf didaktisches Handeln ausgewirkt haben.
3. An welchen Stellen bzw. zu welchem Zweck können neue Medien im herkömmlichen Schulunterricht eingesetzt werden?

DÖRR, G./JÜNGST, K. L. (Hrsg.): Lernen mit Medien. Ergebnisse und Perspektiven zu medial vermittelten Lehr- und Lernprozessen. Weinheim/München 2000.
HARTH, T.: Das Internet als Herausforderung politischer Bildung. Schwalbach/Ts. 2000.
MOSER, H.: Einführung in die Medienpädagogik. Opladen ³2000.
http://www.ilias.uni-koeln.de: Unter dieser Adresse ist eine kostenlose webbasierte Lernumgebung verfügbar.

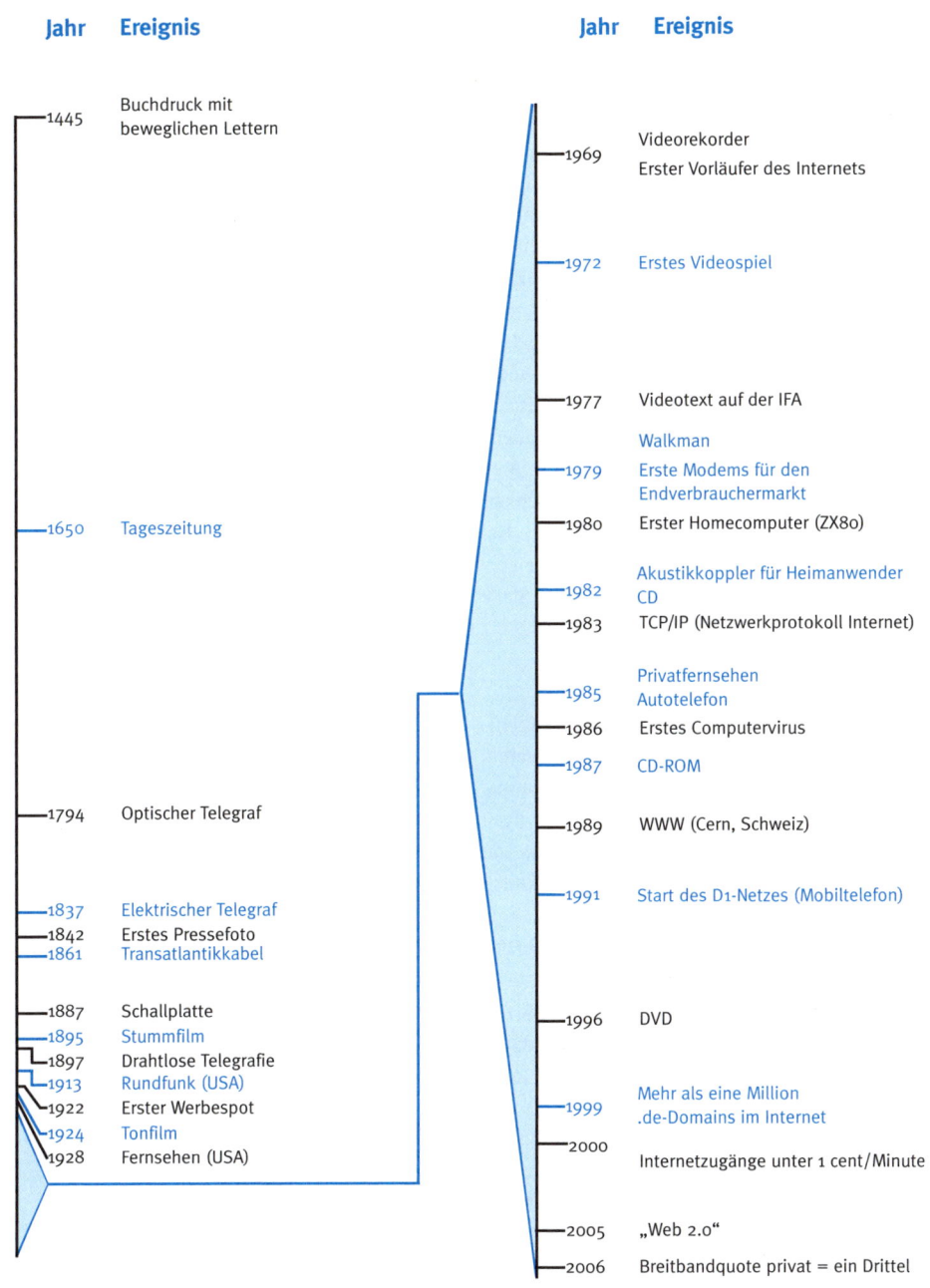

Jahr	Ereignis
1445	Buchdruck mit beweglichen Lettern
1650	Tageszeitung
1794	Optischer Telegraf
1837	Elektrischer Telegraf
1842	Erstes Pressefoto
1861	Transatlantikkabel
1887	Schallplatte
1895	Stummfilm
1897	Drahtlose Telegrafie
1913	Rundfunk (USA)
1922	Erster Werbespot
1924	Tonfilm
1928	Fernsehen (USA)

Jahr	Ereignis
1969	Videorekorder
	Erster Vorläufer des Internets
1972	Erstes Videospiel
1977	Videotext auf der IFA
	Walkman
1979	Erste Modems für den Endverbrauchermarkt
1980	Erster Homecomputer (ZX80)
	Akustikkoppler für Heimanwender
1982	CD
1983	TCP/IP (Netzwerkprotokoll Internet)
	Privatfernsehen
1985	Autotelefon
1986	Erstes Computervirus
1987	CD-ROM
1989	WWW (Cern, Schweiz)
1991	Start des D1-Netzes (Mobiltelefon)
1996	DVD
	Mehr als eine Million
1999	.de-Domains im Internet
2000	Internetzugänge unter 1 cent/Minute
2005	„Web 2.0"
2006	Breitbandquote privat = ein Drittel

Beratung zur Selbststeuerung

Der berechtigten Forderung nach einer stärkeren Verlagerung der Steuerung und Verantwortung des Lernprozesses vom Lehrenden auf die Lernenden steht entgegen, dass sowohl Schülerinnen und Schüler als auch Erwachsene häufig nur begrenzt über die dazu notwendigen inhaltlichen sowie lernstrategischen und methodischen Kompetenzen verfügen. Hierbei kann Lernberatung als didaktisches Handeln zwischen der (angestrebten) Selbstlernkompetenz und dem Ausweichen auf traditionelle, fremdgesteuerte Unterrichtsarrangements vermitteln: Beratung „vermittelt zwischen [... dem Schüler], seinen Intentionen, der Selbstverwirklichung und den im Schulsystem gegebenen Möglichkeiten des Lernens" (AURIN u. a. 1977, S. 30). Hat Unterricht das Ziel, die Selbsttätigkeit der Lernenden zu fördern, so tritt Beratung an die Stelle des Führens und Lenkens (vgl. PÄTZOLD 2004).

Einzelfallberatung und Lernberatung

Während die Ansätze der Einzelfallberatung lange Zeit vor allem an Defiziten orientiert waren, sich also auf einen Mangel bzw. eine Abweichung des Schülers gegenüber den Lernanforderungen der Umgebung bezogen, geht Lernberatung von einer anderen Vorstellung aus. So wie nämlich das Lernen in der Schule nicht als Maßnahme zur Behebung von Defiziten betrachtet wird, sondern als Förderung der Persönlichkeit, ist auch die individuelle Beratung im Umgang mit Lernanforderungen nicht als Ausgleich einer Schwäche auf Seiten des Schülers zu sehen, sondern als eine didaktische Handlung wie andere auch.

Lernberatung ergänzt selbst gesteuertes Lernen, indem sie den Lernenden bei den einzelnen Lernschritten begleitet. Der Lehrer berät bei der Auswahl von Zielen, bei der Wahl von Ressourcen und bei den Überlegungen zur Lernstrategie sowie bei der Umsetzung und bei der Beurteilung des Lernerfolges. Da diese Schritte jedoch nicht streng aufeinander folgen (etwa wenn sich bei den Überlegungen zur Strategie herausstellt, dass bestimmte Ressourcen gar nicht verfügbar sind), muss der ganze Lernprozess immer im Zusammenhang gesehen werden. Beraten wird also auch bezüglich der Vernetzung der einzelnen Schritte.

Ziele von Beratung

Innerhalb dieser beiden Felder kann die Beratung unterschiedliche Ziele verfolgen.

1. Zum einen geht es darum, die Lernenden bei der konkreten Erreichung eines Zieles zu unterstützen: Wenn sie also etwas über einen bestimmten Gegenstand herausfinden wollen, können sie beispielsweise über mögliche Lernressourcen zu diesem Gegenstand beraten werden.
2. Zum anderen geht es um die schrittweise Entwicklung der Fähigkeit zum selbst gesteuerten Lernen: etwa durch Beratung zu allgemein geeigneten Lernstrategien, Methoden der Lernbedarfsanalyse und so fort.

1. Welche grundsätzlich veränderte Sichtweise kennzeichnet Lernberatung heute gegenüber früheren Konzepten?
2. In welchen Situationen kann Lernberatung stattfinden?
3. Überlegen Sie, welche Kenntnisse und Fähigkeiten man benötigt, um Lernende zu beraten?

Initiative

z. B. Beratung über Lernangebote

Lernbedarf feststellen

Beratung bei der Analyse von subjektiven und objektiven Lernbedürfnissen

Ergebnisse beurteilen

Hilfe bei der Evaluation der eigenen Lernergebnisse (Blick von außen)

Lernziele formulieren

Beratung bei der Bestimmung von Erwünschtem und Erreichtem

Vernetzung

Lernstrategien umsetzen

Beratung bei der Einschätzung, ob die Strategie wirklich umgesetzt ist, zielführend ist etc.

Ressourcen ermitteln

Beratung über Lernmöglichkeiten, -medien, -techniken

Lernstrategien wählen

Beratung über Lernmethoden (Autodidaktik im engeren Sinne)

AURIN, K./STARK, G./STOBBERG, E.: Beratung im Schulbereich. Aufgabenfelder, Strukturprobleme, Entwicklungstendenzen und Empfehlungen. Weinheim, Basel 1977.

PÄTZOLD, H.: Lernberatung und Erwachsenenbildung. Baltmannsweiler 2004.

PÄTZOLD, H.: Pädagogische Beratung und Lernberatung. In: ARNOLD et al. (Hrsg.): Qualitätssicherung an Schulen. Donauwörth 2006, S. 135–176.

SIEBERT, H.: Selbstgesteuertes Lernen und Lernberatung. Neuwied/Kriftel 2001.

Der Begriff Erziehung entstammt der Alltagssprache. Sein Wortstamm ist ‚ziehen‘, was nach W. Brezinka so viel bedeutet wie:

> „‚auf etwas unter Anwendung von Kraft derart einzuwirken, dass es von einer Lage oder Befindlichkeit in eine dem Einwirkenden irgendwie näher seiende andere, bessere oder richtiger, erwünschter erscheinende gebracht wird‘. Mit der Vorsilbe er- ist [...] die Vorstellung von einer Bewegung aus der Tiefe in die Höhe verknüpft" (Brezinka 1974, S. 49 f.).

Solche Erläuterungen zum Begriff von Erziehung transportieren Vorstellungen von Führung, Einwirkung und Machbarkeit.

Der interventionistische Erziehungsbegriff

Insbesondere der interventionistische Erziehungsbegriff geht davon aus, dass durch den Einsatz geeigneter Erziehungsmittel (z. B. Belohnung, Verstärkung) erwünschtes Verhalten prinzipiell erzeugt werden kann. In diesem Sinne definiert W. Brezinka:

> „Als Erziehung werden Handlungen bezeichnet, durch die Menschen versuchen, die Persönlichkeit anderer Menschen in irgendeiner Hinsicht zu fördern" (ebd., S. 95).

In dieser Vorstellung gleicht der Erzieher einem Bildhauer, der ein bestimmtes Ziel durch konkrete, Form gebende Handlungen anstrebt (vgl. Gudjons 1994, S. 183).

Der reformpädagogische Erziehungsbegriff

Der interventionistischen Auffassung von Erziehung steht der reformpädagogische Begriff von Erziehung gegenüber, der die Vorstellung von *Machbarkeit* in der Erziehung deutlich kritisiert. Reformpädagogik geht schließlich davon aus, dass es keine Erziehungstechnologie (→ A 9) gibt. Ihr Begriff von Erziehung brachte den Aspekt der Ermöglichung (Facilitating) in die pädagogische Diskussion ein. Erziehung als *Ermöglichung* deutet darauf hin, dass Erziehen immer nur durch ein Arrangement von Erfahrungsmöglichkeiten, aber nicht durch gezielt zweckrationale Einwirkung erreicht werden kann. Gemäß dieser Vorstellung ist der Erzieher mit einem Gärtner vergleichbar, der nicht *machen* kann, dass seine Pflanzen wachsen, wohl aber deren natürliche Entwicklung in fördernder Absicht beeinflussen kann (vgl. ebd.) – indem er sie anbindet, beschneidet, gießt und düngt.

Dem Erzieher – sei es in der Funktion eines Bildhauers (nach interventionistischem Erziehungsbegriff) oder eines Gärtners – wird die Möglichkeit einer positiven Einflussnahme zugesprochen.

Der antipädagogische Erziehungsbegriff

Die Antipädagogik negiert in ihrem Begriff, den sie von Erziehung hat, die Erziehungsbedürftigkeit der Kinder überhaupt. Sie setzt Erziehung sogar mit einer kinderfeindlichen Tätigkeit gleich (E. v. Braunmühl) und plädiert für ein radikales Erziehungskonzept des Laissez-faire.

Für eine konstruktive erziehungswissenschaftliche Debatte sind weder überzogene interventionistische noch antipädagogische Argumente geeignet. Mittlerweile wurde erkannt, dass Erziehung vielmehr Rahmenbedingungen und hilfreiche Feedbacks (in der *Sprache der Annahme;* → C 35) bereitzustellen hat. Wesentlich ist, dass deren innere Logik nicht dem widerspricht, was als Erziehungsstil gelebt werden soll. Ein demokratischer bzw. sozial-integrativer Erziehungsstil wirkt nachhaltiger, weil das erzieherisch erwünschte Verhalten und die bevorzugten Umgangsformen für alle Beteiligten sichtbar, erlebbar und glaubwürdig vorgelebt werden.

1. Erziehung ist:
Erzeugung des erwünschten
Verhaltens
(= interventionistischer
Erziehungsbegriff)

Einsatz von Erziehungs-
mittteln (wie z. B.
Belohnung, Verstärkung)

2. Erziehung ist:
absichtsvolle Ermöglichung
von Wachstum und
personaler Reifung
(= reformpädagogischer
Erziehungsbegriff)

Arrangement von
Erfahrungsmöglichkeiten

3. Erziehung ist:
kinderfeindliche Tätigkeit
(= antipädagogischer
Erziehungsbegriff)

Nichterziehung
bzw. Laissez-faire

Aspekte des Erziehungsprozesses:

- Erziehung geschieht durch Personen.
- Erziehung steht im Spannungsverhältnis *Führen* versus *Wachsenlassen*.
- Erziehung verfolgt Erziehungsziele, die zumeist gesellschaftlich vorgegeben sind.
- Erziehung geschieht im zwischenmenschlichen Kontakt zwischen Erziehern und Zöglingen.
- Erziehung setzt die Aktivität und Offenheit des Zöglings voraus.
- Erziehung erfolgt oft in Institutionen.
- Es gibt keine Erziehungstechnologie.

1. Welches der drei hier vorgestellten Erziehungskonzepte ist Ihres Erachtens am überzeugendsten? Welche Aspekte werden jeweils verkürzt oder vereinfacht?
2. Über welche Kompetenzen muss ein Erzieher verfügen, um Erziehung ‚im zwischenmenschlichen Kontakt' realisieren zu können?

BERNFELD, S.: Sisyphos oder die Grenzen der Erziehung. Zürich 1975.
BREZINKA, W.: Grundbegriffe der Erziehungswissenschaft. München 41974.
GUDJONS, H.: Pädagogisches Grundwissen. Bad Heilbrunn/Obb. 41995.
PRANGE, K.: Plädoyer für Erziehung. Baltmannsweiler 2000.

Erziehungsverhalten ist zu komplex, als dass man es durch ein einfaches Kategoriensystem vollständig und im Detail erfassen könnte. Die Unterscheidung idealtypischer Erziehungsstile kann dennoch einen ersten strukturierenden Zugriff auf die verschiedenen Möglichkeiten des Erziehungsverhaltens geben.

Idealtypische Erziehungsstile

Pioniere der Erziehungsstilforschung sind unter anderem LEWIN, LIPPITT und WHITE, die bereits 1939 Untersuchungen zum Erziehungs- und Erzieherverhalten durchführten. Nach ihren Forschungsergebnissen sind folgende drei idealtypische Stile zu unterscheiden:

- der autoritäre,
- der demokratische,
- der Laissez-faire-Stil.

Modifiziert und weiter entwickelt sind diese Erziehungsstile auch in der aktuellen Diskussion präsent (vgl. z. B. TAUSCH/TAUSCH 1991, S. 111).

Der autoritäre Erziehungsstil

Unter dem autoritären (auch autokratischen) Erziehungsstil versteht man ein stark steuerndes Erzieherverhalten, das wesentlich auf den beiden Erziehungsmitteln Belohnung und Bestrafung beruht. Ihm liegt in der Regel die Vorstellung eines Erziehungsauftrags zu Grunde, der die Vormachtstellung der Erzieherin oder des Erziehers gegenüber dem sich fügenden Schüler in den Mittelpunkt rückt. Dieser Machtposition entsprechend müssen erzieherische Maßnahmen in einem autoritären Konzept von Erziehung auch nicht begründet werden. Erziehungsratgeber etwa aus dem 18. und 19. Jahrhundert

bezeugen diese Auffassung: Begründungen für erzieherisches Verhalten stellten das Autoritätsverhältnis zwischen dem Erzieher und dem Zögling in Frage und seien somit für den Erziehungsvorgang schädlich.

Der sozial-integrative Erziehungsstil

Der sozial-integrative (auch demokratische oder kooperative) Erziehungsstil greift die Begründungsnotwendigkeit erzieherischen Handelns produktiv auf. Indem nämlich das Handeln und das Verhalten der Erzieherin oder des Erziehers zur Diskussion gestellt und vernünftig legitimiert werden, können die zu Erziehenden Schritt für Schritt mehr Verantwortung für ihr eigenes Handeln übernehmen. Ein solcher Erziehungsstil trägt sowohl der Erziehungs- als auch der Orientierungsbedürftigkeit des Kindes Rechnung. Darüber hinaus verweist der sozial-integrative Erziehungsstil gleichsam auf die Tatsache, dass am Erziehungsvorgang Individuen gleicher Würde teilhaben.

Laissez-faire-Erziehung

Eine Laissez-faire-Erziehung ist ein von weitgehendster Zurückhaltung des Erziehers bestimmtes Nicht-Handeln. Dem Handeln der Kinder wiederum wird (nahezu) keinerlei Beachtung geschenkt. Dementsprechend finden in einem solchen Erziehungsverhalten weder Steuerung noch Lenkung noch Rückmeldung statt. Es drückt sich in der Auffassung des Laissez-faire die grundlegende Leugnung sowohl der Erziehungsbedürftigkeit des Kindes als auch der Erziehungsverantwortung der Erzieherin, des Erziehers oder der Lehrperson aus.

Autoritäres und sozial-integratives Erziehungshandeln

Der Unterschied zwischen Erziehungsstilen lässt sich auf die vier unterschiedlichen Ebenen von Kommunikation, die „vier Seiten einer Botschaft" (→ C 34), beziehen. Durch Arbeit an diesen ist ein Übergang von autoritärem zu sozial-integrativem Erziehungshandeln möglich.

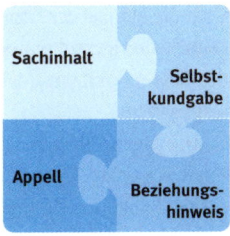

Autoritär		Sozial-integrativ
verallgemeinernd unbegründet isoliert	**Sachinhalt**	sachbezogen begründet eingebettet
verschlossen unbestimmt unpersönlich	**Selbstkundgabe**	offen bestimmt persönlich
hierarchisch Macht betonend geschäftlich irreversibel	**Beziehungshinweis**	gleichwertig Kooperation betonend freundschaftlich reversibel
fordernd bestimmt ergebnisbezogen	**Appell**	anregend offen prozessbezogen

1. In welchem Verhältnis zu den Dimensionen *lehrerzentriert* bzw. *schülerzentriert* stehen die verschiedenen Erziehungsstile?
2. Welche Vorteile und welche Nachteile für den Erziehungsvorgang sind von den jeweiligen Erziehungsstilen zu erwarten?
3. Beurteilen Sie, in welchem Verhältnis die verschiedenen Erziehungsstile zu Erziehungszielen wie etwa Disziplin, Selbstdisziplin, Mündigkeit und Ich-Stärke stehen?

SCHRÖDER, H.: Theorie und Praxis der Erziehung. München ²1999.
TAUSCH, R./TAUSCH, A.: Erziehungs-Psychologie. Begegnungen von Person zu Person. Göttingen u.a. ¹⁰1991 sowie ⁷1973.

Über die Mängel der Erziehung bzw. die Unerzogenheit der Jugend wurde zu allen Zeiten geredet. Schon SOKRATES (470–399 v. Chr.) soll beklagt haben:

> „Die Jugend liebt heutzutage den Luxus. Sie hat schlechte Manieren, verachtet die Autorität, hat keinen Respekt vor den älteren Leuten und schwatzt, wo sie arbeiten sollte. Die jungen Leute stehen nicht mehr auf, wenn Ältere das Zimmer betreten. Sie widersprechen ihren Eltern, schwadronieren in der Gesellschaft, verschlingen bei Tisch die Süßspeisen, legen die Beine übereinander und tyrannisieren die Eltern."

Ganz ähnlich klingen auch heutige Klagen. So sah der SPIEGEL vom 27.2.1995 die „Erziehung in der Krise" und sprach dabei von „Monsterkindern, die ihre Eltern terrorisieren". Auf der Titelseite der Zeitschrift FOCUS vom 5.7.1999 wurde der Leser direkt angesprochen: „Tanzt Ihnen der Nachwuchs auf der Nase herum?" Diesen Schlagzeilen stehen Befragungsergebnisse gegenüber, nach welchen Jugendliche selbst das Verhältnis zu ihren Eltern insgesamt eher positiv beurteilen: 72 Prozent der westdeutschen Jugendlichen gaben 1999 an, ihre Kinder ungefähr oder genau so erziehen zu wollen, wie sie selbst erzogen worden sind. Noch 1984 sagten das nur 53 Prozent der Befragten (FUCHS-HEINRITZ 2000, S.59).

Analysen

Eine differenzierte Analyse der Situation zeigt, dass die heutige Jugend nicht schlechter, wohl aber anders ist als vorausgegangene Generationen. Auch dass Werte für die Jugendlichen keine Rolle mehr spielen, bestätigen neuere Studien keineswegs (z. B. ebd., S. 93 ff.). Werte als individuelle Leitvorstellungen existieren auch heute noch, lediglich ihre Allgemeingültigkeit und die Dauer ihrer Gültigkeit nehmen ab.

> „Jugendliche wachsen hinein in eine Erwachsenenwelt, in der biografisch improvisiert werden muss (und kann) wie nie zuvor. [...] Sie können sich Starrheit nicht leisten" (FRITSCHE, S. 156).

Eine genauere Analyse der heutigen Situation von Jugendlichen legt offen, warum an die Stelle tradierter, dauerhafter Wertorientierungen eine Pluralität von Einstellungen tritt, die anpassungsfähiger ist, wenngleich sie zunächst beliebig erscheinen mag.

Wissenschaft und Praxis

In der Erziehungswissenschaft und -praxis wird mittlerweile ein pragmatischeres Erziehungskonzept vertreten. Überwunden sind sowohl die strikt autoritären als auch die antiautoritären Positionen. Dabei haben sich moderate Interventionskonzepte herausgebildet, die davon ausgehen, dass Heranwachsende zweierlei benötigen:

- Rahmenbedingungen und Grenzen,
- Kontinuität von Erziehungshaltungen.

Dies habe im Kontext eines zum Dialog offenen und argumentativen Erziehungsklimas zu stehen. Die Wirksamkeit von Erziehungshandlungen ist auch davon abhängig, inwieweit es gelingt, Regelmäßigkeiten sowie deutliche Grenzen und mögliche Konsequenzen zu markieren, Verträge und Tricks erfolgreich einzusetzen sowie Inkonsequenzen zu vermeiden.

FRITSCHE, Y.: Moderne Orientierungsmuster: Inflation am „Wertehimmel". In: Deutsche Shell (Hrsg.): Jugend 2000. 13. Shell Jugendstudie. Band 1, Opladen 2000, S.91–156.

FUCHS-HEINRITZ, W.: Zukunftsorientierung und Verhältnis zu den Eltern. In: Deutsche Shell (Hrsg.): Jugend 2000. 13. Shell Jugendstudie. Band 1, Opladen 2000, S.23–92.

SAVATER, F.: Darum Erziehung. Was wir Kindern geben können. Frankfurt a. M. 1998.

ZELTNER, E.: Mut zur Erziehung. Bern 1995.

→ Erziehungsprobleme und Lösungsansätze

Alltägliche Erziehungsprobleme

Top-Ten der häuslichen Streitpunkte

65,3 % – Ordnung halten, Zimmer aufräumen

54,5 % – Fernsehkonsum, Zeitvertreib am Computer

53,8 % – Zu-Bett-Gehen

44,9 % – Kauf- und Anschaffungswünsche der Kinder

42,7 % – Verhalten beim Essen

39,1 % – Hausaufgaben, Schulleistungen

30,2 % – aggressives Verhalten, Wutausbrüche

14,6 % – Taschengeld

13,8 % – äußeres Erscheinungsbild (z. B. Kleidung)

11,9 % – ohne Begleitung der Eltern etwas unternehmen wollen

* Angaben in Prozent, Mehrfachnennungen möglich

Was tun?

An die Stelle von überholten und wirkungslosen Disziplinierungsritualen sollte ein sozial-integrativer Erziehungsstil treten, der Balance hält zwischen den Bedürfnissen des Kindes nach Raum zur Entfaltung einerseits und Struktur und Orientierung andererseits. Elemente eines solchen Stils sind:

- **Regeln, Rhythmen, Rituale**
  Kinder brauchen Regelmäßigkeit (Schlafengehen, Aufstehen, Essen).
- **Grenzen setzen**
  Grenzen müssen begründet und persönlich formuliert sein (z. B. „Ich mag nicht, dass du ..., weil ich ...").
- **Vereinbarungen/Verträge**
  Mitentscheidung stärkt Selbstständigkeit (Verhaltensverträge: z. B. Zimmer aufräumen versus Hausaufgaben abends).
- **Durchhalten/Konsequenz**
  keine Hü-Hott-Erziehung

- **Folgerichtigkeit**
  keine Körperstrafen, die Sanktion muss im Zusammenhang mit dem Fehltritt stehen (z. B. Zerstörtes ersetzen lassen).
- **optimistische Grundhaltung**
  Erziehungsprobleme haben Gründe, die lösbar sind – deshalb: konstruktiver Umgang mit Konflikten statt konfrontative Haltung.
- **wirkungsvolle Kommunikation**
  Überrumpelung und Beziehungsblocker vermeiden; verständlich bleiben und reversible Botschaften verwenden

(nach FOCUS 27/1999, S. 47 und 56)

1. Welche äußeren Regeln, Rhythmen und Rituale halten Sie bei der Kindererziehung für unverzichtbar?
2. Erstellen Sie eine Liste von Vereinbarungen und Verträgen, mit denen den oben genannten Erziehungsproblemen begegnet werden könnte.
3. Nennen Sie Konsequenzen, die den oben aufgeführten alltäglichen Erziehungsproblemen angemessen sind.

Wie können Lehrende mit den Medien – den ‚heimlichen Erziehern' – umgehen?

Gegenüber den Einflüssen der Medien auf Heranwachsende wurde lange Zeit eine defensive Position bezogen: Medienerziehung bedeutete vor allem, die Kinder und Jugendlichen vor den Einflüssen der Medien zu schützen. Diesem „bewahrpädagogischen Ansatz" (HARTH 2000, S. 148) werden inzwischen differenziertere Erkenntnisse zur Wirkung von Medien gegenübergestellt, die auch den potenziellen Nutzen dieser betonen. Ob Medien schädliche, nützliche oder neutrale Wirkungen entfalten, hängt nicht nur von den Medieninhalten ab, sondern vielmehr von dem Umgang mit ihnen.

Gewaltdarstellung und Aggression

Die Frage nach dem Zusammenhang von Gewalt, die in den Medien dargestellt wird, und dem tatsächlichen Aggressionsverhalten Jugendlicher, verdeutlicht, wie schwierig es ist, dieses Verhältnis angemessen zu bestimmen. Während ein Ansatz die These vertritt, dass mediale Gewalt zur Nachahmung anregt und dadurch die Gewaltbereitschaft von Kindern und Jugendlichen erhöht (*Stimulationshypothese*), geht ein anderer Ansatz von der Auffassung aus, dass in Medien inszenierte Gewalt als Stellvertreter helfen kann, vorhandenes Gewaltpotenzial abzubauen (*Katharsishypothese*). Beide Ansätze warten mit einer Reihe empirischer Studien auf, die sich jedoch kaum vergleichen oder aufeinander beziehen lassen. In kognitionstheoretischen Überlegungen zu diesem Thema (vgl. MOSER 2000, S. 194) wurde darauf hingewiesen, dass es nicht möglich ist, die Auswirkungen medialer Gewalt unabhängig von der Persönlichkeitsstruktur und den Möglichkeiten der individuellen Verarbeitung durch den Zuschauer sicher zu beurteilen. Medienrezeption ist ein komplexes Wirkungsfeld, dem pauschale Aussagen keinesfalls gerecht werden können. Sicherlich sind „all jene jugendschützerischen Überlegungen, welche solche [extreme Gewalt darstellenden] Filme allein aus einer moralischen Erwachsenenperspektive begreifen und verurteilen," (ebd., S. 196) unzureichend. Sie lassen zudem eine möglicherweise konstruktive und biografisch sinnvolle Verarbeitung des Gesehenen durch die Jugendlichen dabei außer Acht.

Die Grenzen der empirischen Erforschbarkeit einerseits und die unvermindert wachsende Präsenz von Medien andererseits legen als erzieherische Konsequenz einen pragmatischen und konstruktiven Umgang mit Medien nahe.

Dazu gehören:

- die Förderung von Medienkompetenz,
- die kommunikative Verarbeitung medialer Erfahrungen, damit Kinder und Jugendliche nicht darauf angewiesen sind, allein mit diesen umzugehen,
- das Bewusstsein der Erziehenden für die eigene Vorbildfunktion in Bezug auf den Umgang mit Medien,
- die Aufgeschlossenheit der Erziehenden, die sich mehr als bisher darum bemühen müssen, ein Verständnis für die Medienrezeption Jugendlicher zu entwickeln – die sich zudem in vielem von ihrer eigenen unterscheidet,
- die kreative Medienarbeit (z. B. das Drehen eines Videos), in der Medien als gestaltbar erfahren werden.

1. Welche positiven und negativen Wirkungen können Medien Ihres Erachtens haben?
2. Welche beiden Grundpositionen gibt es zur Wirkung von Gewalt in Medien?
3. Was versteht man unter Medienkompetenz?

Umgang mit dem Gerät (etwa Computer, Telefon etc.); Umgang mit
der zugehörigen Software beispielsweise des Computers;
Verständnis für grundlegende Konzepte, die der
Bedienung zu Grunde liegen

Kenntnis
der Rolle
eines Mediums
im kulturellen
Zusammenhang
sowie der spezi-
fischen Codes

Beispiele:
■ Netzabdeckung bei Handys
■ Fenster in grafischen
  Benutzeroberflächen
■ Warmstart eines Computers
■ Behebung einfacher Störungen

technisch

Fähigkeit,
mit den
Medien umzu-
gehen und sie im
Alltag funktional zu
benutzen, etwa zu
sozialen Handlungen

Beispiele:
■ Emoticons
  wie Smileys: ;-)
■ Bildersprache
  des Fernsehens
■ Bedeutung der
  einzelnen Organe
  in der Presse-
  landschaft

kulturell

Medienkompetenz

sozial

Beispiele:
■ öffentliche
  Verwaltungs-
  leistungen
  im Netz
■ Jobangebote
■ Fernunterricht

reflexiv

kritische Sicht
auf Medien und Medien-
nutzung; Beurteilung von Leistungen und
Defiziten der Medien; Einschätzung des
eigenen Medienverhaltens

Beispiele:
■ Relevanz von Angeboten beurteilen können
■ sich medialen Angeboten auch entziehen können

(anknüpfend an DIETER BAACKE, vgl. auch MOSER 2000, S. 217 f.)

HARTH, T.: Das Internet als Herausforderung politischer Bildung. Schwalbach/Ts. 2000.
MOSER, H.: Einführung in die Medienpädagogik. Opladen 32000.
VOLLBRECHT, R.: Einführung in die Medienpädagogik. Weinheim 2001.

Selbstachtung

Die Achtung, die jemand für sich selbst empfindet, ist von grundlegender Bedeutung für sein Erleben gegenüber sich selbst und anderen. Man kann andere Menschen nur dann human und achtungsvoll behandeln, wenn man auch selbst ein positives Selbstkonzept entwickelt hat. Die Fähigkeit zur Sinnstiftung bzw. zur Wertorientierung beginnt deshalb mit der Förderung der Selbstachtung. Wer sich selbst achtet, der kann auch Orientierungen in sich entwickeln, die die Achtung vor den anderen und deren respektvolle Behandlung zum Inhalt haben. Erzieherisches Handeln – so die Quintessenz solcher auch empirisch geklärter Zusammenhänge – kann deshalb nicht an der Vermittlung irgendwelcher Werte (= *materiale Werterziehung*) ansetzen. Es muss vielmehr darauf gerichtet sein, das Selbstkonzept eines jeden Heranwachsenden zu fördern (= *reflexive Werterziehung*):

> „Und wenn wir wissen, wie eine Person sich selbst sieht, wie ihr Selbstkonzept ist, dann können wir vieles von ihrem Verhalten eher verstehen. Wir werden weniger versuchen, sie durch Dirigierung, Strafen, Zwang und Überredung ändern zu wollen. Wir werden uns mehr darum bemühen, für sie Bedingungen zu schaffen, ihr Selbst zu verstehen und so zu ändern, dass sie mehr Selbstachtung empfindet" (TAUSCH/TAUSCH 1991, S. 51 f.).

Der achtungsvolle Umgang mit dem Zögling bzw. dem Lernenden muss deshalb im Vordergrund des erzieherischen Handelns stehen. Für Heranwachsende ist in diesem Zusammenhang grundlegend:

- zu erfahren, dass man achtungsvoll behandelt wird (wertschätzende Anrede, Respekt für den Jugendlichen, Selbstachtung von Eltern und Erziehern, partnerschaftliches Setzen gewisser Grenzen usw.),
- Selbstwirksamkeit zu erfahren, das heißt, dass das eigene Handeln erfolgreich und wirksam ist,
- die Förderung des Selbstkonzeptes etwa durch emotionale Zuwendung und achtungsvolle Behandlung durch signifikante andere zu erfahren.

Werterziehung als Führungsstil

Wenngleich es keinen vorgezeichneten Weg gibt, mit dem Lehrende planmäßig einen kooperativen bzw. demokratischen Führungsstil realisieren können, so gibt es doch eine Reihe von Erfahrungen, Tipps bzw. Verhaltensempfehlungen, die in diese Richtung führen. In diesem Sinne besteht Werterziehung in einem Führungsstil, der die Selbstachtung und das Selbstkonzept von Lernenden stärkt und Formen selbstwirksamen Handelns und erfolgreicher Kooperation gewissermaßen einübt.

---

1. Wie sind die Förderung von Selbstachtung und Selbstkonzept als Ansatz einer lebendigen Werterziehung begründet?
2. Warum ist der achtungsvolle Umgang mit Heranwachsenden so bedeutungsvoll?
3. Nennen Sie Tipps, mit denen sich ein kooperativer Führungsstil umsetzen lässt.

ARNOLD, R./KRÄMER-STÜRZL, A.: Berufs- und Arbeitspädagogik. Leitfaden der Ausbildungspraxis in Produktions- und Dienstleistung. Berlin ²1999.

HENTIG, H. v.: Ach, die Werte! Über eine Erziehung für das 21. Jahrhundert. München u. a. 1999.

TAUSCH, R./TAUSCH, A.: Erziehungs-Psychologie. Begegnungen von Person zu Person. Göttingen u. a. ¹⁰1991.

Zehn Tipps

Vermeidung öffentlicher Brandmarkung:

Eigenverantwortlichkeit erfordert, dass man lernt, mit zurückgemeldeten Defiziten und Entwicklungsmöglichkeiten umzugehen. Es ist jedoch unnötig und schädlich, dies durch öffentliches Anprangern zu tun.

Unterlassen von Demütigungen und Beschimpfungen:

Durch fortgesetzte Demütigungen ("Mensch, bist du dumm!", "Du sollst nicht denken, du sollst gehorchen" ...) kann die Selbstachtung eines Menschen lebenslang beeinträchtigt werden.

Materielle Möglichkeiten nicht überschätzen:

Die Möglichkeit, eine niedrige Selbstachtung durch Einkommen, Ansehen und andere Statusfaktoren zu kompensieren, ist gering.

Defizite bei einzelnen Fertigkeiten nicht verallgemeinern:

Schwächen in einzelnen Fächern oder Bereichen (Mathematik, Rechtschreibung ...) haben nichts mit der Würde einer Person zu tun und können kompensiert werden, solange nicht ihretwegen die Selbstachtung nachhaltig beeinträchtigt wird.

Echtheit der Erwartungen prüfen:

Erwartungen unterliegen Begründungen, mit denen ehrlich umgegangen werden muss. Sie dürfen nicht durch vorgetäuschte Äußerungen ("Ich will doch nur euer Bestes!", "Es geht mir doch nur um euch!") kaschiert werden.

Vermeidung schwer verständlicher Sprache:

Unklare und unverständliche Sprache vermittelt das Gefühl, nicht verstehen zu können und dem Sprechenden unterlegen zu sein. Erziehende und Lehrende sollen sich verständlich ausdrücken.

Supervision durch Kollegen, Feedback:

Supervision ist förderlich für das eigene Selbstkonzept und hilft, ungewolltes Fehlverhalten wie auch positives Verhalten aufzudecken. Feedback hilft ebenso, die unbeabsichtigte Beeinträchtigung des Selbstkonzeptes anderer zu vermeiden.

Sich um die eigene Selbstachtung kümmern:

Selbstachtung entsteht auch durch positive Vorbilder. Mangelnde Selbstachtung kann hingegen zu negativem Erziehungsverhalten führen, etwa wenn der Erziehende sich selbst erhöht, indem er andere herabsetzt.

Fördernde Aktivität des Erziehers in persönlich wichtigen Situationen:

Erziehende ermöglichen den Kindern Erfahrungen, in denen sie ihre Selbstachtung stärken können, z.B. indem sie Aufgaben selbstständig bewältigen oder auf die Umwelt gestaltend Einfluss nehmen können usw.

Raum für Gespräche schaffen:

(Selbst gelegentliche kurze) Gespräche können das Selbstkonzept der Zöglinge stärken, wenn sie die Erfahrung machen, wahr- und ernst genommen zu werden.

(nach TAUSCH/TAUSCH 1991, S.63 ff., und ARNOLD/KRÄMER-STÜRZL 1999, S.324 ff.)

Angesichts der sich beständig wandelnden gesellschaftlichen Anforderungen an die Schule und an die in ihnen tätigen Lehrerinnen und Lehrer lassen sich die Merkmale eines erziehungsförderlichen Verhaltens der Lehrenden nicht abschließend definieren. In diesem Sinne formuliert PETER STRUCK:

> „Lehrer müssen heutzutage auch gute Sozialpädagogen sein; sie sind es, wenn sie Kinder und Jugendliche in ihrer Biografie, in ihrem Milieu und in ihren Lebensproblemen wahrnehmen und verstehen können und wenn sie bereit sind, angemessen gegenüber jedem einzelnen Schüler zu handeln, wenn sie soziales Lernen und Integration organisieren können und wenn sie sich als Freund ihrer Schüler ansehen und verhalten. Das Berufsbild des Lehrers muss so gewandelt und ihre Studien- und Prüfungsordnungen müssen so reformiert werden, dass ganz andere Menschen als die bisherigen ‚Stundengeber auf einer kleinen Morgenstelle mit vielen Ferien und guter Bezahlung‘, nämlich auch engagierte schülerorientierte Sozialpädagogen Lehrer werden wollen" (STRUCK 1994, S. 57).

Anforderungen – Überforderungen

Solche veränderten Anforderungen an Schule und Lehrkräfte lassen sich zwar überzeugend aus den gewandelten gesellschaftlichen Problemlagen heraus begründen, sie scheinen aber auch auf ein Überforderungssyndrom hinauszulaufen, da von der Schule und den in ihr Tätigen die Bewältigung von Problemlagen erwartet wird, die die Politik und Gesellschaft nicht in der Lage sind zu lösen.

Unproduktives Erzieherverhalten

In Bezug auf die unterrichtliche Ebene kann man die Interventionsformen eines unproduktiven Erzieherverhaltens mittlerweile relativ genau beschreiben: Verbreitet sind Formen eines unmittelbaren Reagierens und nicht selten greifen mit zunehmender Berufserfahrung auch komplexitätsreduzierende Etikettierungsstrategien.

Erziehungswirksame Interventionen

Erziehungswirksame Interventionen setzen immer auch *Rückkopplungs(Stop-and-Think-)-Schleifen* voraus. Ein entsprechendes Erziehungsverhalten muss

- zum einen auf einer umfassenden Sicherung der möglichen Ursachen für das störende Verhalten beruhen
- und sich zum anderen um eine längerfristige Nachhaltigkeit der erzielten Wirkungen bemühen.

Ein erster Schritt in diese Richtung wäre die Vermeidung der von BEHR und WALTERSCHEID-KRAMER zusammengestellten und weit verbreiteten – gleichwohl unwirksamen – Interventionsformen.

1. Suchen Sie illustrierende Beispiele zu den 16 genannten unwirksamen Interventionsformen.
2. Erstellen Sie eine Liste alternativer Interventionsformen, die reflektierter und wirkungsorientierter sind.
3. Ist das von Struck beschriebene Anforderungsprofil an heutige Lehrkräfte überzeugend und vollständig? Verwerfen und ergänzen Sie.

BEHR, M./WALTERSCHEID-KRAMER: Einfühlendes Erzieherverhalten. Weinheim/Basel ³1986.
STRUCK, P.: Neue Lehrer braucht das Land. Ein Plädoyer für eine zeitgemäße Schule. Darmstadt 1994.

Unproduktive Formen erzieherischen Handelns

Probleme des Lehrer-/Erzieherhandelns

Das erzieherische Handeln wird oftmals geleitet von:

- eingeschliffene Reaktionen
  (d. h., immer wieder dasselbe tun, obwohl man damit nie Erfolg hat)
- fehlende Reflexionen in Unsicherheitssituationen

Die Vermeidung folgender sechzehn Interventionsformen ist nach BEHR und WALTERSCHEID-KRAMER ein erster Schritt auf dem Weg, unproduktivem Erzieherverhalten ursächlich entgegenzuwirken:

1 Gefühle wegnehmen

2 Gefühle ignorieren

3 verabsolutierendes Werten

4 Eigenschaften zuschreiben

5 Gefühle verbergen

6 genervtes Lächeln

7 Liebesentzug

8 Lösungen abnehmen

9 Detektiv spielen

10 Schiedsrichter spielen

11 Anwalt spielen

12 Verhalten interpretieren

13 Unglaubwürdiges glauben

14 unklare Grenzsetzung

15 unrealistische Sanktionen androhen

16 unkontrollierte Angst zeigen

verbreitete, wenn auch unwirksame Interventionsformen („Erziehungskiller")

(nach BEHR/WALTERSCHEID-KRAMER 1986, S. 73 ff.)

C 34

Wie wirken inhaltsbezogene und beziehungsbezogene Aspekte in der Kommunikation zusammen?

Wenn Menschen miteinander reden, geht es niemals nur um die Sache. In der Art und Weise nämlich, wie sie einen Sachverhalt ansprechen oder wie sie auf eine Mitteilung reagieren, geben sie vielmehr Aufschluss über die Art der Beziehung, in der sie gerade zum Gegenüber stehen (vgl. SCHULZ VON THUN 1981).

Der Doppelaspekt von Kommunikation

PAUL WATZLAWICK u.a. wiesen in ihrem Buch „Menschliche Kommunikation" auf den Doppelaspekt von Kommunikation hin:

> „Jede Kommunikation hat einen Inhalts- und einen Beziehungsaspekt, derart, dass letzterer den ersteren bestimmt und daher eine Metakommunikation ist."
> (WATZLAWICK 1969, S. 56)

Diese Zweigleisigkeit der Kommunikation ist grundsätzlich gegeben. Selbst durch Schweigen lassen sich Beziehungsbotschaften übermitteln:

> „Man kann nicht nicht kommunizieren"
> (WATZLAWICK).

Vier Seiten einer Nachricht

Die Mehrgesichtigkeit menschlicher Kommunikation hat FRIEDEMANN SCHULZ VON THUN in seinem Modell von dem „Quadrat der Nachricht" entwickelt. Darin unterscheidet er vier Seiten bzw. Aspekte einer Nachricht, die – wie er sagt – „immer gleichzeitig mit im Spiele und seelisch wirksam sind" (SCHULZ VON THUN 1981, S. 19).

SCHULZ VON THUN unterscheidet folgende vier Seiten einer Nachricht:

1. „der *Sachinhalt*, der Informationen über die mitzuteilenden Dinge und Vorgänge in der Welt enthält;
2. die *Selbstkundgabe*, durch die der Sender etwas über sich selbst mitteilt – über seine Persönlichkeit und über seine aktuelle Befindlichkeit (sei es nun in bewusster Selbstdarstellung oder in mehr oder minder freiwilliger Selbsteröffnung und Selbstpreisgabe);
3. der *Beziehungshinweis*, durch den der Sender zu erkennen gibt, wie er zum Empfänger steht, was er von ihm hält und wie er die Beziehung zwischen sich und ihm definiert;
4. der *Appell*, also der Versuch, in bestimmter Richtung Einfluss zu nehmen, die Aufforderung, in bestimmter Weise zu denken, zu fühlen oder zu handeln" (ebd., S. 19 f.).

Schulische Kommunikation

Auch schulische Kommunikation – etwa in einer Prüfungssituation – enthält „Vierschnäbligkeiten" und „Vierohrigkeiten". Prüferinnen und Prüfer müssen deshalb für diese vier Aspekte sensibilisiert sein.

Ähnliches gilt für die unterrichtliche Kommunikation schlechthin: Lehrende und Lernende senden und empfangen beständig „quadratische Botschaften", d. h., sie sprechen mit „vier Schnäbeln", aber sie hören auch mit „vier Ohren".

---

1. Welche vier Aspekte ‚quadratischer' Kommunikation kann folgende Äußerung beinhalten: „Kannst du es bitte in einem ganzen Satz ausdrücken?"
2. Welche entsprechenden Reaktionen (Sachverständnis, personale Diagnostik, persönliche Betroffenheit, gespürter Appelldruck) kann diese Äußerung auslösen?
3. Von welchen persönlichen Erfahrungen hängen die personale Diagnostik und die persönliche Betroffenheit ab?

Beispiel: Quadratische Kommunikation in Prüfungssituationen

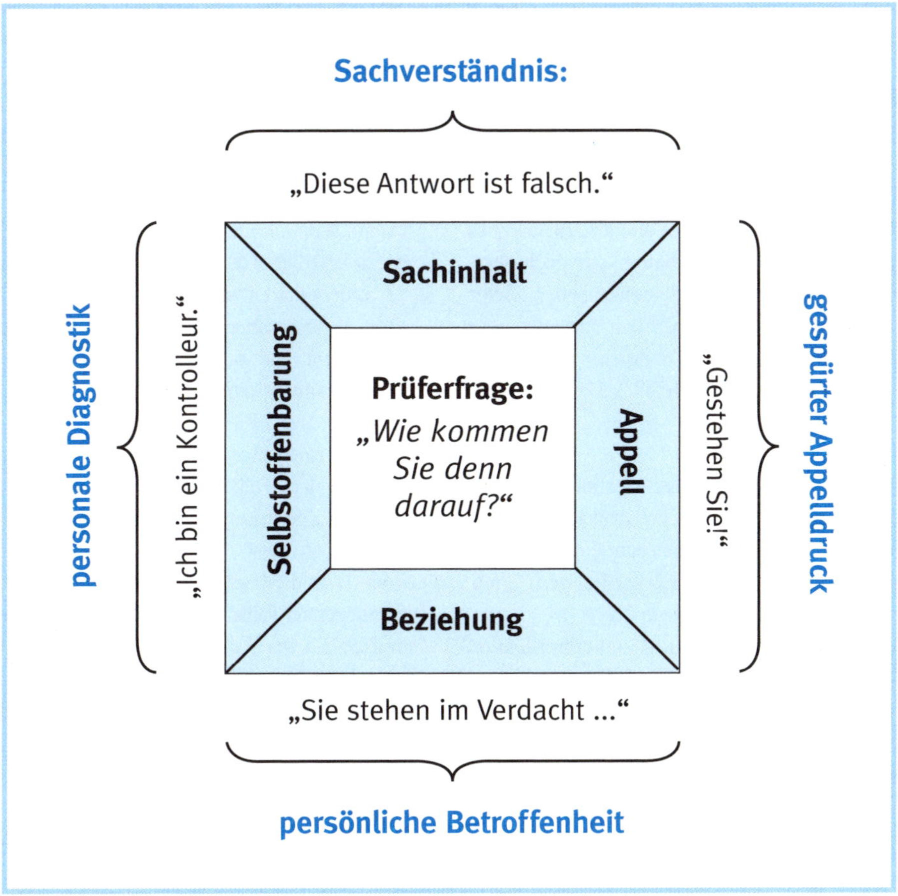

Sachverständnis:

„Diese Antwort ist falsch."

personale Diagnostik

„Ich bin ein Kontrolleur."

Selbstoffenbarung

Sachinhalt

Prüferfrage:
„Wie kommen Sie denn darauf?"

Appell

„Gestehen Sie!"

gespürter Appelldruck

Beziehung

„Sie stehen im Verdacht ..."

persönliche Betroffenheit

„... das heißt, man spricht, wie einem die
vier Schnäbel gewachsen sind, und hört mit vier Ohren!"
(SCHULZ VON THUN)

SCHULZ VON THUN, F.: Miteinander reden. Bd. 1 und 2: Störungen und Klärungen; Stile, Werte und
   Persönlichkeitsentwicklung. Reinbek 1981, 1989.
WATZLAWICK, P./BEAVIN, J. H./JACKSON, D. D.: Menschliche Kommunikation. Formen, Störungen,
   Paradoxien. Bern 1969.

Als Sprache der Annahme bezeichnet THOMAS GORDON ein Kommunikationsverhalten, das dem Gegenüber deutlich zeigt, wie seine Aussage angekommen ist.

Ermutigung

Anders als die kontrollierenden, zurechtweisenden und kritisierenden Formen nicht-annehmenden Kommunizierens arbeitet die Sprache der Annahme bewusst mit Verstärkern: wie etwa mit nonverbalen Botschaften wie Sich-dem-anderen-Zuwenden, Blickkontakt halten, nichts anderes tun – oder auch mit Ausrufen wie: „Aha!", „Tatsächlich?", „Wirklich?" – oder mit Sätzen wie: „Das finde ich toll.", „Darüber würde ich gern mehr hören.".

Elemente annehmenden Sprechens

Es kommen verschiedene konstruktive Elemente im annehmenden Sprechen zum Einsatz:

- so genannte *Türöffner* („Ich würde gern hören, was du meinst / Sie meinen."),
- *passives Zuhören* (nicht unterbrechendes, interessiertes Zuhören),
- *aktives Zuhören* (motivierendes Nachfragen, wie z. B.: „Sind Sie/Bist du sehr entmutigt?"),
- *Aufmerksamkeitsreaktionen*, die dem anderen von Zeit zu Zeit zeigen, dass man bei der Sache ist und nicht an etwas anderes denkt (z. B. durch „Mm-hmm.", „Oh.", „Ich begreife.").

Hilfe zur Selbsthilfe

Die Sprache der Annahme ist grundsätzlich nur geeignet, wenn das Gegenüber ein Problem hat und man ihm helfen will, dieses möglichst detailliert darzustellen und zu reflektieren, um schließlich selbst Lösungsmöglichkeiten zu finden. Die Sprache der Annahme hilft nämlich dem Gegenüber, sein Problem selbst zu lösen. Zu dieser Bedeutung führt GORDON aus:

> „Wenn jemand einen anderen so annimmt, wie er ist, trägt er entscheidend dazu bei, dass der andere sich entwickeln kann, zu konstruktiven Veränderungen fähig wird, Probleme lösen lernt und produktiver und kreativer werden kann" (GORDON 1994, S. 60).

Lehrender und Lehrende

Es ist in jedem Fall sicherzustellen, dass das jeweilige Problem, um das es geht, nicht auf der Seite beispielsweise der Lehrerin oder des Lehrers (z. B. die Lerngruppe betreffend) liegt. Die Lehrperson sollte zudem immer aus einer grundsätzlich wertschätzenden Haltung gegenüber der Schülerin oder dem Schüler ein echtes Interesse für das Problem seines Gegenübers haben.

Nur wenn diese Aspekte nämlich berücksichtigt und umgesetzt werden, kann die Sprache der Annahme dem jeweiligen Gegenüber helfen, konstruktiv mit seinem Problem umzugehen.

---

1. Welches sind die vier zentralen Merkmale der Sprache der Annahme?
2. Ordnen Sie zu: Welches Verhalten oder welche Äußerungen „blocken ab", welche „setzen herab", welche „leugnen Probleme" oder „drängen Hilfe auf"?
3. Wann ist die Sprache der Nicht-Annahme unwirksam? Erläutern Sie die Bedingungen für ihre Wirksamkeit.

GORDON, TH.: Das Gordon-Modell. Anleitungen für ein harmonisches Leben. Eine Einführung. München 1998.
GORDON, TH.: Lehrer-Schüler-Konferenz. Wie man Konflikte in der Schule löst. München [14]1994.
GORDON, TH.: Managerkonferenz. Effektives Führungstraining. Hamburg 1989.

Stolpersteine der Kommunikation

Sprache der Nicht-Annahme	Beispiele
1 befehlen, kommandieren, anordnen	„Hör auf zu jammern und sieh zu, dass du mit deiner Arbeit fertig wirst."
2 warnen, drohen	„Reiß dich lieber zusammen, wenn du erwartest, in dieser Klasse eine gute Zensur zu bekommen."
3 moralisieren, predigen, mit „Du müsstest…" und „Du solltest…" argumentieren	„Deine persönlichen Probleme solltest du besser zu Hause lassen, wenn du in die Schule kommst."
4 raten, Lösungen oder Vorschläge anbieten	„Es ist gut für dich, wenn du dir einen besseren Zeitplan machst, dann kannst du alle deine Arbeiten erledigen."
5 belehren, Vorträge halten, dem Gegenüber mit logischen Argumentationen begegnen	„Wir wollen doch den Tatsachen ins Auge sehen. Erinnere dich lieber daran, dass du nur noch 34 Schultage hast, um deine Arbeit abzuschließen."
6 verurteilen, kritisieren, widersprechen, beschuldigen	„Entweder bist du ganz einfach faul oder du bist ein großer Bummelant."
7 beschimpfen, Klischees verwenden, etikettieren	„Du benimmst dich wie ein Schulanfänger und nicht wie jemand, der bald in die Oberschule kommt."
8 interpretieren, analysieren, diagnostizieren	„Du verstehst einfach, dich vor deiner Aufgabe zu drücken."
9 loben, zustimmen, positive Bewertungen geben	„Eigentlich bist du doch ein ganz tüchtiger junger Mann. Ich bin sicher, du wirst irgendwie dahinter kommen, wie es gemacht wird."
10 beruhigen, mitfühlen, trösten, unterstützen	„Du bist nicht der Einzige, dem es so ergangen ist […]. Nebenbei bemerkt, wenn du erst einmal angefangen hast, wird es dir nicht schwer vorkommen."
11 fragen, sondieren, verhören (ins Kreuzverhör nehmen)	„Warum hast du so lange gewartet, bevor du um Hilfe gebeten hast?"
12 zurückziehen, ablenken, sarkastisch sein, aufheitern, zerstreuen	„Da scheint aber heute morgen einer mit dem falschen Bein aufgestanden zu sein."

(nach GORDON 1994, S. 52 ff.)

Nach Thomas Gordon ist in Problem- oder Konfliktsituationen zunächst immer zu klären, wer das Problem hat.

Schülerprobleme – Lehrerprobleme

Die Sprache der Annahme ist grundsätzlich nur in solchen Situationen geeignet, in denen der Schüler ein Problem hat (z. B. Langeweile, Unzufriedenheit, Ärger über den Lehrer etc.) und man ihm die Problemlösung auch zutraut. In vielen Situationen hat jedoch der Lehrer das Problem – und Schülerinnen und Schüler erkennen dies oft nicht oder sind nicht in der Lage, diese Situation adäquat zu beurteilen. Es kommt in solchen Situationen darauf an, dass der Lehrer sich mitteilt. Damit übernimmt der Lehrer die Verantwortung für sein Unbehagen und teilt dies den Schülern mit.

Ich-Botschaften

Gleichzeitig vermeiden Ich-Botschaften, wie Gordon schreibt,

> „[...] die negative Wirkung, die Du-Botschaften auslösen; sie machen den Schüler frei, dem Lehrer gegenüber rücksichtsvoll und hilfsbereit, nicht gereizt, ärgerlich und unaufrichtig zu sein" (Gordon 1994, S. 123).

Nach Gordon entfalten Ich-Botschaften drei wichtige Voraussetzungen für erzieherisches Handeln (vgl. ebd.).

1. Sie fördern höchstwahrscheinlich die Bereitschaft der Schülerin oder des Schülers, sich zu ändern.
2. Sie enthalten kaum eine negative Bewertung der Schülerin oder des Schülers.
3. Sie verletzen die Beziehung zu der Schülerin oder dem Schüler nicht.

Ich-Botschaften sind nicht aus der Position eines Opfers formuliert. Sie sprechen den anderen deshalb auch nicht als den Schuldigen an.

Pädagogische Professionalität

Indem Lehrerinnen und Lehrer lernen, ihre Gefühle und Bedürfnisse (z. B. ein Gestörtsein durch Lärm) beschuldigungsfrei zu artikulieren, werden sie gleichzeitig auch wirklich als Menschen sichtbar. Anders als beschuldigende Du-Botschaften rufen Ich-Botschaften selten Abwehr hervor, sondern sie ermöglichen und erleichtern es vielmehr, eine für beide Seiten zufrieden stellende Lösung zu finden. Wesentliche Bestandteile pädagogischer Professionalität sind deshalb:

a) die Frage des Problembesitzes bei Unstimmigkeiten, Störungen oder Konflikten zunächst nüchtern klären zu können,

b) tatsächlich in der Lage zu sein, „annehmend" (bei Schülerproblemen) oder mit „Ich-Botschaften" (bei Lehrerproblemen) kommunizieren zu können.

1. Welcher Zusammenhang besteht zwischen Ich-Botschaften und Problembesitz?
2. Sie fühlen sich durch den Lärmpegel in der Klasse in Ihrer Arbeit gestört. Formulieren Sie eine entsprechende Ich-Botschaft.
3. Beschreiben Sie mit eigenen Worten den Dreischritt, den eine konkrete Ich-Botschaft enthalten muss.

Worauf bei der Formulierung von Ich-Botschaften zu achten ist

Drei Komponenten sind wichtig.

Komponente 1

Zunächst muss das Problem geklärt werden.

- Tatsachenbericht ohne Wertung
- Jede gute Botschaft beginnt mit einem „Wenn ...".

z.B. „Wenn ich neue Bücher mit zerrissenen Seiten sehe ..."
„Wenn ich ein paar Störenfriede nicht trauen kann ..."
(= verkleidete Du-Botschaft)

Komponente 2

Ich-Botschaften sollen die konkrete Auswirkung des Schülerverhaltens auf den Lehrer verdeutlichen.

- Schüler ahnen häufig nicht, dass sie anderen Probleme verursachen.

z.B. „Wenn die Farbtöpfe nicht wieder in den Schrank kommen ..."
(= nicht urteilende Beschreibung)
„... muss ich selbst eine Menge Zeit opfern, um den Zeichensaal aufzuräumen." (= konkreter Effekt)

Komponente 3

Ich-Botschaften sollen die Gefühle des Lehrers zum Ausdruck bringen.

- „Verhalten – Effekt – Gefühl" – Die Reihenfolge ist wichtig!
z.B. „Wenn du die Füße in den Gang streckst ..." (= Verhalten)
„... stolpere ich vielleicht darüber ..." (= Effekt)
„... und ich fürchte, mir weh zu tun." (= Gefühl)

(nach GORDON 1994, S.123 ff.)

ADAMS, L./LENZ, E.: Beziehungskonferenz zu einem konstruktiven Miteinander. Mit einem Vorwort von
TH. GORDON. München 2001.
GORDON, TH.: Das Gordon-Modell. Anleitungen für ein harmonisches Lebens. Eine Einführung.
München 1998.
GORDON, TH.: Lehrer-Schüler-Konferenz. Wie man Konflikte in der Schule löst. München [14]1994.
GORDON, TH.: Managerkonferenz. Effektives Führungstraining. Hamburg 1989.

Ich-Botschaften im Erziehungskontext

Disziplin ist ein historisch gesehen eher belasteter Begriff. Lange Zeit war damit das angepasste Wohlverhalten gemeint, das keine kritischen Rückfragen zuließ und keine Abweichungen duldete. Entsprechend gründlich war die Verdrängung des Themas Disziplins in der erziehungswissenschaftlichen Reflexion und Forschung. Mit dem Thema *Anpassung* wollte sich niemand befassen; *Emanzipation des Subjektes* war das Leitthema. Die Schulpraxis wurde lange Zeit mit ihren Disziplinproblemen allein gelassen.

Differenzierungen von Disziplin

Nimmt man den Disziplinbegriff genauer in den Blick, so lassen sich drei wichtige Differenzierungen vornehmen:

- Man kann *Gruppen-* und *Selbstdisziplin* voneinander unterscheiden. Während die Erstere „dasjenige Verhalten [bezeichnet], das es der Gruppe ermöglicht, gemeinsam im Hinblick auf Gruppenziele zu handeln" (HIERDEIS u. a. 1977, S. 16), meint Selbstdisziplin „dasjenige Verhalten eines Individuums, das es ihm ermöglicht, so zu handeln, dass die Erreichung von individuellen Zielen nicht gefährdet wird" (ebd.).
- Eine weitere wichtige Unterscheidung ist die zwischen *Disziplin* und *disziplinieren*: „Mit dem Substantiv meinen wir gewöhnlich ein Verhalten, das man mit Übung aufrechterhält, wie bei ‚Disziplin im Klassenzimmer' oder die ‚Disziplin einer guten Handballmannschaft' [...]. Das Verb disziplinieren wird [...] so definiert: Jemanden durch Übung und Kontrolle in einen Zustand der Ordnung und des Gehorsams bringen, so wie strafen, bestrafen, korrigieren, züchtigen" (GORDON 1994, S. 25 f.).
- Drittens ist die Provokation von J. GRELL bedenkenswert. Er schreibt:

  „Echte Disziplinprobleme entstehen, wenn Schüler sich gegen Unzumutbares wehren, wenn sie gegen Belästigung und Gefangenschaft protestieren oder wenn sie aus Hilflosigkeit dem Druck, der durch permanente Überdisziplinierung entsteht, ausweichen. Echten Disziplinproblemen kann man nicht mit Disziplintechniken beikommen. Genauer: Man sollte es nicht versuchen.

  Lehrer sollten dafür sorgen, dass im Unterricht Interaktionen möglich werden, bei denen Schüler lernen. Die meisten Lehrer machen sich zu viele Sorgen um die Disziplin. Viele Disziplinprobleme können dadurch vermieden werden, dass man Schüler so ernst nimmt und so behandelt, als wären sie Erwachsene. Disziplinierung ist kein Erziehungsziel. Überdisziplinierung lockt Disziplinprobleme an."
  (GRELL 1995, S. 201 f.)

1. Erstellen Sie eine Liste mit den häufigsten Disziplinproblemen im Unterricht.
2. Prüfen Sie mögliche Formen von Problembesitz bei den von Ihnen aufgelisteten Beispielen für häufige Disziplinprobleme. Erwägen Sie angemessene und erziehungswirksame Interventionen.
3. Welche Disziplinierungstechniken kennen Sie? Wie beurteilen Sie diese?

Disziplin

= ein Verhalten, das es ermöglicht, dass die Erreichung von individuellen Zielen und Gruppenzielen nicht gefährdet wird

Gruppendisziplin

Selbstdisziplin

Wie vermeidet man Disziplinprobleme?

„Disziplin ist kein Erziehungsziel.
Überdisziplinierung lockt Disziplinprobleme an." (Grell)

Maßnahmen:

1. Schüler und Schülerinnen in einer sozial-integrativen bzw. demokratischen Lernkultur wie Erwachsene behandeln

2. Lebendigkeit und Aktivierungsgrad des eigenen Unterrichts prüfen

3. annehmend oder mitteilend (Ich-Botschaften) kommunizieren lernen

Dreikurs, R. u.a.: Disziplin ohne Tränen. München 1995.
Gordon, Th.: Die neue Familienkonferenz. Kinder erziehen ohne zu strafen. Hamburg 1994.
Grell, J.: Techniken des Lehrerverhaltens. Neuausgabe. Weinheim/Basel 1995.
Hierdeis, H. u.a.: Basiswissen Pädagogik. Eine praxisbezogene Einführung. Bd. 2: Erzieherisches Handeln. München 1977.

Worauf lassen sich Disziplinprobleme zurückführen?

Disziplinprobleme sind nüchtern betrachtet unvermeidbarer Bestandteil von Unterricht und ihre Bewältigung ist Teil der professionellen Aufgabe von Lehrerinnen und Lehrern. JOCHEN GRELL schreibt dazu:

„Man kann nicht alle Disziplinprobleme vermeiden. Es ist gar nicht sinnvoll, dass alle Disziplinprobleme vermieden werden. Lehrer, die keine Disziplinprobleme kennen, weil sie alles richtig machen, sind mir unsympathisch. Lehrer, die noch nie Disziplinprobleme hatten, sind mir suspekt" (GRELL 1995, S. 201).

Ursachen störenden Verhaltens

GRELLS Darstellung eröffnet den Blick auf ein systemisches Verständnis von Disziplin und Disziplinproblemen. Dies lässt sie selbst als Ergebnis bzw. Ausdruck von etwas verstehbar werden und eröffnet dadurch völlig neue erzieherische Interventions- und unterrichtliche Gestaltungsmöglichkeiten. Disziplin ist nämlich keine isoliert herstellbare Erscheinung, sondern in einen Zusammenhang eingebettet, den es zu beachten gilt.

Lehrende mit Disziplinproblemen haben es demnach mit einem überaus komplexen Phänomen zu tun, das zumeist mehrere Ursachen gleichzeitig haben kann. Die Definition eines Schuldigen als Störenfried eröffnet häufig keine tragfähige Perspektive zum Umgang mit den jeweiligen Problemen. Disziplinprobleme können verschiedenen Ursachen haben.

Aspekte von Disziplinproblemen

- Sie verweisen auf Störungen in *organisch-konstitutionellen* Bereichen (z. B. Beeinträchtigung der Leistungsmotivation).
- Sie sind Ausdruck ungünstiger oder belastender *Umweltbedingungen* (Elternhaus, Erziehungsstil der Eltern, überhöhte Erwartungen, gestörte familiäre Interaktionsmuster, Geschwisterrivalitäten etc.).
- Sie sind Ergebnis schulischer bzw. unterrichtlicher *Rahmenbedingungen* (Über- bzw. Unterforderung, Langeweile usw.).
- Sie sind Ausdruck *sozialisatorischer Entwicklungsaufgaben* bzw. krisenhafter Identitätsbildungsstufen (Identitäts- und Rollenlernen, Übergang in die Erwachsenenrolle).
- Sie können durch außerschulische und außerfamiliäre Einflüsse (z. B. *Peer-group*-Anforderungen) hervorgerufen sein.

Es ist nie leicht, die konkreten Ursachen störenden Verhaltens zutreffend zu diagnostizieren. Schwierig ist es auch deshalb, weil im Einzelfall zumeist mehrere Faktoren gleichzeitig ursächlich sind. Schließlich neigen Lehrende bisweilen zu schematisierten, auf langjähriger Berufserfahrung basierenden Erklärungen, die zu vorschnellen Etikettierungen (*Labeling*) verleiten. Es ist deshalb immer wieder notwendig, bei auftretenden Disziplinstörungen eine „Stop-and-think"-Phase vorzuschalten, in der eine gründliche Ursachenprüfung stattfinden kann. Dann erst sollte erzieherisch interveniert werden.

---

1. Warum ist es sinnvoll, Disziplin- und Verhaltensprobleme im Unterricht zunächst zu entdramatisieren?
2. Erläutern Sie am Beispiel einer konkreten Störung (z. B. Schüler beschmiert seine Bank), wie eine Prüfung und Beurteilung der möglichen Verursachung dieses Verhaltens aussehen könnte.
3. Welchen Sachverhalt beschreibt der Labeling-Approach?

Die veränderte Sicht auf Disziplinprobleme

Disziplinlosigkeit ist kein Aufbegehren, das durch Autorität unterdrückt werden kann. Durch Disziplinlosigkeit weisen Lernende darauf hin, dass etwas nicht stimmt. Deshalb können Störungen nicht einfach durch Verbote u. Ä. beseitigt werden. Unter der Oberfläche von Autorität und Macht arbeiten sie weiter – zum Schaden der Beteiligten.
Ein wirkungsvoller Umgang mit Disziplinproblemen von der Frage aus, wo sie herrühren, findet angemessene, individuelle Antworten.

Mögliche Ursache von Disziplinproblemen	Ausdruck/Folgen
organisch-konstitutionell	Beeinträchtigung der Leistungsmotivation, der Konzentrationsfähigkeit und des Risikoverhaltens
Umweltbedingungen ■ Fehleinstellung der Eltern ■ Überforderung des Jugendlichen ■ mangelnde Selbstständigkeitserziehung ■ fehlende Anerkennung	Verzweiflungsäußerungen
Geschwisterrivalitäten	Wiederholungszwänge
gestörte Interaktionsmuster in der Familie oder in der Berufs- oder *Peer-group*	Imitationslernen, Fehlen funktionierender Vorbilder
Umweltbedingung Schule	institutionelle versus Solidaritätsanforderungen der *Peer-group*
Lern- bzw. Entwicklungsaufgaben des Jugendlichen	Identitätslernen und Rollenfindung (Erwachsenenrolle)

DREIKURS, R. u.a. (Hrsg.): Disziplin ohne Tränen. München 1995.
GORDON, TH.: Die neue Familienkonferenz. Kinder erziehen ohne zu strafen. Hamburg 1994.
GRELL, J.: Techniken des Lehrerverhaltens. Neuausgabe. Weinheim/Basel 1995.

C
39

Wie kann man als Lehrer produktiv mit Disziplin- und Verhaltensproblemen umgehen?

Eine weit verbreitete Erfahrung unter allen, die erzieherisch tätig sind (Lehrer, Eltern usw.), ist die, dass Machtausübung und Kontrolle recht unwirksame bzw. allenfalls kurzfristig wirksame Interventionsformen sind. Dass immer wieder auf sie zugegriffen wird, liegt zum einen daran, dass keine Alternativen bekannt sind, und zum anderen an dem Gefühl, ‚durchgegriffen zu haben‘: Das hinterlässt beim Erziehungsverantwortlichen zumindest den Eindruck, ‚etwas getan zu haben‘ und eben ‚nicht alles durchgehen zu lassen‘.

Sozial-integrativer Führungsstil

Es gibt allerdings wirksame erzieherische Alternativen zu Strenge und Nachsichtigkeit. Zu erwähnen sind insbesondere der *demokratisch-sozialintegrative Führungsstil* und das Zeigen logischer *Konsequenzen* (DREIKURS u. a. 1995, S. 69 ff.; → C 28, C 29)

Merkmale eines *demokratisch-sozialintegralen Führungsstils* sind:

- Die Menschenrechte und die Verfassung werden als Grundlage der Kooperation anerkannt.
- Regeln sind mit der Gruppe vereinbart.
- Ziele und Arbeitsperspektiven sowie Schritte zur Zielerreichung werden durch die erste Gruppendiskussion festgelegt, ggf. schlägt der Lehrer Alternativen vor, aus denen ausgewählt werden kann.
- Die Gruppenmitglieder können frei wählen, mit wem sie arbeiten wollen, die Arbeitsverteilung wird der Gruppe überlassen.
- Bei Lob und Kritik ist der Gruppenleiter (bzw. der Lehrer) tatsachenorientiert und er versucht, ein Gruppenmitglied zu sein, ohne aber die Arbeit der Gruppe zu dominieren.

Wirksame Tricks

In eine ähnlich partizipative Richtung gehen die von JOCHEN GRELL vorgeschlagenen „Tricks, die immer wirken“. Er fordert einen Unterricht, der durch folgende Merkmale gekennzeichnet ist:

- „With-it-ness“, das heißt Mitten-drin-Sein im Sinne von: „Hinten-Augen-Haben“,
- Lehrende planen mit Schülerinnen und Schülern den Unterricht.
- Lehrende unterhalten sich öfter mit den Lernenden über deren Interessen, Probleme und Erlebnisse.
- Lehrende begründen Schülern gegenüber Regeln, Forderungen, Lernziele und Anweisungen.
- Lehrende unterlassen überflüssige Lenkung.
- Lehrende geben nur dann Anweisungen, wenn sie auch wirklich ausgeführt werden sollen und müssen.
- Lehrende halten sich selbst an das, was sie von Schülern fordern (z. B. bei Stillarbeit flüstern) (vgl. GRELL 1995, S. 204).

Diese Maßgaben eines *sozialintegrativ-schülerorientierten Unterrichts* helfen, Disziplin- und Verhaltensprobleme zu vermeiden, da unnötige Fremdsteuerung minimiert ist und die Lernenden erleben, dass sie ihren Lernprozess selbst gestalten und steuern können. Gleichwohl werden auch in einem solchermaßen veränderten Unterricht Störungen auftreten.

1. Warum wird trotz erwiesener Wirkungslosigkeit zu Machtausübung und Kontrolle gegriffen?
2. Überlegen Sie sich, worauf die Wirkung der „Tricks“ von GRELL beruhen könnte.
3. Beschreiben Sie die Unterschiede zwischen dem Aufzeigen logischer Konsequenzen und Strafen.

Aufzeigen logischer Konsequenzen als sinnvolle Alternative zu Strafen

Plädoyer für die logische Konsequenz – Strafe ist ein Kampfmittel gegen Kinder!

Wir wollen das Kind erfahren lassen, dass es seine Probleme selbst (wenn auch nicht allein!) lösen kann und nicht das tun muss, was wir bestimmen.

Wir sollten den Kindern weder die ihnen angemessene Verantwortung abnehmen noch die Konsequenzen ihres Handelns tragen.

Wir haben kein Recht, den Kindern unseren Willen aufzuzwingen. Es ist jedoch unsere Aufgabe, die Kinder vor übermäßigen Forderungen zu schützen. In einer demokratischen Gesellschaft haben wir kein Recht zu strafen! (Der Gesetzgeber hat dies in der Reform für die Institution Familie wie folgt berücksichtigt: „Elterliche Gewalt" wurde durch „elterliche Sorge" ersetzt.) Wir haben die Aufgabe, anzuregen und anzuleiten. Demokratie benötigt Anleitung und Weiterentwicklung.

Wir dürfen nicht länger versuchen, Anpassung durch Zwang zu erreichen; angemessenes Verhalten ist nur durch Anregung und Begleitung erreichbar.

Logische Konsequenzen dürfen nicht mit Mahnen, Drohen, Schmeicheln und langen Reden verbunden werden. Wird mit logischen Konsequenzen in Erregung und Ärger gedroht, werden sie zum Instrument der Bestrafung. Logische Konsequenzen dürfen nicht als versteckte Strafen angewendet werden.

Aufzeigen logischer Konsequenzen – ein Lernprozess	Strafe – ein Strafverfahren
Erwachsene…	*Erwachsene…*
■ übernehmen die Rolle des Erziehers,	■ haben die vollziehende Gewalt und entscheiden über Recht und Unrecht,
■ haben Verständnis,	■ haben ihre eigenen Sorgen, sind mürrisch und ärgerlich,
■ versuchen objektiv zu sein, ohne sich von negativ gerichteten Emotionen leiten zu lassen,	■ sind oft subjektiv. Ihre Betrachtungsweise wird von emotionaler Verlegenheit bestimmt,
■ haben Einfühlungsvermögen und zeigen Interesse,	■ fordern: Strafe muss sein!
■ beschreiben die Notwendigkeit sozialer Ordnung, nicht die persönliche Unterordnung.	
Logische Konsequenzen…	*Strafe…*
■ ergeben sich aus der inneren Verbindung mit abweichendem Verhalten,	■ demonstriert die Macht der persönlichen Autorität,
■ sind keine moralische Bewertung,	■ hat eine willkürliche Verbindung mit Fehlverhalten und seinen Folgen,
■ orientieren sich an den Erfordernissen der Gegenwart,	■ richtet sich nach moralischen Wertmaßstäben,
■ geben dem Kind die Möglichkeit, sein Verhalten zu verändern, und führen zu Ergebnissen,	■ ist in die Vergangenheit gerichtet,
■ respektieren die Würde des Kindes,	■ lässt dem Kind keinen Ausweg,
■ unterscheiden zwischen der Tat und dem Täter,	■ entwürdigt das Kind,
■ sind streng, aber fair,	■ ist ein Vergehen,
■ sind einem demokratischen Rahmen angemessen.	■ verleugnet den Eigenwert der Persönlichkeit des Kindes,
	■ ist unfair.

Das Kind wird anerkannt, obwohl sein Verhalten nicht akzeptiert werden kann. Der Tonfall der Stimme ist freundlich und ausgeglichen.	Gehört nur in einen autokratischen Rahmen. Die Stimme klingt laut, schrill und ärgerlich.

(nach DREIKURS 1995, S. 69 ff.)

DREIKURS, R. u. a. (Hrsg.).: Disziplin ohne Tränen. München 1995.
GRELL, J.: Techniken des Lehrerverhaltens. Neuausgabe. Weinheim / Basel 1995.

Die Gewaltbereitschaft von Jugendlichen ist weniger ausgeprägt und beängstigend, als es ihre Behandlung in Presse und Öffentlichkeit nahe legt. Folgt man dem neunten Jugendbericht der Bundesregierung, so lehnen Jugendliche zu über 85 Prozent gewalttätige Konflikte ab. Von 90 Prozent wird eine Gewalt gegen Ausländer abgelehnt, wie eine andere Untersuchung zeigt (Institut der Deutschen Wirtschaft 1995, S. 8). Fragt man Jugendliche nach den möglichen Gründen für Gewaltanwendung, so rangieren die „Selbstverteidigung" und die „Verteidigung anderer" an oberster Stelle; Frauen weisen insgesamt eine größere Gewaltdistanz auf als Männer, und das Bildungsniveau gewaltmotivierter Täter ist eher niedrig – 80 Prozent haben höchstens einen Hauptschulabschluss (ebd.). Trotzdem ist Gewalt in der Schule ein Problem.

Gewalt ist definierbar als die zielgerichtete, direkte Schädigung durch das Handeln von Menschen. Dabei lassen sich die Formen der Gewalt in dreifacher Hinsicht differenzieren (nach Ministerium für Bildung und Kultur Rheinland-Pfalz o. J.):

a) nach Ursprung und Angriffsobjekt –
z. B. gegen:
- Sachen,
- andere Schülerinnen und Schüler,
- Lehrerinnen bzw. Lehrer,
- ,Fremde' (Ausländer, Asylbewerber u. a.).

b) nach dem gewählten Mittel –
z. B. durch:
- verbale Gewalt (z. B. Beschimpfungen),
- physische Gewalt (z. B. Prügel).

c) nach der Zweckrichtung –
z. B. als:
- Selbstzweck (um anderen zu schaden, aus Schadenfreude),
- Mittel zum Zweck (um beispielsweise andere zu schützen).

Strukturelle Gewalt
Neben diesen häufigen manifesten Formen von Gewalt gibt es auch noch eine strukturelle Gewalt, die in den Lebensbedingungen und den gesellschaftlichen bzw. schulischen Gegebenheiten verwurzelt ist und als alltäglich erlebter Zwang oder permanente Einschränkung eher latent wirkt (z. B. wirtschaftliche Benachteiligung von Frauen).

Gewaltanwendungen Jugendlicher
Hinter der Gewaltanwendung von Jugendlichen stehen zumeist emotionale Blockierungen, Abspaltungen oder Sprachlosigkeiten. Um „Turbulenzen im Klassenzimmer" (GEBAUER 1997) zu vermeiden, ist deshalb eine solche Lernkultur hilfreich, die auch das emotionale Lernen der Jugendlichen fördert.

1. Welche Gewaltformen lassen sich unterscheiden?
2. Was versteht man unter struktureller Gewalt?
3. Wie deuten Sie die unterschiedlichen Angaben der Gründe für Gewalt von den Befragten in Ost- und in Westdeutschland?

Von 796 befragten Schülern und Schülerinnen der 7.–9. Klasse
(Hauptschule, Realschule, Gymnasium) ...
... hatten 76 % kaum Erfahrung mit (schwerer) Gewalt,
... waren 10 % als Opfer betroffen,
... hatten 8 % Erfahrung als Täter und
... waren 6 % Täter und Opfer.

Die betroffenen Täter und Opfer unterscheiden sich in bestimmten Persönlichkeits-
merkmalen, bei denen erziehender Unterricht ansetzen kann.
Auf einer Skala von 1–10 wurden für die Schüler folgende Werte ermittelt:

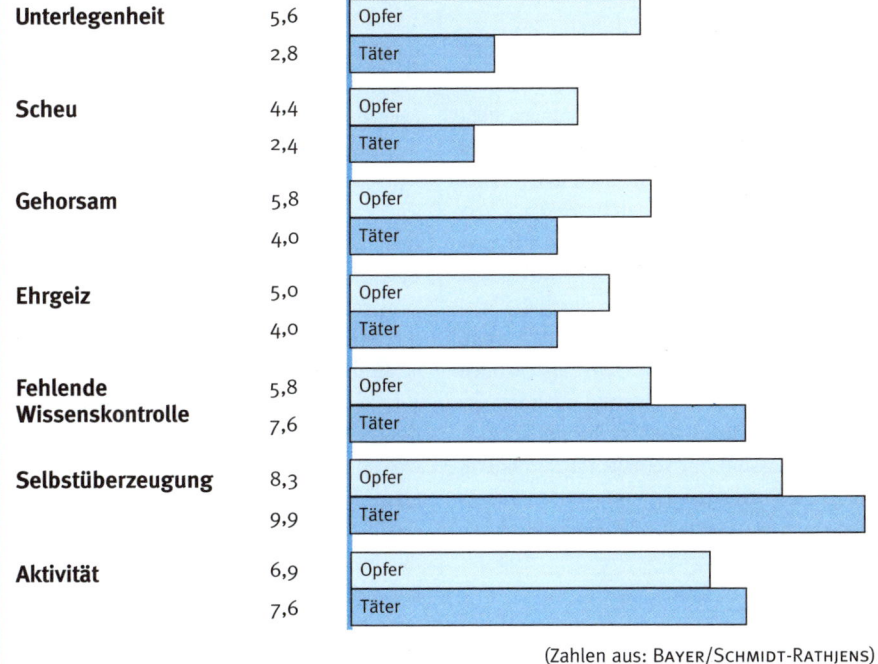

Unterlegenheit	5,6	Opfer
	2,8	Täter
Scheu	4,4	Opfer
	2,4	Täter
Gehorsam	5,8	Opfer
	4,0	Täter
Ehrgeiz	5,0	Opfer
	4,0	Täter
Fehlende Wissenskontrolle	5,8	Opfer
	7,6	Täter
Selbstüberzeugung	8,3	Opfer
	9,9	Täter
Aktivität	6,9	Opfer
	7,6	Täter

(Zahlen aus: Bayer/Schmidt-Rathjens)

Bayer, I.-M./Schmidt-Rathjens, C.: Gewalt und Aggression an deutschen Schulen: Persönlichkeitsmerk-
male und Reaktionsstrategien von Tätern und Opfern. In: Psychologie in Erziehung und Unterricht.
H. 51, 2004, S. 169–177.
Gebauer, K.: Turbulenzen im Klassenzimmer. Stuttgart 1997.
Institut der Deutschen Wirtschaft: Jugend/Gewalt – ein Minderheitenproblem. In: IWD, Nr. 20, vom
18.05.1995.
Ministerium für Bildung und Kultur Rheinland-Pfalz: Was mach' ich nur? Hilfen des Schulpsychologischen
Dienstes für den Umgang mit Gewalt in der Schule. Mainz o. J.
Preuschoff, G./Preuschoff, A.: Wir können etwas tun. Gegen Gewalt an Schulen. Köln 1994.
Willems, H.: Fremdenfeindliche Gewalt. Einstellungen – Täter – Konflikt – Eskalation. Opladen 1993.

C 41

Wie können Lehrerinnen und Lehrer mit rechtsextremen Jugendlichen erziehungswirksam umgehen?

In den vergangenen Jahren waren Lehrerinnen und Lehrer immer wieder mit rechtsextremen Provokationen konfrontiert. Diese reichten vom Hitlergruß über verbale Verherrlichungen der Nazizeit bis hin zum sichtbaren Tragen von entsprechenden Abzeichen im Unterricht. Es ist nahe liegend, dass solche Provokationen von Lehrkräften als unerträglich empfunden werden und sie darauf entschlossen und hart reagieren.

Position beziehen

Natürlich ist es richtig, klar Position gegenüber Provokationen durch rechtsextreme Jugendliche zu beziehen und unwahre Behauptungen über die Nazidiktatur und ihre Gräueltaten richtig zu stellen. Allerdings sind solche Reaktionen in der Regel im Hinblick auf eine zu bewirkende Verhaltensänderung unwirksam. Offene Konfrontation, deutlicher Widerspruch seitens des Lehrers sowie Spott oder Bewunderung durch die Mitschüler sind die Formen von Aufmerksamkeit, nach denen die sich rechtsextrem darstellenden Jugendlichen geradezu hungern. Und indem ihr Umfeld entsprechend reagiert, haben sie auch keine Veranlassung, ihr Verhalten zu verändern. Berechtigte Entgegnungen sind sowohl notwendig als auch verständlich, aber erzieherisch zumeist unwirksam.

Erziehungswirksame Reaktionen

Erziehungswirksame Reaktionen (Gegenstrategien) auf rechtsextremes Verhalten von Jugendlichen müssen an einer nüchternen Betrachtung der Realität entsprechend gefährdeter Jugendlicher ansetzen. Diese ist etwa durch Gefühle der Ohnmacht und Isolation gekennzeichnet. Und es ist leicht entschlüsselbar, dass die rechtsextremen Gruppierungen mit der Betonung von Kameradschaftserlebnissen und mittels ihrer Aufwertungsideologie („wir Deutschen") genau dieser emotional-mentalen Situation begegnen. In ähnlicher Weise geben die Gruppierungen auch Orientierung, versprechen eine bessere Zukunft („unsere Stunde kommt") und bieten Gelegenheiten, aus dem immer gleichen Trott zumindest phasenweise auszubrechen, indem sie andere Rituale anbieten, die von den Jugendlichen als bedeutungsvoll empfunden werden.

Gegenstrategien in Schule und Unterricht

Eine erziehungswirksame Gegenstrategie zum konstruktiven Umgang mit rechtsextremen Jugendlichen muss sich darum bemühen, den gefährdeten Jugendlichen *funktional äquivalente Angebote* zugänglich zu machen. Dies bedeutet, dass Schule und Unterricht Angebote zur Mitwirkung (Macht), zum Gemeinschaftserleben (gegen Vereinzelungsgefühle) bereitstellen muss sowie Angebote für die Entwicklung eigener Zielsetzungen und Orientierungen. Nur indem notwendige Richtigstellungen der Sachverhalte mit solchem Angebot verbunden werden, ist eine nachhaltige Gegenstrategie gegen den Einfluss des Rechtsextremismus an den Schulen in Gang zu setzen.

1. Worauf ist die weit gehende erzieherische Unwirksamkeit bloßer Entrüstung zurückzuführen?
2. Mit welchen Wunschträumen tragen Rechtsextreme der Realität bestimmter Jugendlicher Rechnung?
3. Welche beiden Komponenten muss eine erziehungswirksame Gegenstrategie miteinander verbinden?

Ursachen von Gewalt Jugendlicher und pädagogische Gegenstrategien

Möglichkeiten und Grenzen von Gegenstrategien – konkrete Handlungsansätze

Realität der gefährdeten Jugendlichen	Wunschtraum der Jugendlichen – als Versprechen der rechtsextremen Position	Mögliche pädagogische Antworten in einer demokratischen Schule
Ohnmacht	Macht	Entscheidungstransparenz, Mitwirkung und Beteiligungsformen, Funktionsübertragung und positive Rückmeldungen in den verschiedensten Bereichen
Vereinzelung	Gemeinschaft/ Zusammenhalten/ Kameradschaft	Gespräche (besonders auch im Kreis!), Spiele, AGs, Feste, gemeinsame Aktionen, Umweltschutz, Aufbau eines ‚Wir-Gefühls‘ mit Ausländern
einstecken müssen	Zutrauen	Analyse von Gewaltlösungen, Alternativen, Kritiktraining, Akzeptanz von Gefühlen, Rollenspiele, Solidarität der Klasse, formelle und rechtsstaatliche Beschwerdemöglichkeiten aufzeigen
Versager, sich überflüssig fühlen	etwas leisten können, anpacken können	Handlungs- und problemorientierter Unterricht, konkrete bewältigbare Aufgaben mit hoher Schüleraktivität
aussichtslose Lage	bessere Zukunft, „unsere Stunde kommt"	subjektive Empfindungen aufarbeiten, auch positive Chancen herausstellen, Präsentation von Positivbeispielen
alles vorgegeben, kein Raum für neue Erfahrungen, „tödliche Langeweile"	neue Gangart, neue Gedanken	aktivitätsanregende Raumgestaltung (Material etc.), mehr Freiheit in den Lernformen und -bedingungen, vermehrte AG-Angebote
Orientierungslosigkeit	Ziele, Ideale, bessere Wege, sich sinnvoll beteiligen können	konkreter Umgang mit Werten, z.B. Erarbeitung von Normen und Regeln für die Klasse, permanente Kontrolle und Überprüfung, Erstellung von überprüfbaren Teilzielen
Alltag – „immer der gleiche Trott"	Abenteuer, etwas Verbotenes tun, provozieren	*Gestaltung von Freizeiten:* Schullandheim- und ähnliche Aufenthalte. *Gestaltung von Realbegegnungen:* Gemeinde, Arbeits- und Berufswelt, Einladung von Betroffenen, Experten etc.

(nach Marz/Maurer 1993, S. 42)

Marz., F./Maurer; H.: Rechtsextremismus und Jugend – konkrete Gegenstrategien für Lehrerinnen und Lehrer. Schriftenreihe des ILF. Mainz 1993.
Posselt, R.-E./Schuhmacher, K.: Projekthandbuch: Gewalt und Rassismus. Mülheim 1993.
Schubarth, W./Melzer, W.: Schule, Gewalt und Rechtsextremismus. Opladen ²1995.

Durch die Konfrontation mit manifesten Gewaltsituationen sind viele Lehrerinnen und Lehrer überfordert. Teilweise liegt dies daran, dass wirksame Strategien zum Umgang mit Gewalt unbekannt sind und deshalb zu unmittelbar und emotional reagiert wird. Für einen erziehungswirksameren Umgang mit Gewaltsituationen gilt indes, dass das unmittelbare Reagieren sich ausschließlich auf die beherzte und selbstsichere Beendigung der Gewaltsituation beschränken sollte. Ermahnende, anklagende oder gar Schuld zuweisende Bemerkungen sind in dieser in der Regel noch stark emotionalisierten Phase fehl am Platze und tragen nur zu den bekannten Eskalierungsschleifen bei. Indem die intervenierenden Lehrerinnen oder Lehrer in dieser Phase bewusst deeskalieren, halten sie sich und den am Konflikt betätigten Parteien Handlungsmöglichkeiten offen. Sofortiges Stellungbeziehen verschließt demgegenüber Klärungs- und Handlungsmöglichkeiten.

Intervention durch Allparteilichkeit

Ein weiterer wesentlicher Grundsatz der Gewaltintervention ist der der *Allparteilichkeit*, das heißt: Lehrerinnen und Lehrer müssen sich davor hüten, zu vorschnell und bereitwillig einer Partei Glauben zu schenken. Dies ist besonders schwierig, wenn es sich bei einem der Beteiligten um einen notorischen Gewaltanwender handelt, den man zu kennen glaubt (Motto: „Ich kenne meine Pappenheimer."). Durch ein gestuftes Vorgehen ist es jedoch möglich, übereilte – wenn auch nahe liegende – Schlussfolgerungen zu vermeiden, sich ausreichende Informationen von allen Konfliktparteien zu beschaffen und sich in deren Sichtweisen einzufühlen. Zudem hilft eine klare Zielbestimmung auch, erziehungswirksam zu intervenieren. Eine solche erziehungswirksame Intervention kann sich nämlich nicht mit einer vordergründigen Streitschlichtung zufrieden geben; sie muss auch einen Lernprozess für die Beteiligten implizieren. Schließlich hat man in zahlreichen Schulen z. B. mit Ansätzen einer konfrontativen Pädagogik sehr gute Erfahrungen gemacht, die den Beteiligten ihre emotionale Hilflosigkeit, die der Gewaltanwendung zugrunde liegt, verdeutlicht und ihnen effektivere Formen der Konfliktbewältigung nahe bringt. Auch die Einbeziehung älterer Schülerinnen und Schüler in einer *Mediatorenfunktion* hat sich vielfach bewährt.

---

1. Warum ist unmittelbare Ermahnung in Gewaltsituationen oft wenig erziehungswirksam?
2. Wie müsste bei einer allparteilichen Klärung vorgegangen werden, die zudem dem Grundsatz *Stop-and-Think* folgt?
3. Warum ist eine Streitschlichtung keine ausreichende erziehungswirksame Intervention in Gewaltsituationen?
4. Bei welchen der sieben Interventionsschritten könnten Mediatoren sinnvoll eingesetzt werden?

Ministerium für Bildung und Kultur Rheinland-Pfalz: Was mach' ich nur? Hilfen des schulpsychologischen Dienstes für den Umgang mit Gewalt in der Schule. Mainz o. J.
SCHLEY, W.: Kooperative Verhaltensmöglichkeiten. In: Handbuch Sonderpädagogik. Bd. 6. Berlin 1989, S. 546–567.

Sieben Interventionsschritte bei Gewaltsituationen:

1. Schritt: **Situationserfassung und -bewertung**
- Affektkontrolle
- Allparteilichkeit

2. Schritt: **Gewalt unterbinden**
- Gewalthandlung beenden
- Deeskalation (Streitende trennen, ohne selbst handgreiflich zu werden)
- Handlungsmöglichkeiten offen lassen

3. Schritt: **Festlegung der nächsten Handlungsziele**
- Handlungsaufschub (Emotionsabbau)
- Alternative Konfliktbewältigung aufzeigen

4. Schritt: **Erweiterung der Informationsbasis**
- Was ist geschehen? Wer ist beteiligt? Was war vorher?
- Erfassung der Ausgangsbedingungen
- Verdeutlichung unterschiedlicher Sichtweisen
- Durchführung des Perspektivenwechsels
- Darstellung des Normenrahmens

5. Schritt: **Zielbestimmung**
- Was will ich erreichen?
- Was soll sich ändern?
- Ist mein Ziel realistisch? Muss ich Teilziele aufgliedern?
- Welche Lösungsalternativen gibt es?
- Welche Ziele haben die Beteiligten?
- Wie können die unterschiedlichen Ziele zu einem gemeinsamen Ziel umformuliert werden?

6. Schritt: **Planung und Realisierung der Maßnahme**
- Welche Personen sollen einbezogen werden?
- Wie soll der Zeitplan aussehen?
- Wer führt welche Schritte aus?

7. Schritt: **Verlaufs- und Erfolgskontrolle**
- Sind die Ziele zu weit gesteckt?
- Kann der Zeitplan eingehalten werden?
- Ist das Fehlverhalten verschwunden?
- Haben sich die auslösenden Bedingungen abgeschwächt?
- Wie schätzen die Betroffenen die Veränderung ein?
- Sind alle mit den erreichten Zielen zufrieden?

(nach SCHLEY 1989)

Lehrende haben nur begrenzt Möglichkeiten, bei Erziehungsproblemen beratend zu helfen. Der Schulalltag lässt hierfür kaum Raum und viele Erziehungsprobleme übersteigen zudem die Fachkompetenz; sie bedürfen sozialpädagogischer, psychologischer oder psychotherapeutischer Bearbeitung. Erziehung ist jedoch eine Aufgabe der Schule, die in vielen Schulgesetzen der Länder noch vor Bildung oder Unterricht genannt wird. Deshalb ist es zuvorderst Aufgabe der Lehrenden, durch geeigneten und erziehungswirksamen Unterricht entwicklungsförderlich auf die Probleme zu reagieren.

Ansprechpartner bei Erziehungsproblemen

Lehrende sind oft der erste Ansprechpartner, wenn es um Erziehungsprobleme geht. Können sie nicht weiterhelfen, so gibt es die Möglichkeit, einen Beratungslehrer aufzusuchen. Diese werden je nach Bundesland unterschiedlich qualifiziert, meist in Form von berufsbegleitenden Weiterbildungen. Der nächste Ansprechpartner neben dem Beratungslehrer ist der schulpsychologische Dienst (→ F 93). Auch er ist je nach Land unterschiedlich organisiert; meist arbeiten dort ausgebildete Psychologen, oft sind es Lehrende mit einer fundierten psychologischen Zusatzausbildung. Ähnliche Einrichtungen gibt es auch in anderen Institutionen des Bildungssystems, beispielsweise die psychologischen Beratungsstellen an Hochschulen. Weiterhin ist auf die Möglichkeiten einer Erziehungsberatung außerhalb der Schule zu verweisen (Erziehungsberatungsstellen Kinder- und Jugendhilfegesetz KJHG, §28). Schließlich ist bei besonders schwer wiegenden Erziehungsproblemen, die etwa auf psychischen Problemen bei Kindern oder Eltern beruhen, die Möglichkeit einer Psychotherapie in Betracht zu ziehen.

Prävention und Korrektur

Die Aufgaben der Erziehungsberatung bestehen darin, für jeden jungen Menschen „das Recht auf Förderung seiner Entwicklung und auf Erziehung zu einer eigenverantwortlichen und gemeinschaftsfähigen Persönlichkeit" (KJHG §1, Abs. 1) zu realisieren – also das Bildungs- und Erziehungssystem in seiner Sozialisationsfunktion zu unterstützen (→ E 70). Es geht dabei darum, durch Prävention oder Korrektur ein Verhalten zu fördern, das im Einklang sowohl mit den individuellen Entwicklungsmöglichkeiten und Bedürfnissen des Kindes als auch mit den Ansprüchen und Bedingungen der Gesellschaft steht – wobei Letztere nicht kritiklos akzeptiert, wohl aber als Fakten zur Kenntnis genommen werden müssen.

Im Rahmen der Prävention spielt für den schulischen Bereich vor allem das erziehungsförderliche Lehrerhandeln (→ C 33) eine Rolle.

1. Welche Träger von Erziehungsberatung gibt es?
2. Welche Maßnahmen zur Hilfe bei Erziehungsproblemen nennt das Kinder- und Jugendhilfegesetz?
3. Worin unterscheidet sich Erziehungsberatung von Lernberatung?

ENGEL, F./NESTMANN, F.: Beratung: Lebenswelt, Netzwerk, Institutionen. In: KRÜGER, H.-H./RAUSCHENBACH, T. (Hrsg.): Einführung in die Arbeitsfelder des Bildungs- und Sozialwesens. Opladen ³2000, S. 209–220.
KÖRNER, W./HÖRMANN, G.(Hrsg.): Handbuch der Erziehungsberatung, Band 1: Anwendungsbereiche und Methoden der Erziehungsberatung. Göttingen u. a. 1998.
dies. (Hrsg.): Handbuch der Erziehungsberatung, Bd. 2: Praxis der Erziehungsberatung. Göttingen u. a. 2000.

Möglichkeiten der Hilfe zur Erziehung gemäß des Kinder- und Jugendhilfegesetzes (KJHG)

§ 27 Hilfe zur Erziehung

1. Der Personensorgeberechtigte hat bei der Erziehung eines Kindes oder Jugendlichen Anspruch auf Hilfe (Hilfe zur Erziehung), wenn eine dem Wohl des Kindes oder Jugendlichen entsprechende Erziehung nicht gewährleistet ist und die Hilfe für seine Entwicklung geeignet und notwendig ist.
2. Hilfe zur Erziehung wird insbesondere nach Maßgabe der §§ 28 bis 35 gewährt. Art und Umfang der Hilfe richten sich nach dem erzieherischen Bedarf im Einzelfall; dabei soll das engere soziale Umfeld des Kindes oder Jugendlichen einbezogen werden.

Hilfe zur Erziehung umfasst insbesondere die Gewährung pädagogischer und damit verbundener therapeutischer Leistungen. [...]

§ 28 Erziehungsberatung

Erziehungsberatungsstellen und andere Beratungsdienste und -einrichtungen sollen Kinder, Jugendliche, Eltern und andere Erziehungsberechtigte bei der Klärung und Bewältigung individueller und familienbezogener Probleme und der zugrunde liegenden Faktoren, bei der Lösung von Erziehungsfragen sowie bei Trennung und Scheidung unterstützen. [...]

§ 29 Soziale Gruppenarbeit

Die Teilnahme an sozialer Gruppenarbeit soll älteren Kindern und Jugendlichen bei der Überwindung von Entwicklungsschwierigkeiten und Verhaltensproblemen helfen. Soziale Gruppenarbeit soll auf der Grundlage eines gruppenpädagogischen Konzepts die Entwicklung älterer Kinder und Jugendlicher durch soziales Lernen in der Gruppe fördern.

§ 30 Erziehungsbeistand, Betreuungshelfer

[...]

§ 31 Sozialpädagogische Familienhilfe

Sozialpädagogische Familienhilfe soll durch intensive Betreuung und Begleitung Familien in ihren Erziehungsaufgaben, bei der Bewältigung von Alltagsproblemen, der Lösung von Konflikten und Krisen sowie im Kontakt mit Ämtern und Institutionen unterstützen und Hilfe zur Selbsthilfe geben. Sie ist in der Regel auf längere Dauer angelegt und erfordert die Mitarbeit der Familie.

§ 32 Erziehung in einer Tagesgruppe

Hilfe zur Erziehung in einer Tagesgruppe soll die Entwicklung des Kindes oder des Jugendlichen durch soziales Lernen in der Gruppe, Begleitung der schulischen Förderung und Elternarbeit unterstützen [...].

§ 33 Vollzeitpflege

Hilfe zur Erziehung in Vollzeitpflege soll entsprechend dem Alter und Entwicklungsstand des Kindes oder des Jugendlichen und seinen persönlichen Bindungen sowie den Möglichkeiten der Verbesserung der Erziehungsbedingungen in der Herkunftsfamilie Kindern und Jugendlichen in einer anderen Familie eine zeitlich befristete Erziehungshilfe oder eine auf Dauer angelegte Lebensform bieten. [...]

§ 34 Heimerziehung, sonstige betreute Wohnform

Hilfe zur Erziehung in einer Einrichtung über Tag und Nacht (Heimerziehung) oder in einer sonstigen betreuten Wohnform soll Kinder und Jugendliche durch eine Verbindung von Alltagserleben mit pädagogischen und therapeutischen Angeboten in ihrer Entwicklung fördern. [...]

§ 35 Intensive sozialpädagogische Einzelbetreuung

Intensive sozialpädagogische Einzelbetreuung soll Jugendlichen gewährt werden, die einer intensiven Unterstützung zur sozialen Integration und zu einer eigenverantwortlichen Lebensführung bedürfen. Die Hilfe ist in der Regel auf längere Zeit angelegt und soll den individuellen Bedürfnissen des Jugendlichen Rechnung tragen.

(Auszug aus dem KJHG)

Professionelles Handeln wird in der Regel als ein Handeln definiert, dem eine wissenschaftliche Ausbildung vorausgegangen ist und das theoretisch und empirisch begründbaren Qualitätsstandards entspricht – die Berufe des Juristen und des Arztes beispielsweise werden zumeist als professionelle Berufe anerkannt. Der Lehrerberuf hingegen wird als halbprofessionalisiert bezeichnet. Denn das Lehrerhandeln ist durch äußerst vielfältige Einflussfaktoren geprägt: Das *didaktische Theoriewissen* und das *empirische Wissen über Lehr- und Lern-Gesetzmäßigkeiten* stellen nur zwei Einflussfaktoren auf das Berufshandeln der Lehrerinnen und Lehrer dar und sie sind meist noch nicht einmal die vordergründig handlungsleitenden Faktoren.

Handlungsleitende Faktoren

Da Lehrerinnen und Lehrer ihren Beruf mit ihrer Person darbringen, hat auch ihr unterrichtsbezogenes Handeln letztlich einen ganz persönlichen Stil. Insbesondere in Situationen, die unmittelbare Entscheidungen fordern, greifen die Lehrenden oft auf eingeschliffene Handlungsmuster oder bewährte Methoden zurück, wodurch die Reaktion mehr Ausdruck ihrer spezifischen Persönlichkeitsstruktur denn gezielte und nüchterne Umsetzung wissenschaftlich begründeter Interventionen sein wird. Diese *Personenabhängigkeit* pädagogischen Handelns gibt diesem oft einen Anschein von Beliebigkeit und Zufällig-

keit. Es erschwert die Professionalisierung im Sinne einer nachvollziehbaren Gebundenheit dieses Handelns an objektive bzw. überprüfbare Qualitätskriterien und Standards beruflichen Handelns. Die bislang nur unvollkommene Professionalisierung pädagogischen Handelns ist allerdings auch durch die *Eigenlogik pädagogischer Prozesse* (Entwicklung, Bildung, Lernen etc.) grundgelegt, die eine mechanistische Bearbeitung unter Zugrundelegung universell gültiger Maßstäbe kaum zulässt. Die differenzierten Einflussfaktoren, die das unterrichtliche Handeln prägen, erfordern zudem ein weniger begrenztes Verständnis von Professionalität (im Sinne gelungener Bildungshilfe).

Personengebundenheit

Diese Personengebundenheit des beruflichen Handelns hat der Lehrerberuf mit anderen helfenden Berufen (z.B. Psychologe, Therapeut) gemeinsam. Auch in diesen Berufen muss persönlichkeitsbezogen und auf der Grundlage wissenschaftlichen Wissens gehandelt werden. Weil immer auch persönliche Aspekte in die Beurteilung und das Handeln der helfenden Professionals einfließen, ist es in diesen Berufen üblich, durch eine *Supervision* das Handeln der Professionals selbstreflektierend zu begleiten. Auch in der Pädagogik werden verschiedene Supervisionsansätze verfolgt, in der Praxis allerdings finden sie noch kaum Berücksichtigung.

1. Weshalb wird der Lehrerberuf als *halbprofessionalisiert* bezeichnet?
2. Inwieweit kann der Lehrerberuf als ein *helfender Beruf* begründet werden?
3. Was versteht man unter Supervision und wie könnte eine solche für den Lehrberuf aussehen?
4. Welche Einflussfaktoren auf das unterrichtspraktische Handeln von Lehrerinnen und Lehrern gibt es?

Einflussfaktoren auf das unterrichtspraktische Handeln von Lehrerinnen und Lehrern

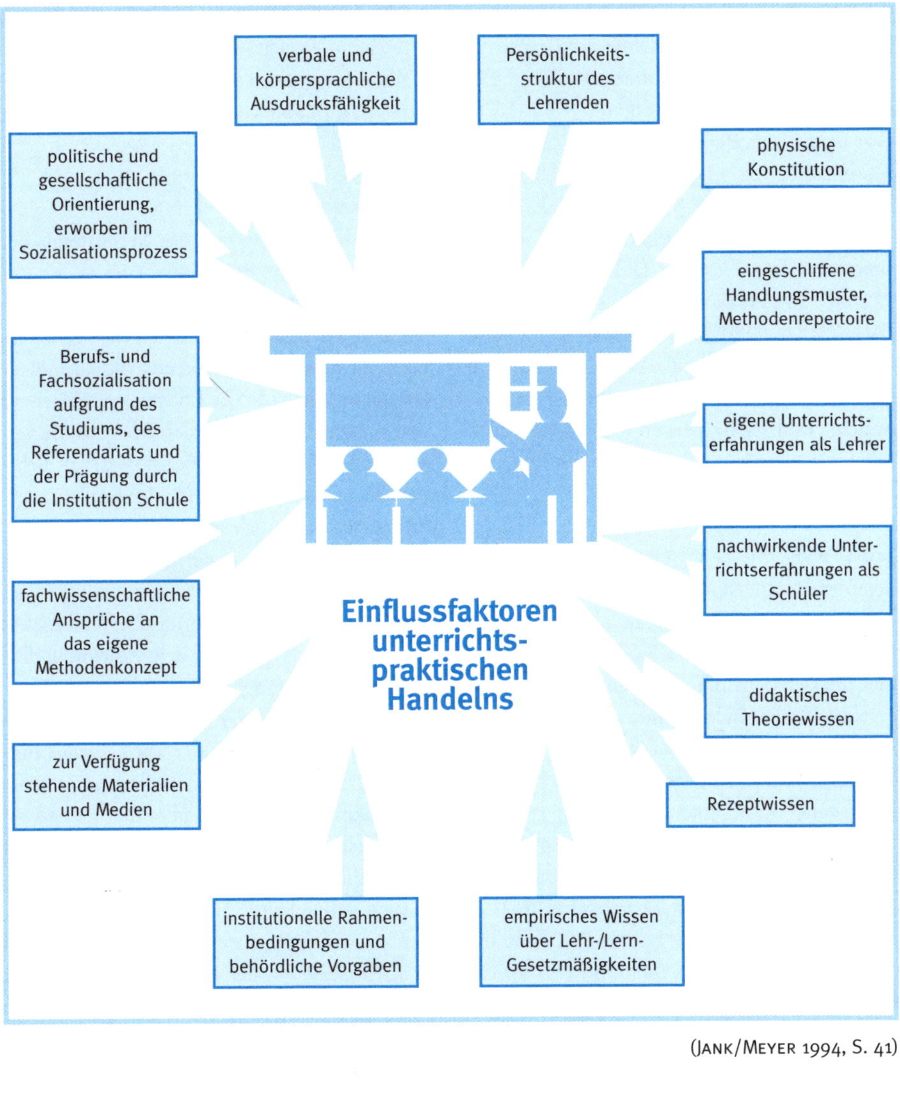

verbale und körpersprachliche Ausdrucksfähigkeit

Persönlichkeitsstruktur des Lehrenden

physische Konstitution

politische und gesellschaftliche Orientierung, erworben im Sozialisationsprozess

eingeschliffene Handlungsmuster, Methodenrepertoire

Berufs- und Fachsozialisation aufgrund des Studiums, des Referendariats und der Prägung durch die Institution Schule

eigene Unterrichtserfahrungen als Lehrer

fachwissenschaftliche Ansprüche an das eigene Methodenkonzept

nachwirkende Unterrichtserfahrungen als Schüler

Einflussfaktoren unterrichtspraktischen Handelns

didaktisches Theoriewissen

zur Verfügung stehende Materialien und Medien

Rezeptwissen

institutionelle Rahmenbedingungen und behördliche Vorgaben

empirisches Wissen über Lehr-/Lern-Gesetzmäßigkeiten

(JANK/MEYER 1994, S. 41)

BAUER, K.-O.: Professionelles Handeln in pädagogischen Feldern. Weinheim/München 1997.
DEWE, B./FERCHHOFF, W./RADTKE, F.-O. (Hrsg.): Erziehen als Profession. Zur Logik professionellen Handelns in pädagogischen Feldern. Opladen 1992.
GUTTE, R.: Lehrer – Ein Beruf auf dem Prüfstand. Reinbek b. Hamburg 1994.
JANK, W./MEYER, H.: Didaktische Modelle. Frankfurt a. M. 1994.
WAHL, D.: Handeln unter Druck. Der weite Weg vom Wissen zum Handeln bei Lehrern, Hochschullehrern und Erwachsenenbildnern. Weinheim 1991.

Die Didaktik als eines der Kernthemen pädagogischen Handelns hat im Laufe der Geschichte eine Vielzahl von Definitionen erfahren. Der Pädagoge JOHANN AMOS COMENIUS (1592–1670) etwa nannte sein Hauptwerk „Didactica Magna" („Große Didaktik"). Etymologisch leitet sich der Begriff Didaktik von *didaktiké techné*, der Kunst des Lehrens, ab. Nach vorherrschender Auffassung versteht man unter Didaktik heute: die „Theorie und Praxis des Lehrens und Lernens" (JANK/MEYER 1991, S. 16). Didaktik hat also mit Unterricht zu tun und didaktisches Handeln ist dementsprechend Unterrichten, Lernvermitteln (FAULSTICH), Lernen fördern oder auch Beraten u. Ä.

Didaktische Modelle

In der Pädagogik als Wissenschaft sind verschiedene didaktische Modelle, also „Theoriegebäude zur Analyse und Planung didaktischen Handelns" (JANK/MEYER 1991, S. 17) entworfen worden, die sich zum Teil erheblich unterscheiden. So wird oft eine Didaktik im engeren Sinne, die sich auf die Frage nach den Zielen und Inhalten von Unterricht konzentriert, von einer Didaktik im weiteren Sinne unterschieden, die auch die Frage nach den Methoden (und Medien) in den Blick nimmt. Herausragende Konzepte sind die *bildungstheoretische* bzw. *kritisch-konstruktive Didaktik* WOLFGANG KLAFKIS (→ D 47) und die *lern- bzw. lehrtheoretische Didaktik* (→ D 46), die von PAUL HEIMANN begründet und von GUNTER OTTO und WOLFGANG SCHULZ weiterentwickelt wurde. Daneben gibt es weitere didaktische Modelle, die mehr oder weniger geschlossene Unterrichtstheorien darstellen: etwa die *lernzielorientierte Didaktik* oder die *handlungsorientierte Didaktik* (→ D 48).

Didaktisches Dreieck

Eine äußerste Reduktion des Gegenstands der Didaktik stellt das didaktische Dreieck dar, das lediglich zwischen den Lernenden, dem Gegenstand und der Lehrperson unterscheidet. Dieses einfache Modell liefert bereits die Grundlage komplexer Analysen von Unterricht, indem etwa den Kanten des didaktischen Dreiecks die verschiedenen Beziehungsaspekte zwischen Lehrperson, Lerngegenstand und Lernenden zugeordnet werden. Auch die Fragenkomplexe anspruchsvoller didaktischer Modelle (etwa der lerntheoretischen Didaktik) können hier zugeordnet werden. So kann etwa über den Aspekt *Lernende* die Frage nach den soziokulturellen und anthropologischen Voraussetzungen der Lernenden erschlossen werden; das Gleiche gilt für die Voraussetzungen, die der *Lehrende* mitbringt. Die Frage nach den Zielen und Inhalten des Unterrichts lässt sich über den *Lerngegenstand* erschließen. Weitere Anknüpfungspunkte liefern die Kanten des Dreiecks: die „Transformation von Inhalten zu Unterrichtsgegenständen" (KAISER/KAISER 1998, S. 281) erfolgt beispielsweise ein der Auseinandersetzung der Lehrerin oder des Lehrers mit dem jeweiligen Lerngegenstand.

1. Worin unterscheiden sich eine Didaktik im engeren und eine Didaktik im weiteren Sinne?
2. Wofür können die drei Seiten des didaktischen Dreiecks noch stehen?
3. Inwiefern kann man das didaktische Dreieck als (einfaches) didaktisches Modell auffassen?

Vom einfachen zum komplexen Modell unterrichtlichen Planens, Handelns und Analysierens

Vom didaktischen Dreieck ...

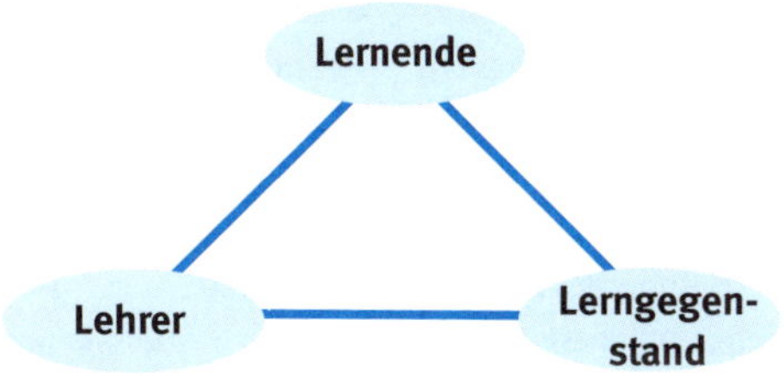

Lernende

Lehrer — **Lerngegen-stand**

... zu komplexen Modellen unterrichtlichen Planens, Handelns und Analysierens

Lernende
anthropologische Voraus-setzungen
soziale Voraussetzungen

Lehrende
Einflussfaktoren unterrichtlichen Handelns

Materielle Voraussetzungen
Medien
Versuchsapparate
...

Inhalte
Struktur des Gegenstandes
Begründung
...

Unterricht

Ziele
Lernziele in den Dimensionen
kognitiv, affektiv,
psychomotorisch
Erweisbarkeit
...

Verlaufsstruktur
Phasenschemata und
gruppendynamische Phasen

Methoden
Sozialformen
Unterrichtsmethoden
...

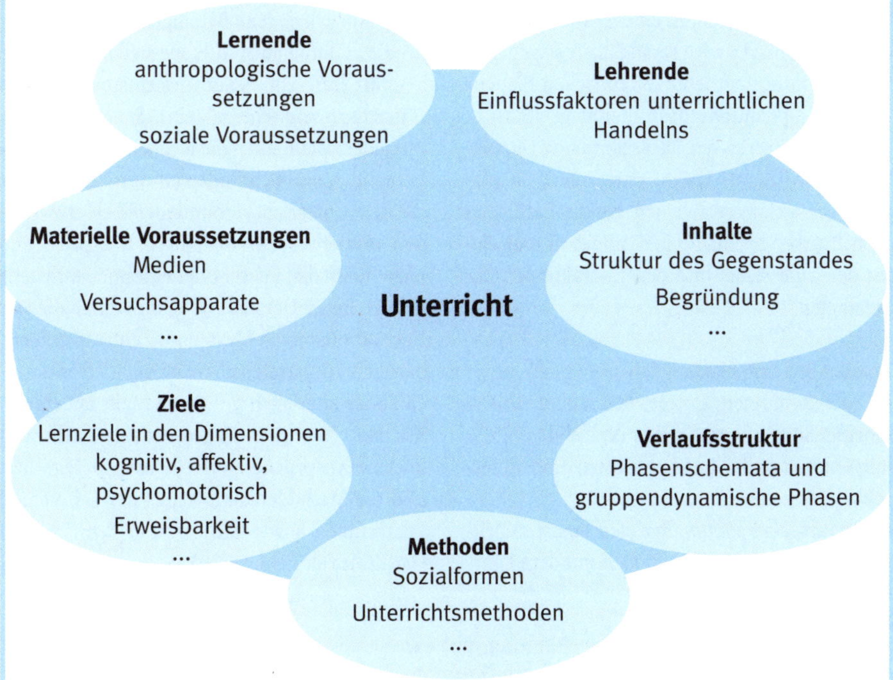

GUDJONS, H./WINKEL, R. (Hrsg.): Didaktische Theorien. Hamburg 91997.
JANK, W./MEYER, H.: Didaktische Modelle. Berlin 31994.
KAISER, A./KAISER, R.: Studienbuch Pädagogik. Berlin 91998.
MEYER, H.: Unterrichtsmethoden Band I: Theorieband. Berlin 61994.

Die *lehr*theoretische Didaktik ist eine Weiterentwicklung des ursprünglichen Berliner Modells, der *lern*theoretischen Didaktik. Diese wurde zuvor von PAUL HEIMANN und seinen Assistenten GUNTER OTTO und WOLFGANG SCHULZ an der Pädagogischen Hochschule in Berlin entwickelt. SCHULZ und OTTO – später als Professoren in Hamburg tätig – bauten ihr Hamburger Modell, die lehrtheoretische Didaktik, auf diesem Vorgängerkonzept auf.

Beiden Modellen liegt das Ziel zu Grunde, Lernsituationen planen und wesentliche Strukturmerkmale identifizieren zu können. Der Kern beider Ansätze besteht in einer Strukturanalyse des Unterrichts: Es wird versucht, die so genannten „Handlungsmomente didaktischen Planens in ihrem Implikationszusammenhang" (SCHULZ 1997, S. 40) zu erfassen. Diese komplexe Darstellung identifiziert Aspekte der Unterrichtsplanung – angefangen bei den gesellschaftlichen Verhältnissen bis hin zu den Aufgaben und Zielen des Unterrichts und den Interaktionen der Beteiligten.

Ebenen des Unterrichtsplanung

Bei der konkreten Unterrichtsplanung unterscheidet SCHULZ vier Ebenen (vgl. ebd., S. 45) – mit unterschiedlichen Zeitrahmen und unterschiedlichen Zielen:

- Die *Perspektivplanung* hat den längsten Zeitraum im Blick, sie befasst sich mit dem Lehrplan eines oder mehrerer Fächer sowie allgemeinen und übergeordneten Zielen.
- Die *Umrissplanung* befasst sich mit einzelnen Unterrichtseinheiten. Hierbei dominiert die „edukative Perspektive des übergreifenden Zusammenhangs" (ebd., S. 47), also die Grobziele, die mit der Perspektivplanung verbunden sind.
- In der *Prozessplanung* werden die Ergebnisse der Umrissplanung handhabbar, indem sie in eine konkrete Vorstellung vom Ablauf des Unterrichts übersetzt werden.
- Die letzte Ebene, die *laufende Planungskorrektur*, spricht jedem Beteiligten das Recht zu, „die Planung auch in Frage stellen zu dürfen, wenn ihm ein neuer Gesichtspunkt aufgetaucht zu sein scheint" (ebd., S. 54).

Auf jeder Ebene spielt die Kooperation zwischen Lernenden und Lehrenden eine große Rolle. Die mit dem Unterricht verbundenen Ziele etwa werden immer wieder dialogisch überprüft und nicht durch den Lehrer oder eine andere Instanz gesetzt. In der Darstellung ist dies durch die vier Interaktionsmöglichkeiten im Zentrum erkennbar: Lehrende treten ebenso wie Schüler untereinander, aber auch mit dem jeweils anderen in Kontakt. Das Hamburger Modell „stellt [...] höchste Ansprüche an die Konsensbereitschaft und die Methodenkompetenz" der Lehrer und Lehrerinnen sowie Schüler und Schülerinnen (JANK/MEYER 1994, S. 229).

---

1. Welche Ebenen didaktischer Planung gibt es?
2. Didaktische Handlungsmomente im Unterricht (z. B. Produktionsverhältnisse, Selbst- und Werteverständnis) beeinflussen sich gegenseitig.
   Nennen Sie mögliche Arten des Einflusses.

JANK, W./MEYER, H.: Didaktische Modelle. Berlin ³1994.
SCHULZ, W.: Lehrtheoretische Didaktik. In: GUDJONS, H./WINKEL, R. (Hrsg.): Didaktische Theorien. Hamburg ⁹1997, S. 29–45.
SCHULZ, W.: Unterrichtsplanung. München 1980.

Didaktisches Handeln

Die Produktions- und Herrschaftsverhältnisse und das Selbst- und Weltverständnis bilden den äußeren Rahmen didaktischen Handelns. Hieraus entstehen bzw. entwickeln sich die institutionellen Bedingungen. Im Zentrum stehen einige bereits im Berliner Modell zum Teil als Bedingungs-, zum Teil als Entscheidungsfelder angesprochene Aspekte: Die Ziele des Unterrichts, die Ausgangslage der Lernenden und Lehrenden, die Methoden und Medien (die Schulz als Vermittlungsvariablen bezeichnet hat) und schließlich die Erfolgskontrolle, die sowohl durch die Lernenden als auch durch die Lehrenden oder beide durchgeführt werden kann.

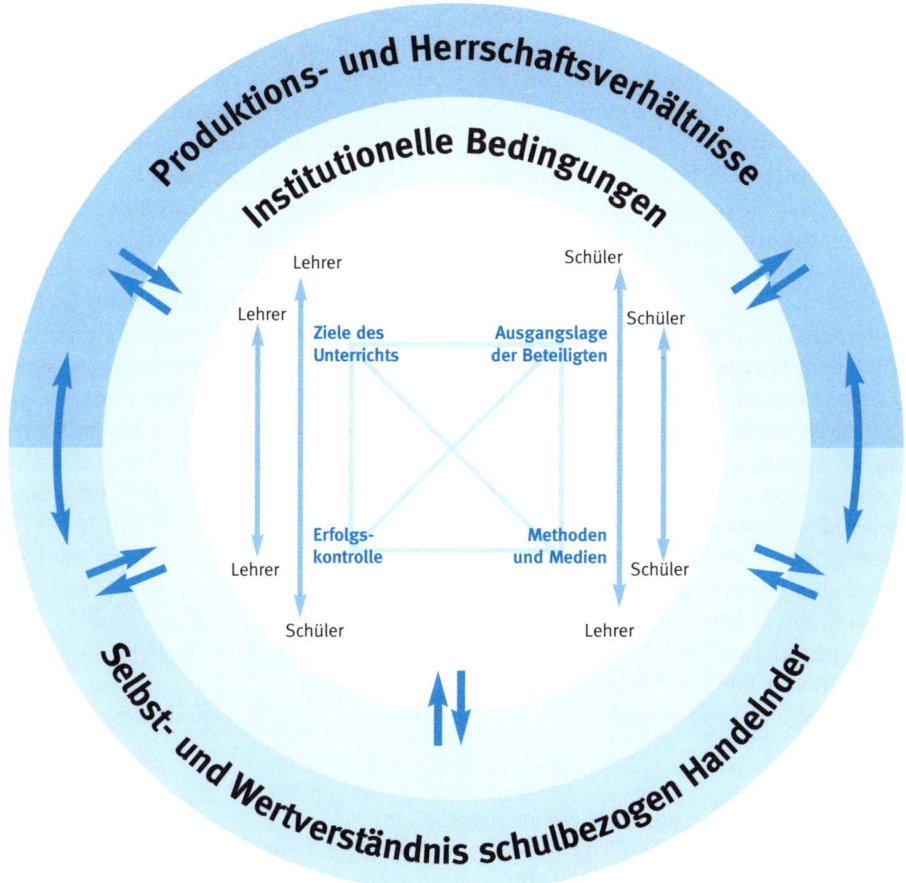

(nach Schulz in: Gudjons/Winkel 1997, S. 40)

Neben der lehrtheoretischen Didaktik ist die kritisch-konstruktive Didaktik WOLFGANG KLAFKIS als eine Weiterentwicklung der bildungstheoretischen Didaktik eines der bedeutendsten didaktischen Modelle der deutschsprachigen Pädagogik. Kern dieser Didaktik ist die *didaktische Analyse*, die „didaktische Interpretation und Strukturierung [eines Unterrichtsinhalts] im Hinblick auf die Unterrichtsplanung" (JANK/ MEYER 1994, S. 133). Obwohl die didaktische Analyse als schematische Hilfestellung zur Planung von Unterricht vielfach Anwendung findet, weist KLAFKI immer wieder darauf hin, dass sein Entwurf „Dimensionen und generelle Kriterien des Unterrichts zwar benennt und damit bewusst macht, hinsichtlich derer begründete, konkrete Entscheidungen aber nur in den jeweiligen praktischen Situationen getroffen werden können" (KLAFKI 1991, S. 266).

Unterricht offen planen

Zur Unterrichtsplanung hat KLAFKI ein *Perspektivschema* entworfen, das von ihm selbst schon deshalb als vorläufig bezeichnet wurde, weil er an ein Planungskonzept von Unterricht den Anspruch stellt, dass es „Entwicklungsmöglichkeiten nicht nur offen hält, sondern darauf selbst verweist" (ebd., S. 267). Somit ist das Perspektivschema keine Rezeptanweisung zur Unterrichtsplanung, aber es hilft, die wesentlichen Punkte vorausschauend zu betrachten und zu klären. Im Einzelnen werden im Perspektivschema von KLAFKI folgende Aspekte behandelt:

Als äußerer Rahmen wird in der *Bedingungsanalyse* geklärt, welche Ausgangsbedingungen eine Lerngruppe mitbringt, ob es sich etwa um eine homogene oder eine heterogene Gruppe handelt. Unterhalb der Bedingungsanalyse sind vier Fragenkomplexe angesiedelt:

- Unter dem *Begründungszusammenhang* versteht man die Frage, welche Bedeutung ein Lerninhalt sowohl für die Gegenwart als auch für die Zukunft der Lernenden hat und wie er exemplarisch (an Beispielen und Aspekten, die für das Ganze stehen) entwickelt werden kann.
- Innerhalb der *thematischen Strukturierung* wird nach den Lernzielen und dem inhaltlichen Aufbau der Unterrichtseinheit gefragt. Ferner ist die Erweisbarkeit zu bestimmen, d.h., inwiefern das Erreichen der Lernziele überprüft werden kann.
- Die *Bestimmung von Zugangs- und Darstellungsmöglichkeiten* legt nahe, wie der Stoff für die Lernenden durch die Wahl geeigneter Erschließungswege, Beispiele, Medien usw. angemessen zugänglich gemacht werden kann.
- Die *methodische Strukturierung* schließlich erfasst den äußeren Gang des Unterrichts, also die mögliche Abfolge von Lehr-Lern-Methoden und Sozialformen (→ D 51, D 52).

Die Auseinandersetzung mit diesen Aspekten hilft bei der Unterrichtsvorbereitung. Auch mit anderen Begriffen und nur selten explizit oder schriftlich durchgeführt schlagen sich diese grundsätzlichen Konzepte im Handeln vieler Lehrer nieder (vgl. JANK/MEYER 1994, S. 132).

1. Was versteht man unter der Bedingungsanalyse?
2. Untersuchen Sie ausführlich einen beliebigen Lerngegenstand gemäß dem Perspektivschema nach KLAFKI.
3. Warum kann die didaktische Analyse nicht als Rezeptanweisung zur Unterrichtsvorbereitung angesehen werden?

Bedingungsanalyse: Analyse der konkreten, soziokulturell vermittelten Ausgangsbedingungen einer Lerngruppe (Klasse), des/der Lehrenden sowie der unterrichtsrelevanten (kurzfristig änderbaren oder nicht änderbaren) institutionellen Bedingungen, einschließlich möglicher oder wahrscheinlicher Schwierigkeiten bzw. Störungen.

(Begründungszusammenhang) → (thematische Strukturierung) → (Bestimmung von Zugangs- und Darstellungsmöglichkeiten) → (methodische Strukturierung)

1. Gegenwartsbedeutung

2. Zukunftsbedeutung

3. exemplarische Bedeutung, ausgedrückt in den allgemeinen Zielsetzungen der U-Einheit, des Projekts oder der Lehrgangssequenz

4. thematische Struktur (einschl. Teillernziele) und soziale Lernziele

5. Erweisbarkeit und Überprüfbarkeit

6. Zugänglichkeit bzw. Darstellbarkeit (u. a. durch bzw. in Medien)

7. Lehr-Lern-Prozessstruktur verstanden als variables Konzept notwendiger oder möglicher Organisations- und Vollzugsformen des Lernens (einschl. sukzessiver Abfolgen) und entsprechende Lehrhilfen, zugleich als Interaktionsstruktur und Medium sozialer Lernprozesse

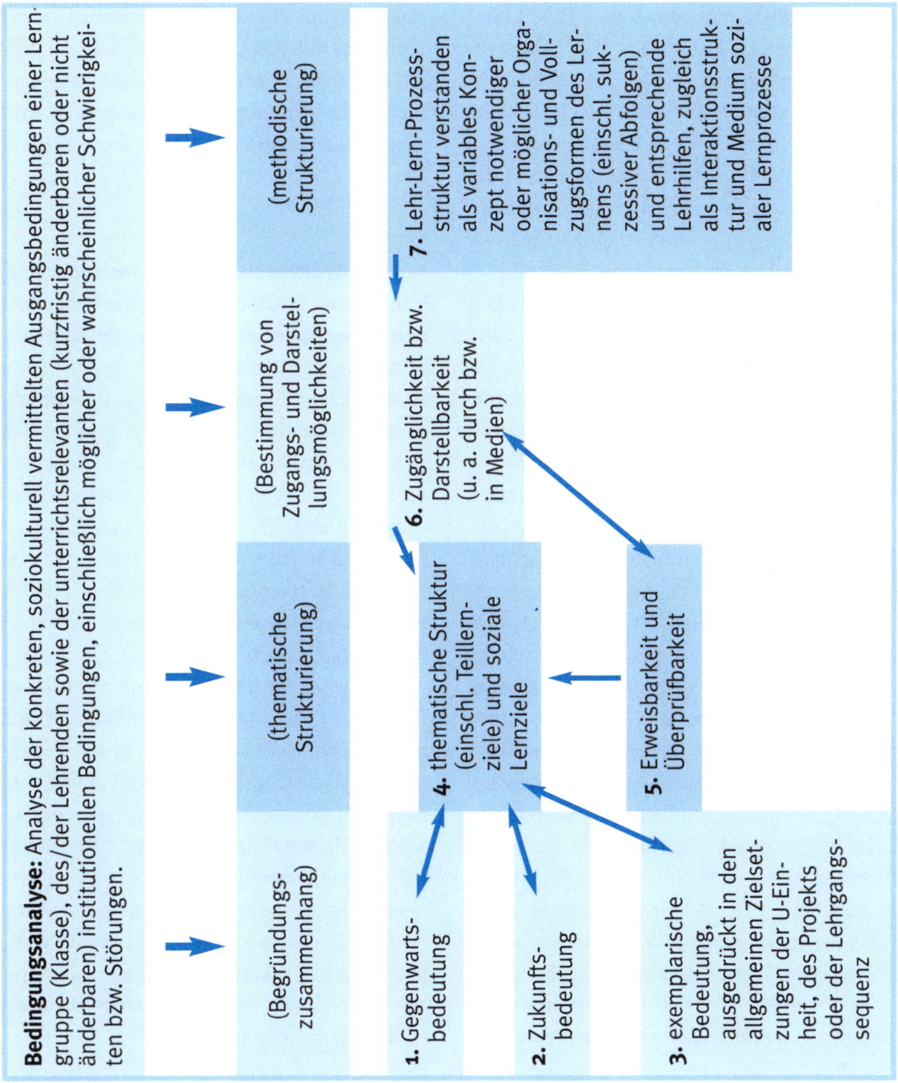

(KLAFKI 1985, S. 215)

JANK, W./MEYER, H.: Didaktische Modelle. Berlin ³1994.

KLAFKI, W.: Studien zur Bildungstheorie und Didaktik. Beiträge zur kritisch-konstruktiven Didaktik. Weinheim/Basel 1985.

KLAFKI, W.: Neue Studien zur Bildungstheorie und Didaktik. Weinheim/Basel, ²1991.

Die kritisch-konstruktive Didaktik

Die bildungstheoretische bzw. kritisch-konstruktive Didaktik KLAFKIS (→ D 47), das lerntheoretische Berliner Modell von HEIMANN, OTTO und SCHULZ und dessen Fortentwicklung zum Hamburger Modell der lehrtheoretischen Didaktik (→ D 46) galten in der Entwicklung der Nachkriegspädagogik als relativ früh handhabbare und gleichzeitig wissenschaftlich fundierte Konzepte zur Unterrichtsplanung.

Freilich gab und gibt es konkurrierende und ergänzende Vorschläge:

- Von der so genannten *informationstheoretischen* oder *kybernetischen Didaktik* etwa wurde die Wissenschaftlichkeit der genannten Modelle in Frage gestellt. Die Kritiker führten an, dass Ziele des Unterrichts überhaupt nicht wissenschaftlich begründet, sondern nur politisch gesetzt und legitimiert werden können. Stattdessen wollte sich die kybernetische Didaktik ganz der Gestaltung von Lernprozessen widmen, die sie – beeinflusst durch die Leistungsfähigkeit von Regelkreismodellen in anderen Wissenschaften – eben als einen solchen Regelkreis darstellt: Didaktisches Handeln bedeutet demnach Regeln, vor allem häufiges Rückmelden der Ergebnisse von Soll-Ist-Vergleichen bezüglich der angestrebten Zustände.
- Auch bei der *lernzielorientierten Didaktik* ist die normative Setzung von Zielen nicht vorgesehen. Ihr geht es darum, aus vorhandenen Dokumenten (Lehrbüchern, Lehrplänen etc.) Ziele zu identifizieren und zu operationalisieren. Ein solches operationalisiertes Lernziel umfasst die Beschreibung eines Endverhaltens, das unter bestimmten Bedingungen an einem bestimmten Gegenstand gezeigt wird und nach festgelegten Maßstäben beurteilt wird.

Ausblick

Inzwischen gilt es als allgemein anerkannt, dass keines dieser Modelle eine ausschließliche Richtigkeit gegenüber den anderen beanspruchen kann. Manche haben sich einander angenähert – etwa die kritisch-konstruktive und die lehrtheoretische Didaktik – und manche entwickelten sich erst aus früheren Konzepten – so baut etwa die *Ermöglichungsdidaktik* auf den oben besprochenen Konzepten auf. Die Ermöglichungsdidaktik geht davon aus, dass Lernen und Lernerfolg nicht erzeugt, sondern lediglich durch Schaffung geeigneter Lernarrangements ermöglicht werden können.

Die positivistischen Ansätze der kybernetischen und der lernzielorientierten Didaktik sind in der theoretischen Diskussion in den Hintergrund getreten, spielen aber im praktischen Handeln noch immer eine nicht zu unterschätzende Rolle, vor allem in Bezug auf die operationalisierten Lernziele.

Im Allgemeinen bestimmen gegenwärtig weniger umfassende didaktische Modelle die pädagogische Diskussion als vielmehr Konzepte zu Teilbereichen des didaktischen Handelns (z. B. Methodentraining).

ARNOLD, R./KRÄMER-STÜRZL, A./SIEBERT, H.: Dozentenleitfaden. Berlin 1999.
BOVET, G./HUWENDIEK, V.: Leitfaden Schulpraxis. Pädagogik und Psychologie für den Lehrerberuf. Berlin ²1998.
GUDJONS, H./WINKEL, R. (Hrsg.): Didaktische Theorien. Hamburg ⁹1997.
JANK, W./MEYER, H.: Didaktische Modelle. Berlin ³1994.
KAISER, A./KAISER, R.: Studienbuch Pädagogik. Berlin ⁹1998.
SIEBERT, H.: Pädagogischer Konstruktivismus. Neuwied 1999.

Fünf didaktische Modelle im Überblick

Im Vergleich der Ziele, Inhalte, Medien, Methoden sowie der wissenschaftstheoretischen Positionen werden die grundsätzlichen Unterschiede sowie Parallelen der verschiedenen didaktischen Ansätze deutlich.

Faktoren	Kybernetische Didaktik	Lernzielorientierte Didaktik	Lehrtheoretische Didaktik	Kritisch-konstruktive Didaktik	Ermöglichungsdidaktik
Vertreter	VON CUBE	MÖLLER	SCHULZ	KLAFKI	ARNOLD
Ziele	Nicht wissenschaftlich bestimmbar – ihre Setzung und Legitimation wird außerhalb der Didaktik angesiedelt.	Sammlung und Beschreibung von Zielen – ihre Ordnung und Auswahl bildet den Kern der lernzielorientierten Didaktik.	Interdependenzthese: Inhalte, Methoden, Medien und Ziele stehen in Wechselwirkung zueinander, wobei keinem eine Primatstellung zukommt. Übergeordnetes Ziel: Emanzipation.	Übergeordnetes Ziel ist die Bildung – also die Fähigkeit zur Selbstbestimmung und Solidarität.	Anbahnung von Kompetenz zum selbst gesteuerten Lernen und zur Problemlösung
Inhalte	Sie haben „als solche mit Erziehung und Ausbildung nichts zu tun, können aber den Zielen gemäß einbezogen werden" (VON CUBE in GUDJONS/WINKEL 1997, S. 62).	Jedes Lernziel umfasst einen Inhalts- und einen Verhaltensteil, „wobei [...] der Inhaltsaspekt die Stimuluskomponente, der Verhaltensaspekt die Reaktionskomponente darstellt" (MÖLLER in GUDJONS/WINKEL 1997, S. 80).		Inhalte, Methoden, Medien und Lernziele orientieren sich an dem allgemeinen Ziel der Bildung.	nicht per se relevant, sondern im Zusammenhang mit der Frage, welche Kompetenzen in der Auseinandersetzung mit ihnen entwickelt werden können
Medien	Mittel zur Realisierung der Methoden				offen gestaltbare Medien (z. B. Metaplan)
Methoden	Bestandteil der Lehrstrategie	Sie werden gemäß der Passung zu Lernzielen (einschließlich taxonomischer Einordnung), Lernenden, Lehrenden und zur Situation gewählt.			aktologische/ lebendige Methoden (→ D 57)
Wissenschaftstheoretische bzw. forschungsmethodische Position und Einflüsse	kritischer Rationalismus, Informationstheorie bzw. Kybernetik	positivistisch, empirische Lernforschung (besonders Behaviorismus)	ursprünglich positivistisch, in Annäherung an die kritische Theorie, hermeneutische und empirische Forschung	Geisteswissenschaft, Hermeneutik – in Annäherung an die empirische Forschung	pädagogischer Konstruktivismus

1. Wo sehen Sie Stärken, wo Schwächen in den beschriebenen Ansätzen?
2. Worin unterscheiden sich die lernzielorientierte Didaktik und die kybernetische Didaktik von den Modellen KLAFKIS bzw. HEIMANNS, OTTOS und SCHULZ'?

Der Begriff Curriculum (lat. *currere* laufen) ist ein Re-Import aus der angloamerikanischen Diskussion um die inhaltliche Ausformung des schulischen Lernens. Bereits im Mittelalter kennzeichnete der Begriff den Ablauf der klösterlichen Erziehung der Novizen und wurde dementsprechend in der Barockpädagogik im deutschen Sprachraum verwendet. Zu Beginn des 19. Jahrhunderts trat der Begriff des Lehrplans an seine Stelle. Die Bezeichnung Curriculum wurde erst 1967 durch SAUL B. ROBINSOHNS Schrift „Bildungsreform als Revision des Curriculum" (ROBINSOHN 1975) wieder in die deutschsprachige Diskussion eingeführt.

Curriculum

Mit der Verwendung des Begriffs knüpfte ROBINSOHN an zwei Aspekte an:

- zum einen an die Debatte der Curriculumentwicklung (vor allem in den USA und in England), die sich unter anderem an rationalen Verfahren der Konstruktion und dem Konzept der permanenten Revision von Curricula orientierte und Curricula gezielt entlang der Frage entwickeln wollte, was Menschen für die Bewältigung zukünftiger Lebenssituationen lernen müssten,
- zum anderen erinnerte ROBINSOHN an die in der Barockpädagogik noch offensichtliche „enge Verbindung der Bemühung um Auswahl und Planung der Lehrinhalte, um Ausprägung der durch sie intendierten Bildungsziele und um die Erarbeitung der ihnen entsprechenden Lehrmethoden" (ebd., S. I).

Lehrplan

Im Gegensatz zu diesem Konzept einer integrierten Entwicklung und Darstellung von Inhalten, Zielen und Methoden des Unterrichts – welches auch danach fragt, wie diese Elemente methodisch gewonnen werden können – haben sich die Lehrpläne für das staatliche Schulwesen zu dezisionistischen (also per Verordnung legitimierten) Stoffkatalogen entwickelt, die es an Überlegungen zu Methodik, Zielen und der permanenten Revision der Inhalte fehlen lassen. In der neueren Lehrplandiskussion und -gestaltung wurde diese Kritik aufgegriffen, indem Lehrpläne inzwischen oft deutlich über die Aufzählung von Inhalten (und eine pathetische Präambel) hinausgehen und Hinweise zur Didaktik oder auch zu fächerübergreifenden Möglichkeiten der Bearbeitung bereitstellen.

Darüber hinaus etabliert sich der Begriff Curriculum (wieder) in der pädagogischen Diskussion, etwa in der Idee eines „Kern-Curriculums" (Bildungskommission NRW 1995, S. 144), das an der einzelnen Schule in einen schulbezogenen Lehrplan transformiert werden soll. Im Gegensatz zur zentralen und technokratischen Planung, die mit dem Curriculumkonzept der 1960er-Jahre verbunden war, sollen hier lediglich einige zentrale Inhalte mehr übergreifend bestimmt werden. Bei diesem Kern-Curriculum bleibt ein großer Freiraum bestehen, den die Schule mit individuellen Inhalten füllen kann – beispielsweise hinsichtlich regionaler Bedürfnisse oder in Bezug auf bestimmte pädagogische Ideen u. a.

1. Worin unterschieden sich die Begriffe Curriculum und Lehrplan früher? Wie werden die Begriffe heute verwendet?
2. Was versteht man unter einem Kern-Curriculum?
3. Überlegen Sie sich kritische Fragen zum Curriculumkonzept und zum Lehrplan der 1960er-Jahre.

Lehrplan		Curriculum
deduktiv-induktive Bestimmung der Fächer	**Auswahl der Inhalte**	induktiv-empirische Ermittlung der zukünftig erforderlichen Qualifikationen
Bildung als die Fähigkeit, „seinen eigenen Standort in der Kultur zu finden" (KAISER/KAISER 1998, S. 302)	**Zielorientierung**	Ausstattung des Einzelnen zur „Bewältigung von Lebenssituationen [durch] den Erwerb von Qualifikationen und Dispositionen" (ROBINSOHN 1975, S. 79)
geisteswissenschaftlich	**Wissenschafts-theoretische Orientierung**	empirisch-analytisch
dezisionistisch (per Verordnung legitimiert)	**Legitimation**	prozessual (durch das Verfahren der Erstellung)
▪ mangelnde Aktualität ▪ mangelnder innerer Zusammenhang ▪ geringer Praxisbezug ▪ überfrachtet mit z.T. unnützen Inhalten ▪ keine Angaben zur Umsetzung	**Kritik**	▪ geringer Spielraum für didaktisch-methodische Ausgestaltung ▪ überzogene Machbarkeits-illusion bei der Planung von Lernprozessen

Heutige Stellung

- Lehrpläne sind z.T. im Sinne der genannten Kritik modifiziert worden.
- Teile der Curriculumtheorie sind in die Lehrplantheorie eingegangen.
- Beide Konzepte ergänzen sich in verschiedenen Modellen, etwa im Modell „Kern-Curriculum und schulbezogener Lehrplan" (Bildungskommission NRW 1995, S. 144).
- Lehrplan und Curriculum haben sich einander (wieder) angenähert.

Bildungskommission NRW: Zukunft der Bildung – Schule der Zukunft: Denkschrift der Kommission „Zukunft der Bildung – Schule der Zukunft" beim Ministerpräsidenten des Landes Nordrhein-Westfalen. Neuwied, Kriftel 1995.
Deutscher Bildungsrat: Strukturplan für das deutsche Bildungs- und Erziehungswesen. Bonn 1970.
KAISER, A./KAISER, R.: Studienbuch Pädagogik. Grund- und Prüfungswissen. Berlin 91998.
KECK, R. W./RITZI, C.: Geschichte und Gegenwart des Lehrplans. Josef Dolchs „Lehrplan des Abendlandes als aktuelle Herausforderung". Baltmannsweiler 2000.
ROBINSOHN, SAUL B.: Bildungsreform als Revision des Curriculum. Neuwied, Berlin 51975.

Der heutige Fächerkanon des allgemein bildenden Schulwesens hat sich aus verschiedenen Quellen gespeist: Zum einen sind *die sieben freien Künste* (*septem artes liberales*: Grammatik, Rhetorik, Dialektik, Arithmetik, Geometrie, Musik und Astronomie) aus dem höheren Schulwesen als Quelle zu nennen, zum anderen die Grundbildungsfächer *Lesen, Schreiben, Zeichnen und Rechnen*, die seit etwa dem 15. Jahrhundert im ‚niederen‘ Schulwesen unterrichtet wurden (vgl. HORN 1997, S. 110). Die Inhalte der Grundbildung sind auch heute als elementare Kulturtechniken Gegenstand des Primarschulwesens.

Fächerkanon

Als Fächerkanon bezeichnet man heute das Nebeneinander verschiedener Inhaltsbereiche im schulischen Unterricht. Diese Inhaltsbereiche setzen – zumindest im höheren Schulwesen – jeweils eigene fachbezogene Lehrbefähigungen voraus und sie ergeben zusammen das schulische Curriculum. Der Kanon „kodifiziert [...] bewahrenswertes Wissen (oder auch Regeln für Verhalten)" (TENORTH 2000, S. 370). Allerdings zeichnet sich schon seit einigen Jahren ab, dass die konkrete Benennung von Inhalten immer weniger geeignet ist, einen Kanon zu bestimmen. Während in früheren Zeiten der Inhalt eines Schulbuches ‚sprichwörtlich‘ über tausend Jahre als gültig erachtet wurde (etwa EUKLIDS „Elemente" im Mathematikunterricht), ist materiales Wissen in der Wissensgesellschaft oft schon nach kurzer Zeit veraltet.

„Wichtiger als der alte Kanon, der von Wissen dominiert war, wird [... also] der neue Kanon, der in seiner jetzt dominierenden Mechanik als ‚Kultivierungsstil‘ Bedeutung gewinnt und auf Prinzipien des Umgangs mit Wissen und Verhaltenszumutungen sozialisiert" (ebd., S. 372).

Fächerübergreifendes Lernen

Auch die Aufteilung von Sachbereichen in Fächer wird immer häufiger als unangemessen kritisiert. Im Alltag wie in der Wissenschaft zeigt sich zunehmend, dass die heutigen Aufgabenstellungen oft nur in der Verbindung verschiedener Disziplinen angegangen werden können. Daher ist fächerübergreifendes Lernen schon in der Schule anzustreben.

Ausblick

Neben die Vermittlung materialen Wissens treten Orientierungsfaktoren, die – einer Formulierung HUMBOLDTS folgend – auch als das Lernen des Lernens bezeichnet werden können. Während die *Fächer* einen Einblick in die verschiedenen Systematiken der wissenschaftlichen Disziplinen geben, wird gewissermaßen quer dazu die Ausbildung von *methodischen und kommunikativen Fähigkeiten* gefordert – ohne die Fachwissen immer unvollständig bleiben würde.

Neuerdings findet auch der emotionale Aspekt von Lernen zunehmend an Beachtung: Denn nur bei einem souveränen Umgang mit den eigenen Emotionen können sich die anderen Kompetenzen erst richtig entfalten. *Emotionale Lernziele* gewinnen daher auch in den Curricula immer mehr an Bedeutung.

1. Was versteht man unter einem Fächerkanon?
2. Warum spielt die kanonische Aufzählung von Wissensgütern heute eine geringere Rolle als früher?
3. Welche Faktoren müssen nach heutiger Auffassung das Fachwissen ergänzen?

Das Zusammenwirken von Fachwissen, Handlungskompetenz und Emotionen

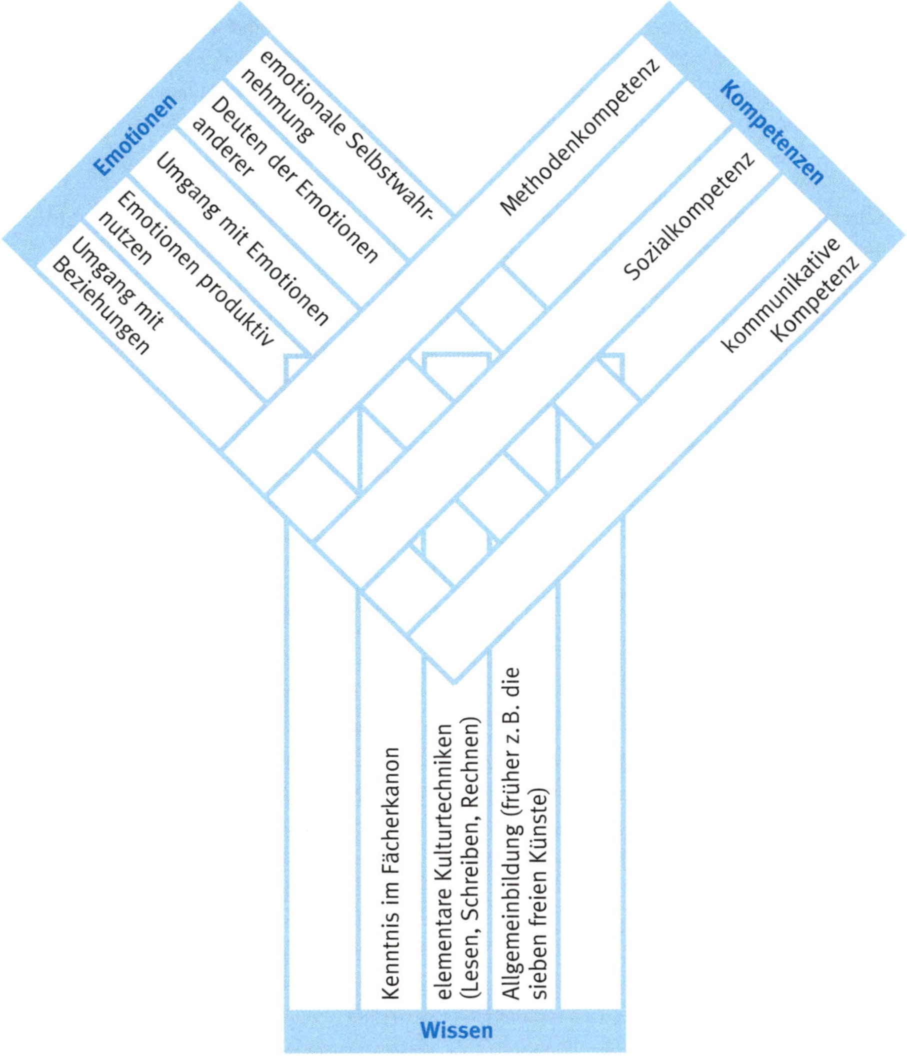

Emotionen
- emotionale Selbstwahrnehmung
- Deuten der Emotionen anderer
- Umgang mit Emotionen
- Emotionen produktiv nutzen
- Umgang mit Beziehungen

Kompetenzen
- Methodenkompetenz
- Sozialkompetenz
- kommunikative Kompetenz

Wissen
- Kenntnis im Fächerkanon
- elementare Kulturtechniken (Lesen, Schreiben, Rechnen)
- Allgemeinbildung (früher z. B. die sieben freien Künste)

DALIN, P.: Schule auf dem Weg in das 21. Jahrhundert. Neuwied, Kriftel, Berlin 1997.

DOLCH, J.: Lehrplan des Abendlandes. Zweieinhalb Jahrtausende seiner Geschichte. Ratingen 1959.

HORN, H. A.: Lehrpläne als inhaltliche Orientierung nutzen. In: HAARMANN, D. (Hrsg.): Handbuch elementare Schulpädagogik. Handlungsfelder institutionalisierter Grund- und Allgemeinbildung in den Klassen 1 bis 10. Weinheim, Basel 1997.

TENORTH, H. E.: Kanonprobleme und Lehrplangestaltung. Über das Ende des alteuropäischen Lehrplans und seine Ablösung durch den „Bildungsplan". In: KECK, R. W./RITZI, C.: Geschichte und Gegenwart des Lehrplans. Josef Dolchs „Lehrplan des Abendlandes" als aktuelle Herausforderung. Baltmannsweiler 2000, S. 349–360.

Seit es systematische Überlegungen zum Unterrichten gibt, werden Schemata entworfen und Strukturierungsvorschläge gemacht, nach denen Lernprozesse in wesentliche, unterscheidbare Teile bzw. Phasen, Abschnitte oder Stufen zerlegt werden können.

Zunächst präsentiert sich ein Lernprozess als eine strukturlose lineare Abfolge von Einzelvorgängen, die sich bei den Lernenden vollziehen. HILBERT MEYER (1994, S. 155 ff.) beschreibt sieben *Stufenschemata*, die zumeist gemäß der klassischen Dreiteilung in Einleitung, Hauptteil und Schluss differenziert sind:

- Es findet eine *Einführung* statt, in der die Lernenden mit dem neuen Thema konfrontiert und auf das Lernhandeln eingestimmt werden.
- Darauf folgt meist eine Art der *Erarbeitung*, in der die Lernenden – mit oder ohne Hilfe des Lehrers – am neuen Lerngegenstand arbeiten, z. B. durch Übungen, Diskussion oder eine weitergehende Erschließung mit Hilfe von Materialien.
- In einer abschließenden Phase der *Auswertung und Anwendung* wird das Gelernte zusammengefasst, integriert und eventuell überprüft, inwieweit es verwendbar ist und gelernt wurde.

Bedeutung für den Unterricht

Stufenschemata helfen bei der Strukturierung einer einzelnen Unterrichtssequenz, etwa einer Unterrichtsstunde oder einer Seminareinheit.

Diese Sequenzen sind wiederum eingebettet in eine Unterrichtseinheit zu einem bestimmten Thema, die mehrere Stunden oder Seminarblöcke umfasst. Auch auf der Ebene einer Unterrichtseinheit lassen sich verschiedene Phasen unterscheiden:

- In der Einführung werden beispielsweise wichtige Begriffe grundgelegt.
- In der Phase der Erarbeitung werden auf dieser Grundlage die wesentlichen Konzepte eines Lerngegenstands erschlossen.
- In einer Zusammenfassung werden sie noch einmal übersichtlich rekapituliert.
- Zuletzt kann auch diese „Grobplanung" in ein umfassenderes Schema eingebettet werden, etwa in die Gesamtplanung für ein Schuljahr (vgl. HUWENDIEK 1998, S. 84).

Die Idee der Stufenschemata, die auch in Lernzieltaxonomien und entwicklungspsychologischen Modellen wieder zu finden ist, basieren auf der Vorstellung, dass viele menschliche Vorgänge einer linearen Gerichtetheit folgen, in der Stufen nicht übersprungen oder umgeordnet werden können. Diese Linearitätsannahme ist nicht immer und überall gerechtfertigt.

Zu Recht weist HILBERT MEYER deshalb darauf hin, dass daneben auch zyklische Modelle ihre Berechtigung haben. Eine Verbindung beider Anschauungen gelingt, wenn Lernvorgänge als Spirale gedacht werden, bei der immer wiederkehrende Stellen auf immer höherer Ebene passiert werden (vgl. MEYER 1994, S. 157).

1. Welche Grenzen bestehen bei der starren Festlegung der Schritte von Lehr-Lern-Prozessen?
2. Welche Hilfe bieten Phasenschemata bei der Planung von Unterricht?
3. Wodurch sind neuere Schemata oft gekennzeichnet?
4. Welche drei Ebenen vollzieht der ‚spiralförmige' Lernvorgang?

Der Lernvorgang im Unterricht als Spirale

Der ‚spiralförmige' Lernvorgang entsteht durch die wiederholte Abfolge des linearen Stufenschemas im Unterricht:

1. Aneignung neuer, grundlegender Begriffe
2. Handelnder Umgang mit neu erworbenen Konzepten
3. Reflexion und Identifikation ergänzender Inhalte

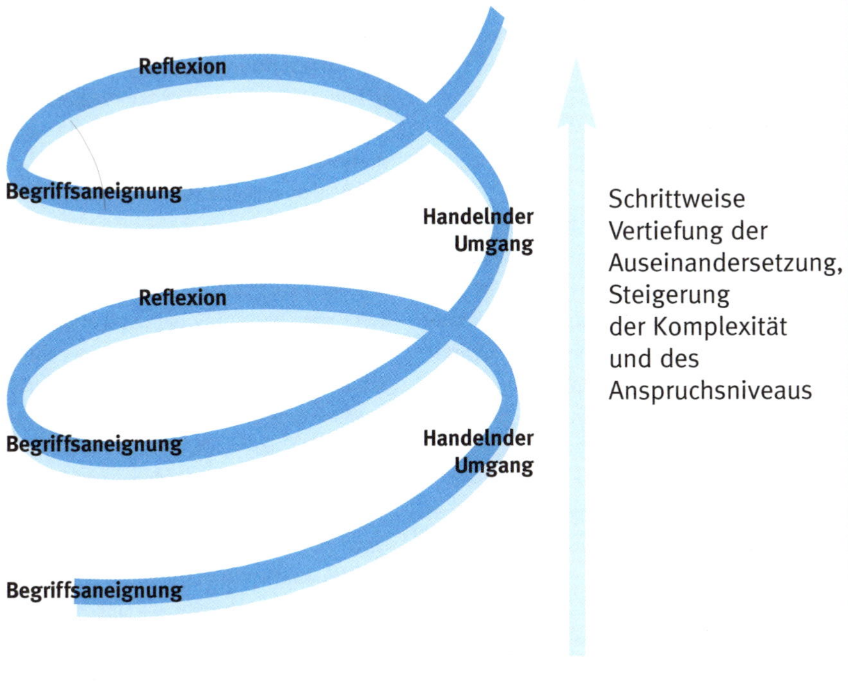
Reflexion
Begriffsaneignung
Handelnder Umgang
Reflexion
Begriffsaneignung
Handelnder Umgang
Begriffsaneignung
Schrittweise Vertiefung der Auseinandersetzung, Steigerung der Komplexität und des Anspruchsniveaus

Huwendiek, V.: Didaktisches Denken und Unterrichtsplanung. In: Bovet G.; Huwendiek, V.: Leitfaden Schulpraxis. Pädagogik und Psychologie für den Lehrerberuf. Berlin ²1998, S. 74-120.
Meyer, H.: UnterrichtsMethoden I: Theorieband. Berlin 1994.

Neben der Gliederung in Phasen bzw. Stufen lassen sich Lehr-Lern-Prozesse auch in verschiedene Formen der Interaktion und des Handelns aufteilen. Dazu erwiesen sich die Begriffe Sozialform und Methode als geeignet.

Sozialformen

Als Sozialform bezeichnet man das kommunikative Verhältnis der an der Situation Beteiligten, das heißt: Es wird mit der Sozialform bestimmt, wer mit wem prinzipiell in Kontakt treten kann, ohne die Situation strukturell zu verändern. Man unterscheidet vier Sozialformen:

- *Frontalunterricht,*
- *Gruppenarbeit,*
- *Partnerarbeit* und
- *Einzelarbeit.*

Beim Frontalunterricht findet im Wesentlichen eine Kommunikation von einem Sprecher zu einer Gruppe von Zuhörern statt. Findet eine eher gleichberechtigte Kommunikation zwischen einer mehr oder weniger großen Gruppe statt, so spricht man von Gruppenarbeit. Partnerarbeit ist eine Gruppenarbeit zu zweit, die aber genug Besonderheiten aufweist, um als einzelne Sozialform behandelt zu werden. Einzelarbeit ist die (stille) Beschäftigung der einzelnen Lernenden mit einem Thema.

Methoden

Mit Methoden bezeichnet man die Inszenierungs- und Aneignungsformen, mit denen ein Lerngegenstand im Lehr-Lern-Prozess erschlossen wird. Im Gegensatz zu den Sozialformen, die sich als logische Konsequenz aus den verschiedenen Möglichkeiten der Kommunikation in Gruppen ergeben, sind Methoden historisch gewachsen und (lern-)kulturell gebunden. Sie beruhen auf komplexen, zum Teil impliziten Spielregeln, die durch regelmäßige Anwendung verinnerlicht werden. Methoden liegen gewissermaßen quer zu den Sozialformen, das bedeutet: Verschiedene Methoden können zum Teil mit unterschiedlichen Sozialformen Anwendung finden. Beispielsweise können die Leittextmethode oder das Brainstorming prinzipiell in Einzel-, Partner- und Gruppenarbeit angewandt werden. Viele Methoden sind allerdings tendenziell mit bestimmten Sozialformen verbunden (die dann Teil der Spielregeln sind).

Lehr-Lern-Methoden

Mit der wachsenden Bedeutung von *Methodenkompetenz* (→ D 57) bei den Lernenden gerät auch die Unterscheidung zwischen Lehrer- und Schülermethoden ins Blickfeld. Als *Schülermethoden* werden Arbeitstechniken (z. B. Exzerpieren, Visualisieren) aufgefasst, während *Lehrermethoden* stärker auf die Organisation des Lernprozesses in der Gruppe ausgerichtet sind. Mit dem Begriff Lehr-Lern-Methoden soll zum Ausdruck gebracht werden, dass auch hier oft die Spielregeln entscheiden, ob eine Methode (z. B. Diskussion) von den Lernenden selbstständig gewählt oder von der Lehrerin oder dem Lehrer vorgegeben wird.

---

1. Gibt es Methoden, die ausschließlich für eine einzige Sozialform geeignet sind?
2. Welche Unterschiede und welche Gemeinsamkeiten gibt es zwischen Lehrer- und Schülermethoden?
3. Kennen Sie Methoden, die heute nicht mehr angewandt werden? Können Sie Gründe für das Entstehen neuer Methoden nennen?

	Einzelarbeit	Partnerarbeit	Gruppenarbeit	Frontal-unterricht
	Für die stille Beschäftigung der einzelnen Lernenden mit einem Thema eignen sich folgende Methoden:	Für die gleichberechtigte Zusammenarbeit zweier Schüler – in Gruppenarbeit zu zweit – eignen sich folgende Methoden:	Für die gleichberechtigte Zusammenarbeit mehrerer Schüler in einer Gruppe eignen sich folgende Methoden:	Für den von einem Sprecher gesteuerten Unterricht, an dem die Lernenden vorwiegend rezeptiv teilnehmen, eignen sich folgende Methoden:
Schülervortrag	–	✔	✔	✔
Planspiel	–	–	✔	–
Pantomime	–	✔	✔	✔
Mind-Map	✔	✔	✔	✔
Vorlesen	–	✔	✔	✔
Experiment	✔	✔	✔	✔
Üben mit Aufgaben	✔	✔	✔	✔
Rollenspiel	–	✔	✔	✔

ARNOLD, R./KRÄMER-STÜRZL, A./SIEBERT, H.: Dozentenleitfaden. Planung und Unterrichtsvorbereitung in Fortbildung und Erwachsenenbildung. Berlin 1999.
MEYER, H.: UnterrichtsMethoden I: Theorieband. Berlin 1997.
PETERSSEN, W. H.: Kleines Methodenlexikon. München ²2001.

Lebendiges Lernen ist am lernenden Subjekt orientiert und folgt damit der Erkenntnis, dass man Lernen nicht machen, sondern nur ermöglichen oder fördern kann. Deshalb sind es die Lernenden, die im Lernprozess an erster Stelle stehen müssen. Die Position der Lehrerin oder des Lehrers tritt demgegenüber in den Hintergrund. Damit lebendiges Lernen sich vollziehen kann, muss in der Planung des Unterrichts Raum geschaffen werden – denn diese Form des Lernens verträgt sich kaum mit einem linearen Ablaufplan, in dem für die einzelnen Stationen zumeist vorgegeben ist, wie viel Zeit etwa zu veranschlagen ist und welche Methoden angewandt werden sollen. Der Ablauf des Unterrichts als lebendiges Lernen lässt sich angemessener in einer nicht-linearen Struktur (z. B. in Form einer Mind-Map) abbilden, weil diese mehr Offenheit zulässt.

Lernschleife

Die eigentliche Erarbeitung des Lerngegenstands sollte weitgehend in der Hand der Lernenden liegen. Orientierung kann ihnen dabei die Lernschleife des handlungsorientierten Lernens bieten – diese darf allerdings nicht als unveränderliches Schema aufgefasst werden. Die einzelnen Schritte der Lernschleife sind (vgl. ARNOLD/SCHÜSSLER 1998, 152 ff.):

1. eine Auftragsübergabe, in der die Lernenden mit einem relativ offen gehaltenen Arbeitsauftrag konfrontiert werden,
2. selbstständig-produktives Erschließen, also ein Arbeiten der Lernenden, welches möglichst in ein Produkt (etwa ein Plakat, ein Protokoll o. Ä.) münden sollte,
3. eine Präsentation, in der sich die Lernenden ihr materielles oder immaterielles Arbeitsergebnis untereinander vorstellen und
4. eine Besprechungssituation, in der die Methoden und Ergebnisse beurteilt und ergänzt werden. Hieraus können sich neue Aufträge ergeben, mit denen die Resultate ergänzt und weiterentwickelt werden.

Handlungs- und Erfahrungsorientierung

Lebendiges Lernen setzt an den Erfahrungen der Lernenden an. Ihre Vorkenntnisse werden nicht als irrelevant ausgeblendet, sondern sind als Teil des Prozesses bewusst. Lebendiges Lernen folgt somit den didaktischen Prinzipien der Handlungs- und Erfahrungsorientierung. Inzwischen ist eine Vielzahl von Methoden beschrieben worden, mit denen diesen Kriterien entsprochen werden kann.

1. Was bedeutet Handlungs- und Erfahrungsorientierung?
2. Welche Vorteile haben handlungs- und erfahrungsorientierte Methoden?
3. Wo kommen Handlungs- und Erfahrungsorientierung beim Gruppenpuzzle ins Spiel?

ARNOLD, R./MÜLLER, H.-J.: Handlungsorientierung und ganzheitliches Lernen in der Berufsbildung – 10 Annäherungsversuche. In: Erziehungswissenschaft und Beruf, H. 4, 1993, S. 323–333.
ARNOLD, R./SCHÜSSLER, I. (Hrsg.): Methoden des Lebendigen Lernens. Heft 1 der Pädagogischen Materialien der Universität Kaiserslautern. Kaiserslautern ²1997.
ARNOLD, R./SCHÜSSLER, I.: Wandel der Lernkulturen. Darmstadt 1998.
KNOLL, J.: Kurs- und Seminarmethoden. Ein Trainingsbuch zur Gestaltung von Kursen und Seminaren, Arbeits- und Gesprächskreisen. Weinheim 9²001.
MEYER, H.: UnterrichtsMethoden II: Praxisband. Berlin 1987.

Lernschleife als Strukturmodell

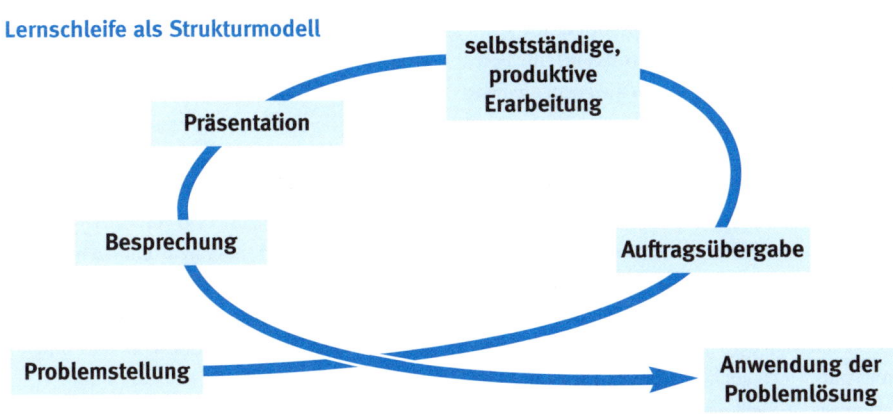

Lernschleife als Gruppenpuzzle

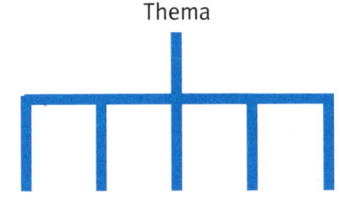

Gesamtthema wird in Teilthemen zerlegt.

(Gruppenarbeit 1)

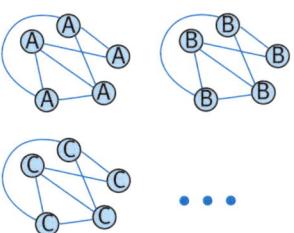

Jede Gruppe erarbeitet eines der Teilthemen.

(Gruppenarbeit 2)

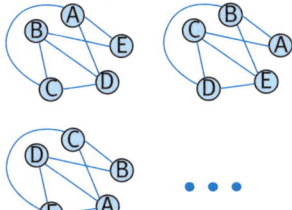

Es werden neue Gruppen zusammengestellt, in denen je ein Mitglied (Experte) aus der Gruppenarbeit 1 vertreten ist. Die neuen Gruppen erarbeiten jeweils das Gesamtthema.

(evtl. Plenumsphase)

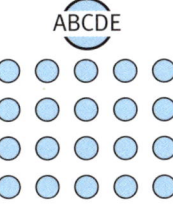

Die Ergebnisse der Einzelgruppen werden plenar präsentiert und diskutiert.

Leistungsbeurteilung umfasst sowohl die Leistungsbewertung mit Zensuren als auch die Feststellung von Leistung, die als eine Form *pädagogischer Diagnostik* angesehen werden kann. Im psychologischen Kontext ist Diagnostik die „Feststellung des Vorhandenseins oder Ausgeprägtseins von psychologischen Merkmalen (Eigenschaften, Fähigkeiten, Verhaltensweisen usw.)" (ZIMBARDO 1995, S. 520). Im Zusammenhang von Schule und Unterricht findet Diagnostik vor allem in dem Sinne von Leistungsermittlung statt. Doch auch in anderen Fällen müssen Diagnosen gestellt werden. In jüngerer Zeit beispielsweise geriet das Sozialverhalten von Schülerinnen und Schülern wieder verstärkt in den Blick (Stichwort: Betragensnoten). Und ebenso bedarf ein lebendiger und nachhaltiger Unterricht der Diagnose hinsichtlich gewisser Merkmale: So müssen sich Lehrende beispielsweise auf die in der Lerngruppe vertretenen Lerntypen (→ B 23) einstellen.

Beurteilungsmethoden

Die *Leistungsmessung* in Form von einem oder mehreren Tests (z. B. Klassenarbeiten oder Klausuren) und der Ermittlung einer Ziffernnote als Ergebnis ist die übliche Methode zur Beurteilung von Leistung im Lernprozess. Sie wird vor allem der Aufgabe der Selektion gerecht, denn über das Notenurteil kann der Zugang zu bestimmten Bildungswegen etc. effizient geregelt werden. Allerdings werden bei dieser Beurteilungsmethode zahlreiche Leistungskomponenten übersehen. Um nicht-quantitative Diagnosen treffen zu können, sind jedoch andere Zugänge notwendig. Solche müssen ein oder mehrere Merkmale erfassen, diese aber nicht zwangsläufig in eine Bewertungszahl übersetzen. Derartige Ansätze gibt es sowohl aus der Psychologie als auch aus der Pädagogik, etwa in Form von Lerntypentests (KOLB 1976; → B 23) oder Beurteilungsbögen für den Projektunterricht (BÖNSCH 1996, S. 184 ff.). Außerdem ist an Grundschulen die Verbalbeurteilung inzwischen zumindest in den unteren Klassen der Regelfall.

Pädagogische Diagnostik

Die pädagogisch(-psychologisch)e Diagnostik muss gewissen Kriterien der Nachvollziehbarkeit genügen. Sie darf jedoch keinesfalls zum Selbstzweck ausarten und alle anderen pädagogischen Entscheidungen der formalen Richtigkeit und Nachvollziehbarkeit eines Urteils unterordnen.

Viel versprechend in allen Fragen der pädagogischen Diagnostik ist die Beteiligung der Schülerinnen und Schüler (z. B. durch Befragung), die viele Vorteile mit sich bringt:

- Sie macht deutlich, dass der Lernerfolg in *allen* Aspekten letztlich Sache der Lernenden ist;
- sie übt die Urteilsfähigkeit der Lernenden;
- sie erhöht die Akzeptanz der Schülerinnen und Schüler gegenüber den Bewertungen;
- sie bringt durch die Urteile der Lernenden ein zusätzliches Korrektiv in die pädagogische Beurteilung/Diagnose ein.

1. Welche Funktionen erfüllt die Leistungsbewertung mittels Ziffernnoten gut? Welche erfüllt sie weniger gut?
2. Welche Alternativen zur Leistungsbewertung mittels Ziffernnote gibt es?
3. Welche Vorteile bringt es, die Lernenden an der pädagogischen Diagnostik zu beteiligen?

Möglicher Beurteilungsbogen für kooperative Arbeiten/Projekte

Name der Schülerin/des Schülers: _____									
Zu beurteilende Bereiche/Aspekte	**Kurzbeschreibung**	**Indikatoren**	**Ausprägung ›**						
			0%	20%	40%	60%	80%	100%	
Handlungswissen	übergreifendes Wissen, das dem Handeln zugrunde liegt	- Rückgriff auf Handlungswissen - weiterführende Beiträge - Anwendung fachlicher Kenntnisse							
Kommunikation	auf unterschiedliche Weise (schriftlich, mündlich u. a.) mit anderen fachlich kommunizieren	- hört zu - äußert sich - geht auf Beiträge der Gruppenmitglieder ein							
Kooperation	entsprechend der jeweiligen Situation mit anderen erfolgreich zusammenarbeiten	- kompromissbereit - bemüht darum, dass alle Gruppenmitglieder beteiligt sind - teilt neu gewonnene Kenntnisse mit den anderen							
Lernen/ Informieren	neue Qualifikationen mittels Methoden der Informationssuche, des Lernens und des Übens erwerben	- wendet geeignete Verfahren der Recherche an - versucht neu gewonnene Kenntnisse in Bekanntes einzuordnen							
Problemlösen	komplexe praktische Probleme lösen, die neue Wege fordern	- erkennt den Problemgehalt in Teilaufgaben und -projekten							
Planung/ Organisation	Arbeitsabläufe planen und organisieren	- leistet Strukturierung - berücksichtigt Zeit- und materielle Ressourcen							
Kreatives Gestalten	neue, ungewöhnliche Ideen und Problemlösungen entwickeln	- entwickelt ggf. Lösungen außerhalb des fachlich Üblichen							

(erweitert nach REISSE 1996, S. 119)

BÖNSCH, M.: Didaktisches Minimum. Neuwied u.a. 1996.

KOLB, D.: The Learning Style Inventory Technical Manual. Boston 1976.

REISSE, W.: Die Prüfbarkeit von Schlüsselqualifikationen. In: P. GONON (Hrsg.): Schlüsselqualifikationen kontrovers. Aarau 1996, S. 114–120.

WENGERT, H. G.: Leistungsbeurteilung in der Schule. In: G. BOVET/V. HUWENDIEK (Hrsg.): Leitfaden Schulpraxis. Berlin ²1998, S. 275–303.

ZIMBARDO, P. G.: Psycholgie. Herausgegeben von S. HOPPE-GRAF und B. KELLER. Berlin u. a. ⁶1995.

Die Rückmeldung der Leistungsfähigkeit erfüllt in Lernprozessen eine sehr wichtige Funktion: Sie ermöglicht dem Lernenden, seine Fähigkeiten in Bezug auf die eigene Entwicklung, die Lerngruppe oder eine von außen festgelegte Norm angemessener einzuschätzen und seine eigene Anstrengungsbereitschaft entsprechend zu dosieren.

Die Leistungsfähigkeit des Schülers ist dreifach bedingt:

- Einerseits ist seine Leistungsfähigkeit von den *innerschulischen Lernbedingungen* abhängig, welche wiederum von Schulmilieu, den Lehrenden, den Anforderungen des Curriculums sowie der Unterrichts- und Schulorganisation beeinflusst werden.
- Andererseits beeinflussen die *subjektiven Voraussetzungen* bzw. die personalen Lernbedingungen die Leistungsfähigkeit des Einzelnen. Hierzu zählen insbesondere seine Fähigkeiten und Fertigkeiten sowie seine Kenntnisse, Gewohnheiten, Haltungen und spezielle Verhaltensweisen.
- Schließlich sind auch die *außerschulischen Bedingungen*, unter denen der Einzelne lebt, für seine Leistungsfähigkeit ausschlaggebend. Hierzu zählen die familiäre Situation, seine häuslichen Verhältnisse, seine Freizeitaktivitäten sowie die weiteren Bezugspersonen.

Alle diese Aspekte sind für die Entwicklung der Leistungsfähigkeit des Einzelnen ausschlaggebend.

Beurteilungskriterien

Diese Vielfalt von personalen, innerschulischen und außerschulischen Bedingungen lässt es fast unmöglich erscheinen, diese in objektiven und aussagefähigen Bewertungen erfassen zu können. Noch problematischer ist dabei die schulartübergreifende oder gar ländervergleichende Leistungsbewertung, wie sie seit einigen Jahren in regelmäßigen Abständen praktiziert wird. Für den einzelnen Lerner haben sich komplexe – verbale – Leistungsstandrückmeldungen gegenüber bloßen Ziffernbewertungen (Noten) deutlich bewährt, da sie eine differenzierte Bewertung auszudrücken vermögen. Darüber hinaus verbreitet sich in letzter Zeit zunehmend die Einsicht, dass die Leistungsfähigkeit eben nicht nur kognitive, sondern immer auch soziale und methodische Kompetenzen beinhaltet. Aus diesem Grund sollte eine Leistungsbeurteilung nicht nur die erreichten Wissensbestände prüfen, sondern ebenfalls die sozialen und methodischen Kompetenzen beurteilen. Diese allerdings können letztlich nur handelnd gezeigt werden (etwa als Kooperationsverhalten). In Leistungsbeurteilungen sollten deshalb Gruppenleistungen und Selbstbeurteilungen einfließen.

1. Ergänzen Sie weitere innerschulische, außerschulische und personale Leistungsbedingungen.
2. Welche Bedingungen sind für die Entwicklung der Anstrengungsbereitschaft einer Schülerin oder eines Schülers von welcher Bedeutung?
3. Aus welchen Gründen haben sich Verbalbeurteilungen gegenüber bloßen Ziffernbewertungen bewährt?
4. Warum sollten Gruppenleistungen und Selbstbeurteilungen in die Leistungsbeurteilung einfließen?

Einflussgrößen für die Leistungsfähigkeit in Lehr-Lern-Prozessen

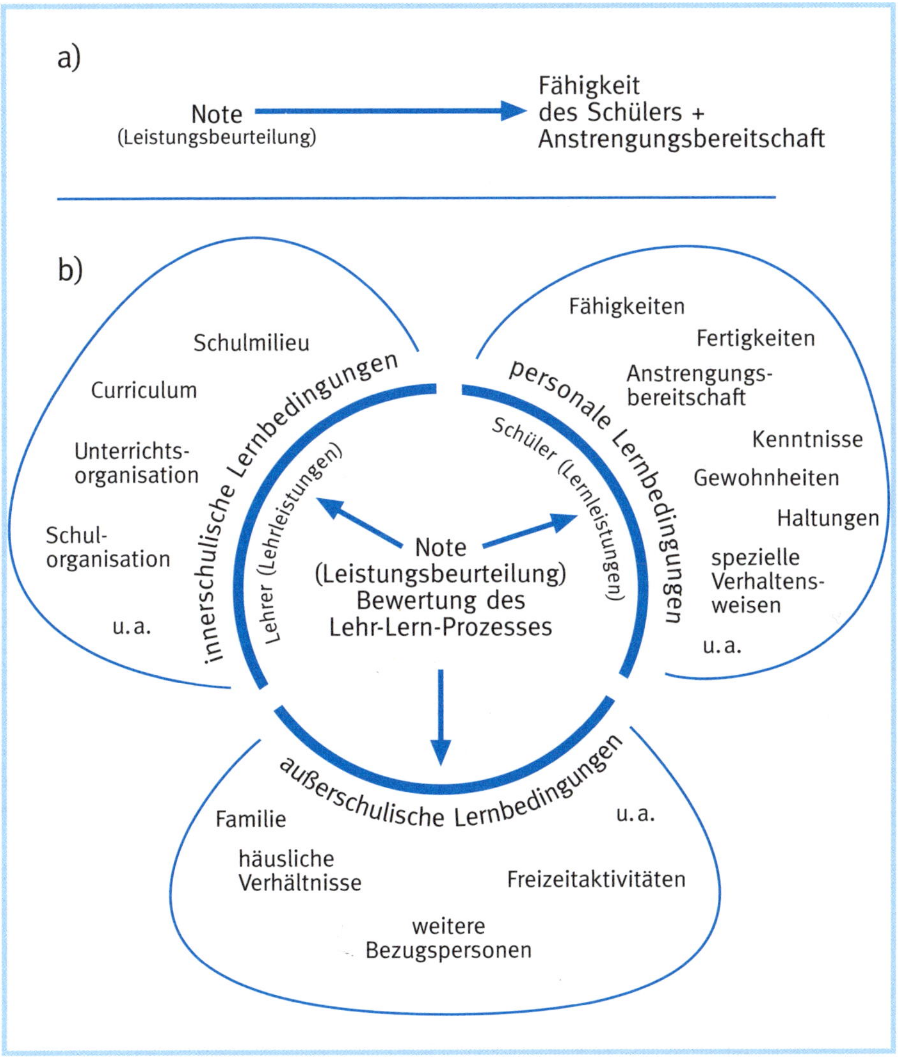
a)
Note
(Leistungsbeurteilung)
Fähigkeit
des Schülers +
Anstrengungsbereitschaft
b)
innerschulische Lernbedingungen
Schulmilieu
Curriculum
Unterrichts-organisation
Schul-organisation
u.a.
personale Lernbedingungen
Fähigkeiten
Fertigkeiten
Anstrengungs-bereitschaft
Kenntnisse
Gewohnheiten
Haltungen
spezielle Verhaltens-weisen
u.a.
Lehrer (Lehrleistungen)
Schüler (Lernleistungen)
Note
(Leistungsbeurteilung)
Bewertung des
Lehr-Lern-Prozesses
außerschulische Lernbedingungen
Familie
häusliche Verhältnisse
Freizeitaktivitäten
weitere Bezugspersonen
u.a.

(KLEBER 1992, S. 95)

BARNITZKY, H. (Hrsg.): Umgang mit Zensuren in allen Fächern. Frankfurt a. M. 1989.
BARNITZKY, H./PORTMANN, R. (Hrsg.): Leistung in der Schule – Leistung der Kinder. Frankfurt a. M. 1992.
HELLER, K. A. (Hrsg.): Leistungsdiagnostik in der Schule. Bern u. a. 1984.
JÜRGENS, E.: Leistung und Beurteilung in der Schule. Eine Einführung in Leistungs- und Bewertungsfragen aus pädagogischer Sicht. Sankt Augustin 31997.
KLEBER, E. W.: Diagnostik in pädagogischen Handlungsfeldern. Einführung in Bewertung, Beurteilung, Diagnose und Evaluation. Juventa Verlag, Weinheim 1992.

Leistungsbeurteilungen können der Selektion dienen, der Planung von Bildungswegen oder auch der Evaluation (Bewertung) eines Lernprozesses aus der Perspektive der Lernenden und der Lehrenden. Jeder dieser Bereiche stellt spezifische Ansprüche daran, wie die Beurteilung vonstatten gehen und die Rückmeldung erfolgen soll.

Gütekriterien

Die Ansprüche an die Leistungsfeststellung lassen sich in das Spannungsfeld dreier Gütekriterien von Tests einordnen:

1. Unter *Objektivität* wird die Unabhängigkeit der Anwendung eines Messinstruments von der erhebenden bzw. auswertenden Person verstanden (etwa durch klare transparente Ziele). Die Objektivität des Lehrerurteils wird durch die vorurteilende Zuschreibung von z. B. bestimmten Eigenschaften zu Vertretern bestimmter Gruppen (als *Stereotypeneffekt*) beeinträchtigt oder aufgrund von Faktoren wie Sympathie/Antipathie (als *Halo-Effekt*).

2. *Reliabilität* meint die weit gehende Unabhängigkeit einer Messung vom Zeitpunkt. Da diese oft nicht gesichert werden kann, bleibt die Möglichkeit, die Leistungsfeststellung auf mehrere Einzelbeobachtungen zu beziehen, die ein gemitteltes Gesamtergebnis liefern (z. B. mehrere Klassenarbeiten in einem Fach).

3. Mit *Validität* schließlich bezeichnet man den Zusammenhang zwischen den Merkmalen, die in einem Test beobachtet werden, und dem Konstrukt, über welches Aufschluss gewonnen werden soll.

Die Ableitung der messbaren Merkmale aus einem Konstrukt wird als *Operationalisierung* bezeichnet. So ist den Ziffernnoten seit der bekannten Untersuchung INGENKAMPS (1971) in zahlreichen weiteren Studien eine eher geringe Validität bezüglich des Konstruktes ,schulische Leistungsfähigkeit' nachgewiesen worden.

Andererseits wird ihre Aussagekraft von Lernenden und Eltern übereinstimmend als recht hoch eingeschätzt (JACHMANN/TILLMANN 2000).

Bei der Güte der Leistungsbewertung wird bisweilen auch von einem Objektivitäts-Validitäts-Dilemma gesprochen, weil eine Erhöhung der Objektivität (z. B. der Übergang von offenen Fragen zu Fragen mit festgelegten Antwortmöglichkeiten) oft zu Lasten der Validität geht und umgekehrt.

Leistungsrückmeldung

Vielfältig sind auch die Ansprüche, die an eine Rückmeldung zu stellen sind. Oft ist mit der Leistungsrückmeldung eine pädagogische Absicht verbunden. Rückmeldung für den Adressaten muss also verständlich sein. Schließlich ist besonders im schulischen Zusammenhang zu bedenken, welche ungewollten Nebenwirkungen Leistungsrückmeldungen haben.

Das Problem der begrenzten Qualität der Leistungsfeststellung lässt sich dadurch abmildern, dass die Kriterien der Beurteilung nicht nur offen gelegt, sondern eventuell in der Lerngruppe auch gemeinsam vereinbart werden. Auf diese Weise kommen Urteile nach ausgehandelten und für alle beeinflussbaren und verbindlichen Maßstäben zustande.

1. Inwiefern ist das Verhältnis von Objektivität und Validität problematisch?
2. Nehmen Sie kritisch Stellung zur These von BÖNSCH (→ Grafik S. 119).
3. Welche Aufgaben kann die Rückmeldung von Leistungen im Unterricht haben?
4. Welchen Aufgaben dient die Leistungsfeststellung?

Objektivität (Intersubjektivität)

„Der Grad der Objektivität eines Messinstruments bringt zum Ausdruck, in welchem Ausmaß die Ergebnisse unabhängig sind von der jeweiligen Person, die das Messinstrument anwendet. Vollständige Objektivität liegt vor, wenn zwei Anwender A und B mit dem gleichen Messinstrument jeweils übereinstimmende Resultate erzielen." (DIEKMANN 1999, S. 216)

Reliabilität (Zuverlässigkeit)

„Die Reliabilität eines Messinstruments ist ein Maß für die Reproduzierbarkeit von Messergebnissen. Der Grad der Reproduzierbarkeit kann durch den Korrelationskoeffizienten ausgedrückt werden." (DIEKMANN 1999, S. 217)

Validität (Gültigkeit)

„Die Validität eines Testes gibt den Grad der Genauigkeit an, mit dem der Test dasjenige Persönlichkeitsmerkmal oder diejenige Verhaltensweise, das (die) er messen soll oder zu messen vorgibt, tatsächlich misst." (LIENERT 1969, S. 16; zit. nach DIEKMANN 1999, S. 224)

Der archimedische Punkt: Transparenz

„Da es Objektivität nicht gibt – die Berücksichtigung der drei Testgütekriterien Validität, Reliabilität und Objektivität ist im Unterricht schon gar nicht zu leisten –, ist der archimedische Punkt für jede Leistungsfeststellung und Beurteilung Transparenz. Dies heißt, dass Lehrer, Schüler und Eltern vor Beginn eines jeden Unterrichts wissen müssen, welche Leistungen wichtig sind, wie sie inhaltlich zu identifizieren sind, wie der Prozess der Feststellung sein wird, wie Leistungen beurteilt werden [...] und wie schließlich eine Note, wenn sie gegeben werden muss, zustande kommt." (BÖNSCH 1996, S. 182)

BÖNSCH, M.: Didaktisches Minimum. Prüfungsanforderungen für LehramtsstudentInnen. Neuwied u. a. 1996.
DIECKMANN, A.: Empirische Sozialforschung. Grundlagen, Methoden, Anwendung. Reinbek b. Hamburg 1999.
INGENKAMP, K.: Zur Fragwürdigkeit der Zensurengebung. Weinheim 1971.
JACHMANN, M./TILLMANN K.-J.: Sind Noten gerechter als Berichtszeugnisse? Wie Schüler, Lehrer und Eltern die schulische Beurteilungspraxis sehen. In: Pädagogik, H. 9, 2000, S. 36–43.
Pädagogik, H. 3, 1995 (Themenheft).

Methodenkompetenz entwickelt sich mehr und mehr zum Kernelement eines neuzeitlichen Bildungskonzeptes. In dem Maße nämlich, in dem der Umfang des verfügbaren Wissens zunimmt und dadurch neues Wissen beständig altes verdrängt, ist ein materialer Bildungsbegriff grundlegend in Frage gestellt. Unterricht kann sich heute weniger denn je auf die Vermittlung von Inhalten beschränken, er muss in erster Linie einen Beitrag zur *Förderung der Selbstlern-, Selbsterschließungs- sowie der Problemlösungsfähigkeiten der Lernenden* leisten. Diese Aufgabe ist in ihrem Kern eine erzieherische Aufgabe.

Konzepte für den Unterricht

Um dieser erzieherischen Aufgabe gerecht werden zu können, ist aber weniger eine direkte Einwirkung auf die Schülerinnen und die Schüler als vielmehr eine indirekte Einwirkung durch eine andere Didaktik notwendig. Dies bedeutet, dass Selbstdisziplin oder Methodenkompetenzen nicht vom Lehrenden ‚vermittelt‘ werden können. Erforderlich ist ein Unterricht, der Raum gibt und Selbsterprobung, Selbsterschließung sowie Kooperation und Kommunikation ermöglicht – kurz: ein *selbstwirksamer Unterricht*, in welchem aus Fehlern gelernt und eigene Erfahrungen gesammelt werden können und in dem der eigene Einfluss auf die Qualität der Lernergebnisse bewusst erfahren wird.

Lernkulturwandel

Wichtige Anregungen für die Entwicklung eines solchen methodenorientierten Konzeptes von Unterricht gingen in den letzten Jahren u. a. von KLIPPERT aus, der die von GAUDIG überlieferte Forderung „Der Schüler braucht Methode!“ ernst genommen und in unterrichtspraktisch nutzbare Konzepte transformiert hat. Dadurch ist das Konzept eines erziehungswirksamen Lernkulturwandels wesentlich präzisiert worden, wobei die zentralen Methodenkomplexe sich nach KLIPPERT auf folgende Bereiche beziehen:

- *das Lernen lernen,*
- *die Informationsbeschaffung,*
- *die Informationsbearbeitung,*
- *Kommunikation und Kooperation.*

Methodenkompetenz

Die diesen Bereichen zuordenbaren *Selbsterschließungsmethoden* stellen gewissermaßen die Basis für einen Lernkulturwandel dar, der durch den Einsatz ‚lebendiger‘ bzw. ‚aktologischer‘ Methoden gekennzeichnet ist. Eine lebendige Lernkultur oder selbst gesteuertes Lernen können deshalb auch nicht unvorbereitet und plötzlich eingeführt werden und sogleich funktionieren. Voraussetzung für ihr Funktionieren ist nämlich vielmehr, dass die Methodenkompetenzen der Schülerinnen und Schüler (als Basis des lebendigen Lernens) gezielt entwickelt wurden.

1. Über welche Selbsterschließungsmethoden müssen Lernende nach Ihrem Eindruck verfügen, um Arbeitsaufträge selbstständig bearbeiten zu können?
2. Wie kann die Übung von Selbsterschließungsmethoden in den Unterricht eingebaut werden?
3. Wie müssten Lehrerinnen und Lehrer auf die Durchführung eines methodenorientierten Unterrichts vorbereitet werden?

aktologische / lebendige Methoden		aktologische / lebendige Methoden

A

- **Projekte**
- **Planspiel**

Arbeit mit Selbstlernmaterialien

- **Problemlösungsmethode**

Bearbeitung von Arbeitsaufträgen

- **Rollenspiele**

Gestaltung von Modellen

- **Fallmethode**
- **Erkundung**
- **Exkursion**

Lernfragenstrukturierte Gruppenarbeit

- **Freiarbeit**

etc.

B

Lernen lernen	Informations-beschaffung	Informations-bearbeitung	Kommunikation und Kooperation
- systematisches Auswendiglernen - Gedächtnislandkarten erstellen - Vorbereitung auf Prüfungen - Lernzeitplanung	- systematisches Lesen - Texte markieren - Informationen zusammenfassen - Arbeit mit Nachschlagewerken - Arbeit in Bibliotheken	- Strukturanalyse - Fragetechnik - Visualisieren - Vortragstechnik - Referatgestaltung	- Problemlösungsprozesse organisieren - visuelle Kommunikation (Metaplan) - Kommunikationstechniken

Selbsterschließungsmethoden

(ARNOLD / SCHÜSSLER 1998, S. 168)

ARNOLD, R./SCHÜSSLER, I.: Wandel der Lernkulturen. Ideen und Bausteine für ein lebendiges Lernen. Darmstadt 1998.
KLIPPERT, H.: Methodentraining. Übungsbausteine für den Unterricht. Weinheim [16]2006.
SCHRÄDER-NAEF, R.: Schüler lernen Lernen. Vermittlung von Lern- und Arbeitstechniken in der Schule. Weinheim [6]1996.

Auf die wachsende Bedeutung von Methodenkompetenz (→ B 17, D 57) wurde bereits mehrfach hingewiesen. Unter Methodenkompetenz ist die Fähigkeit der Lernenden zu verstehen, sich neue Sachgebiete und Inhalte selbstständig zu erschließen und mit Lernaufgaben umgehen zu können. Unterrichtsmethoden betreffen die Methodenkompetenz insofern, als sie Methodenkompetenz bei den Lernenden fördern können. Mit Frontalunterricht und lehrerzentrierten Unterrichtsformen allerdings kann ihre Entwicklung kaum angestoßen werden.

Methodentraining

Methodentraining ist kein isoliertes Programm zur Ergänzung des ‚eigentlichen' Unterrichts, sondern selbst ein methodisches Prinzip, das den gesamten Unterricht durchdringt. Damit wird Methodenkompetenz kontinuierlich gefördert und ist ein integrierter Bestandteil der schulischen Bildung. Zur Sensibilisierung für das Thema Lernmethoden und zur Klärung dessen, was darunter zu verstehen ist, sind abgeschlossene Unterrichtseinheiten in Form eines Methodentrainings gegebenenfalls sinnvoll.

Methodenkompetenz kann dort entwickelt werden, wo die Lernenden auch Raum haben, Methoden kennen zu lernen und anzuwenden. Folgende Aspekte gilt es zu berücksichtigen:

1. Es ist zunächst ein handlungsorientierter Zugang erforderlich, bei dem die Lernenden selbst mit Lern- und Arbeitsmethoden umgehen und bei dem sie die Möglichkeit haben, Selbstwirksamkeit (BANDURA) zu erleben. Die Lehrenden ermöglichen einen solchen Raum durch den Einsatz entsprechender Unterrichtsmethoden (siehe hierzu auch ARNOLD/ SCHÜSSLER 1996).

2. Die Aufgaben, bei deren Bearbeitung Methodenkompetenzen entwickelt werden können, sollen *handlungsrelevant* sein, also etwa Bezug zu einem aktuellen Thema haben bzw. den konkreten Lebenszusammenhängen der Lernenden entsprechen. Handlungsrelevanz ist dort gegeben, wo sich die Lernenden mit ihren eigenen Stärken und Schwächen beim Lernen individuell auseinander gesetzt haben und gelernt haben, welche Bereiche sie entwickeln müssen und auf welche Kompetenzen sie sich dabei stützen können.

3. Die Aufgaben sollen ferner *offen gestaltet* sein, denn wo es nur *eine* richtige Lösung gibt, ist die Motivation, kreative und neue Zugänge auszuprobieren, gering. Nicht das Exerzieren einer bestimmten Methode soll im Vordergrund stehen, sondern die Möglichkeit, alte und neue Methoden situativ auf Lerngegenstände anzuwenden.

1. Gibt es Schülermethoden, die für bestimmte Fächer/Lerngegenstände besonders geeignet sind?
2. Wieso ist es sinnvoll, Methodentraining nicht nur ergänzend zum Unterricht zu praktizieren, sondern innerhalb der einzelnen Fächer?

ARNOLD, R. (Hrsg.): Lebendiges Lernen. Baltmannsweiler 1996.
ARNOLD, R./SCHÜSSLER, I. (Hrsg.): Methoden des lebendigen Lernens. Heft 1 der Pädagogischen Materialien der Universität Kaiserslautern. 2. Aufl., Kaiserslautern 1997.
KLIPPERT, H.: Methodentraining. Übungsbausteine für den Unterricht. Weinheim 1994.
SCHRÄDER-NAEF, R.: Schüler lernen Lernen. Vermittlung von Lern- und Arbeitstechniken in der Schule. Weinheim 6. 1996.

Bevor die reflektierte Anwendung von Methoden Teil des täglichen Lernens wird, sollten sich die Lernenden bewusst mit Methoden auseinander gesetzt haben. Hierzu kann eine methodenorientierte Unterrichtseinheit dienen, in der für Methodenfragen sensibilisiert wird und in der einige Methoden beispielhaft besprochen und ausprobiert werden.
Ziel ist es, ein Gespür für die Bedeutung von Methoden zu entwickeln, sich die eigene vorhandene Methodenkompetenz bewusst zu machen sowie sich über Methoden auszutauschen und einen Grundstock an Methoden kennen zu lernen.

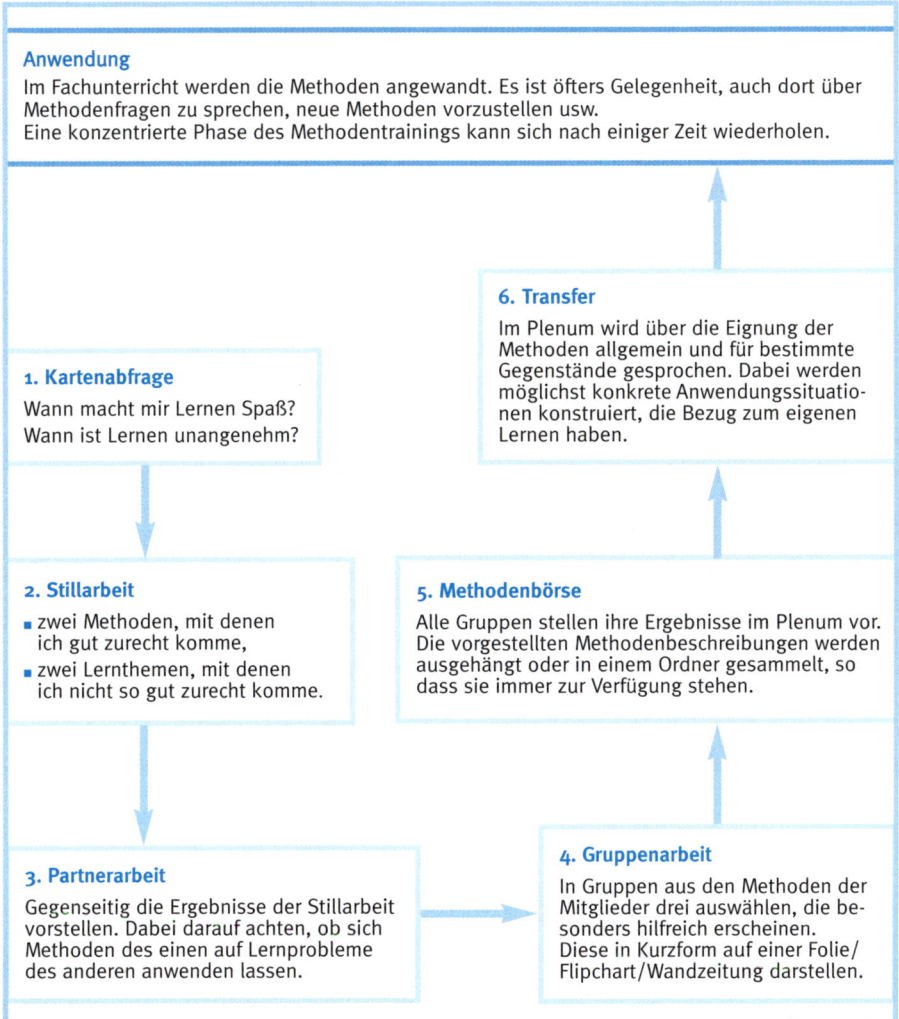

Anwendung
Im Fachunterricht werden die Methoden angewandt. Es ist öfters Gelegenheit, auch dort über Methodenfragen zu sprechen, neue Methoden vorzustellen usw.
Eine konzentrierte Phase des Methodentrainings kann sich nach einiger Zeit wiederholen.

6. Transfer
Im Plenum wird über die Eignung der Methoden allgemein und für bestimmte Gegenstände gesprochen. Dabei werden möglichst konkrete Anwendungssituationen konstruiert, die Bezug zum eigenen Lernen haben.

1. Kartenabfrage
Wann macht mir Lernen Spaß?
Wann ist Lernen unangenehm?

2. Stillarbeit
- zwei Methoden, mit denen ich gut zurecht komme,
- zwei Lernthemen, mit denen ich nicht so gut zurecht komme.

5. Methodenbörse
Alle Gruppen stellen ihre Ergebnisse im Plenum vor. Die vorgestellten Methodenbeschreibungen werden ausgehängt oder in einem Ordner gesammelt, so dass sie immer zur Verfügung stehen.

3. Partnerarbeit
Gegenseitig die Ergebnisse der Stillarbeit vorstellen. Dabei darauf achten, ob sich Methoden des einen auf Lernprobleme des anderen anwenden lassen.

4. Gruppenarbeit
In Gruppen aus den Methoden der Mitglieder drei auswählen, die besonders hilfreich erscheinen. Diese in Kurzform auf einer Folie/Flipchart/Wandzeitung darstellen.

Kommunikationsfähigkeit gilt als eine der zentralen Schlüsselqualifikationen (→ B 21), die sowohl in Schulen als auch in der beruflichen Bildung vermittelt werden soll. Sie kann sich allerdings nur dann als überfachliche Kompetenz entwickeln, wenn Unterricht und Ausbildung auch als Dialog geplant und durchgeführt werden. Voraussetzung dafür ist, dass die Lehrenden bereits bei der Planung bzw. dem Arrangement von Lehr-Lern-Prozessen ausreichende Sprach- und Dialoganlässe für die Lernenden vorsehen. Während der Frontalunterricht – auch in der moderateren Form des fragend-entwickelnden Unterrichtsgesprächs – kaum oder nur wenig gestaltete Redesequenzen für die Lernenden zulässt, erfordert eine dialogische Unterrichtsgestaltung die Ermöglichung offener und reflexiver Sprachauseinandersetzung (in Partnerarbeit, in Gruppen etc.). Letztere entzieht sich einer detailliert-kleinschrittigen Planung. Ein *dialogischer Unterricht*, der Kommunikation bewusst initiiert und Kommunikationsfähigkeit fördert, ist notwendig ein *offener Unterricht*.

Verschiedene Ebenen von Kommunikation

Eine wesentliche Voraussetzung für erfolgreiche Kommunikation ist, dass man die verbalen und nonverbalen Elemente der Kommunikation zu beherrschen lernt und berücksichtigt, dass jede Kommunikation eine Inhalts- und eine Beziehungsebene umfasst (→ C 34) und auch Schweigen eine Form der (Beziehungs-)Kommunika-

tion darstellt (WATZLAWICK: „Man kann nicht nicht kommunizieren").

Kommunikationsstrategien

Kommunikationsfähigkeit entwickelt sich allerdings nicht alleine dadurch, dass man den Schülerinnen und Schülern Sprechanlässe offeriert und Dialogchancen im Lernprozess vorsieht. Kommunikationsfähigkeit setzt auch strategisches Wissen über Kommunikation, ihre inhaltlichen und beziehungsorientierten Dimensionen sowie über die Möglichkeiten und Formen zielorientierter Rede voraus. HEINZ KLIPPERT hat dieses kommunikationsstrategische Know-how in ein „5-Stufen-Modell der Kommunikation" übertragen, das die folgenden Aspekte umfasst:

- Nachdenken über Kommunikation,
- Förderung des freien Sprechens und Erzählens,
- miteinander reden („Das kleine 1 x 1 der Gesprächsführung"),
- überzeugend argumentieren und vortragen („rhetorische Übungen"),
- komplexe Kommunikation und Interaktion (vgl. KLIPPERT 1995, S. 79).

Beim Durcharbeiten dieser fünf Stufen erwerben die Lernenden kommunikationsstrategisches Wissen (Know-how), das sie in die Lage versetzt, die verbalen und nonverbalen Aspekte ihrer Kommunikationsfähigkeit zu erkennen und diese zu verändern bzw. weiterzuentwickeln, um gezielter und effektiver kommunizieren zu können.

---

1. Welche kommunikativen Möglichkeiten bietet das fragend-entwickelnde Unterrichtsgespräch den Beteiligten?
2. Welche Ebenen umfasst Kommunikation?
3. Wieso wird Kommunikationsfähigkeit als Schlüsselqualifikation bezeichnet?

Kommunikationsabstinenter Unterricht – der Status quo?

„Die Kommunikationsfähigkeit vieler Schüler ist unbefriedigend. (...) Mit den eher beiläufigen Sprechaktivitäten der Schüler im Fachunterricht ist es also offenbar nicht getan. Solange sich Lehrer und Schüler ganz vorrangig auf die Inhalte kaprizieren, so lange werden Kommunikationsfragen kaum wahrgenommen, geschweige denn thematisiert. Gesprochen wird zumeist zum Lehrer hin, denn dort spielt die Musik. Sofern die Schüler überhaupt zum Sprechen aufgefordert werden, geschieht dies in aller Regel mit dem Ziel, die vom Lehrer erwarteten und durch geschickte Fragen und Impulse eingefädelten Antworten zu geben. Dementsprechend wird von Lehrerseite häufig so eng und suggestiv gefragt, dass nur noch bestimmte Antworten möglich sind. Ja mehr noch: Oft sind nicht einmal mehr ganze Sätze zu formulieren, sondern nur noch Halbsätze oder Stichworte angebracht. Von daher müssen sich die betreffenden Pädagogen nicht wundern, wenn die mündlichen Beiträge vieler Schüler fragmenthaft ausfallen. Zwar ist die verbreitete Spracharmut der Schüler ganz sicher nicht allein auf die Deformierungsprozesse im Unterricht zurückzuführen, aber begünstigt und verstärkt wird sie durch die gängige Frage- und Impulstechnik der Lehrkräfte ganz ohne Zweifel. Dies umso mehr, als rund die Hälfte der Unterrichtszeit mit besagten lehrergelenkten Unterrichtsgesprächen ausgefüllt ist." (KLIPPERT 1995, S. 13)

Verbale und nonverbale Elemente der Kommunikation

Verbales Verhalten		Nonverbales Verhalten	
Verständlichkeit	**Zusätzliche Stimulanz**	**Visuelle Elemente**	**Auditive Elemente**
einfache Sprache	direkte Ansprache	Gestik	Stimmlage
klarer Gedankengang (Gliederung)	rhetorische Fragen	Mimik	Artikulation
kurze/prägnante Ausführungen	lebensnahe Beispiele	Körperhaltung	Lautstärke
Einführungen und Resümee	Stimmvariation	Blickkontakt	Sprechgeschwindigkeit
etc.	etc.	etc.	etc.

	Persönliche Ausstrahlung	
■ Sicherheit		■ Auftreten
■ Engagement		■ Überzeugungskraft
■ Fachkompetenz		■ Glaubwürdigkeit

(KLIPPERT 1995, S. 19)

KLIPPERT, H.: Kommunikationstraining: Übungsbausteine für den Unterricht. Weinheim 1995.
SCHULZ VON THUN, F.: Miteinander Reden. Bd. 1: Störungen und Klärungen. Reinbek 1981.
WATZLAWICK, P./BEAVIN, J. H./JACKSON, D. D.: Menschliche Kommunikation. Formen, Störungen, Paradoxien. Bern 1969.

Nach den Erkenntnissen der erziehungspsychologischen Forschung ist die Förderung eines hilfreichen und produktiven Zusammenlebens von Personen in Gruppen eine grundlegende Voraussetzung für die Entwicklung des Sozialverhaltens einer Person. Hilfreiche Gruppenerfahrungen kennzeichnet ein „Nährklima von gegenseitigem Vertrauen und Verstehen" (TAUSCH/TAUSCH 1991, S. 277 ff.), sie prägen die emotionale und soziale Kompetenz einer Person. Leider erweisen sich die Gruppen, mit denen es die Menschen in ihrer Sozialisation zu tun hatten (Schulklasse, Familie etc.), nicht immer als hilfreich. So wird die mögliche Persönlichkeitsbildung bisweilen durch überflüssige autoritäre Führungsstile und unprofessionelle Formen des Umgangs mit Konflikten oder mehr konkurrenz- als kooperationsgeprägte Interaktionsmuster in ihrer Entwicklung stark behindert.

Gruppen gezielt fördern

Lehrerinnen und Lehrer können gute Gruppen gezielt fördern, indem sie

- die vier Dimensionen erziehungsförderlichen Verhaltens (Achtung – Wärme – einfühlendes Verstehen – Echtheit) beachten,
- systematisch und gezielt Gruppenerfahrungen (z. B. Kleingruppenarbeit) ermöglichen,
- persönliche Kontakte fördern und sich auch selbst ‚öffnen' bzw. als Person sichtbar werden lassen,
- metakommunikative Reflexion in ihr Unterrichtshandeln einbeziehen (Beziehungsbotschaften entschlüsseln etc.).

Emotionale Reife

Die Kommunikations- und Kooperationsfähigkeiten einer Person sind aber auch in starkem Maße von ihrer emotionalen Reife abhängig, d. h. von der Frage, ob und inwieweit eigene und fremde Emotionen erkannt und wie mit ihnen kooperationsförderlich umgegangen werden kann. Eine entsprechende Förderung der emotionalen Kompetenz oder so genannten emotionalen Intelligenz kann – folgt man DANIEL GOLEMAN – durch eine *Schulung der Gefühle* geschehen.

Eine solche bezieht sich auf die Bereiche:

- emotionale Selbstwahrnehmung,
- Umgang mit Emotionen,
- Emotionen produktiv nutzen,
- Umgang mit Beziehungen.

Die emotionale Intelligenz, die durch eine solche Schulung entwickelt werden kann, stellt „[...] eine Metafähigkeit [dar], von der es abhängt, wie gut wir unsere sonstigen Fähigkeiten, darunter auch den reinen Intellekt, zu nutzen verstehen" (GOLEMAN 1995, S. 56).

---

1. Wie können Lehrerinnen und Lehrer eine gute Gruppe gezielt fördern?
2. Wie lassen sich die Bereiche der *Schulung der Gefühle* unterrichtlich umsetzen bzw. in den Unterricht integrieren?
3. Welche Lehrerkompetenzen sind für eine *Schulung der Gefühle* wesentlich?
4. Wie verhalten sich emotionale und kognitive Intelligenz zueinander?

GOLEMANN, D.: Emotionale Intelligenz. München 1997.
TAUSCH, R./TAUSCH, A.: Erziehungspsychologie. Göttingen ¹⁰1991.

Emotionale Selbstwahrnehmung

- besseres Erkennen und Benennen der eigenen Emotionen
- besser imstande sein, die Ursachen von Gefühlen zu verstehen
- Erkennen des Unterschieds zwischen Gefühlen und Taten

Umgang mit Emotionen

- Frustrationstoleranz und Zügelung des Zorns verbessern
- weniger verbale Demütigungen, Kämpfe und Unterrichtsstörungen
- besser imstande sein, Zorn angemessen auszudrücken, ohne Tätlichkeit
- weniger Suspendierungen und Schulverweise
- weniger aggressives oder autoaggressives Verhalten
- positivere Ansichten über sich selbst, die Schule und die Familie
- besser mit Stress fertig werden
- weniger Einsamkeit und soziale Angst

Emotionen produktiv nutzen

- verantwortungsbewusster
- verbesserte Aufmerksamkeit und Konzentration auf die vorliegende Aufgabe
- weniger impulsiv, mehr Selbstbeherrschung
- besseres Abschneiden bei Leistungstests

Empathie: Deuten von Emotionen

- besser imstande sein, sich in einen anderen hineinzuversetzen
- erhöhte Empathie und besseres Gespür für die Gefühle anderer
- anderen besser zuhören können

Umgang mit Beziehungen

- gesteigerte Fähigkeit, Beziehungen zu analysieren und zu verstehen
- besser im Lösen von Konflikten und Beilegen von Streitigkeiten
- besser im Lösen von Problemen in Beziehungen
- selbstsicherer und gewandter in der Kommunikation
- beliebter und offener, freundlicher und teilnahmsvoll gegenüber Gleichaltrigen
- von Gleichaltrigen begehrter
- interessierter und rücksichtsvoller
- sozialer und harmonischer in Gruppen
- größere Gemeinsamkeit, Kooperation und Hilfsbereitschaft
- demokratischer im Umgang mit anderen

(nach GOLEMAN 1997, S. 355)

Während der Vorgang des Lernens nicht direkt beobachtbar ist, können Lerneraktivitäten, die auf Partizipation schließen lassen, unmittelbar wahrgenommen werden. Die Beteiligung der Schülerinnen und Schüler am Unterricht, ihr Engagement in Einzel- und kooperativen Arbeitsformen muss nicht unbedingt über Tests o. Ä. ermittelt werden.

Verantwortung

Aus eingeübter Partizipation erwächst Verantwortung, wenn die Lernenden den Lernstoff zu ihrer Sache machen, also nicht in Erfüllung eines beliebigen Lehrerauftrages handeln, sondern den Lerngegenstand mitgestalten und sich mit ihm identifizieren. Um Verantwortung für eine Sache zu übernehmen, bedarf es zweifacher Kompetenz:

- Zum einen muss man über notwendige *Kenntnisse und Fähigkeiten* verfügen,
- zum anderen über die *Befugnis zur Entscheidung*.

Lernende sind also dann am ehesten bereit und in der Lage, verantwortlich zu handeln, wenn sie einerseits nicht überfordert sind und andererseits die Konsequenzen für ihr Handeln selbst tragen.

Selbst gesteuertes Lernen

Das pädagogische Konzept, welches die zuvor genannten Ziele am überzeugendsten verbindet, ist das *selbst gesteuerte Lernen*. Im Sinne der Entwicklung von Verantwortungsbewusstsein ist insbesondere wichtig, dass die Schülerinnen und Schüler so weit wie möglich auf den *gesamten* Lernvorgang Einfluss nehmen. Es geht also nicht nur um die bloße Selbsterschließung eines Themenbereichs in Gruppenarbeit, sondern auch um die Auswahl und Begründung von Themen, die Wahl notwendiger Hilfsmittel und Arbeitsformen und schließlich um die Bewertung des Lernerfolges.

Die Rolle des Lehrenden

Notwendig ist eine gewandelte Rolle der Lehrerinnen und Lehrer. Er zieht sich nicht vollständig aus dem Lernprozess zurück, sondern nimmt weiter beratend teil und unterstützt die Lernenden. Parallel dazu müssen die notwendigen Fähigkeiten zur selbstverantwortlichen Steuerung des Lernprozesses entwickelt werden, beispielsweise durch Methodentraining und die Schulung von Selbstdisziplin und Kommunikationsfähigkeit.

Ausblick

Berücksichtigt man, dass selbst gesteuertes Lernen keineswegs Lernen ohne Begleitung der Lehrerin oder des Lehrers meint, so kann es – wie zahlreiche Beobachtungen zeigen – auf allen Leistungsniveaus und in allen Altersstufen praktiziert werden.

1. Wie hängen Partizipation und Verantwortung zusammen?
2. Welche Rolle spielen die zwei genannten Bedeutungsebenen von Kompetenz?
3. Inwieweit fördern die vorgestellten Methoden Partizipation und Verantwortung?

ARNOLD, R./SCHÜSSLER, I.: Wandel der Lernkulturen. Ideen und Bausteine für ein lebendiges Lernen. Darmstadt 1998.

DOHMEN, G. (Hrsg.): Weiterbildungsinstitutionen, Medien, Lernumwelten. Rahmenbedingungen und Entwicklungshilfen für das selbstgesteuerte Lernen. Bonn 1999.

WEINERT, FRANZ E.: Selbstgesteuertes Lernen als Voraussetzung, Methode und Ziel des Unterrichts. In: Unterrichtswissenschaft, 1982, H. 2, S. 99–110.

Partizipation und Verantwortung

Kompetenz

Entscheidungsbefugnis

Handlungsfähigkeit

- Beteiligung fördern
- Entscheidungen akzeptieren
- Fehler zulassen
- Bewertung dialogisch durchführen
- Konsequenzen deutlich machen
- ermöglichungsdidaktische Bescheidenheit

- Verantwortungsfähigkeit schrittweise entwickeln
- Methodentraining
- Kommunikationstraining
- Kooperation fördern
- Beratung beim selbst gesteuerten Lernen
- Raum für Erfahrung von Selbstwirksamkeit

Methoden zur Förderung von Partizipation und Verantwortung

Beispiele:
- Lernverträge
- Projekte
- Planspiele
- handlungsorientierter Unterricht
- Partnerbewertung
- Gruppenpuzzle
- Kommunikationsübungen
- Zukunftswerkstatt
- Fallarbeit
- …

„Hilfreiche Menschen sind die bedeutendste Umweltbedingung, damit Menschen bedeutsam lernen und persönlich reifen können." (TAUSCH/TAUSCH 1991, S. 278)

Diese Feststellung verdeutlicht sehr nachdrücklich, welche Bedeutung der Lerngruppe für die Erziehung des Einzelnen zukommt. Lehrerinnen und Lehrer müssen sich deshalb von der individualistischen Lehr-Lern-Illusion lösen und erkennen, dass sie nicht nur für die Förderung von Einzelnen, sondern für die Gestaltung von Gruppen und die Ermöglichung hilfreicher Gruppenerfahrungen zuständig sind.

Das Unterrichtsklima

Diese Perspektive setzt einen deutlichen Gegenpunkt gegen die Konkurrenz- und Leistungsschule, die individuellen Lernerfolg belohnt. Vielmehr trägt die neuere Sichtweise der Tatsache Rechnung, dass die modernen Gesellschaften zunehmend Menschen brauchen, die kooperieren und ihre Kompetenzen teilen können. Diese Fähigkeiten müssen gezielt angebahnt und gefördert werden. Sie können sich in Lerngruppen und Arbeitsteams entwickeln, die durch ein geringes Maß an Dirigierung bzw. Lenkung gekennzeichnet sind und ein selbstständiges Gruppenerleben ermöglichen. Gleichzeitig ist es förderlich, wenn die Lehrenden sich weitgehend als Mitglieder der Lerngruppen fühlen und sich den Lernern auch selbst als Lernende und Arbeitende zeigen, also ihre Fassadenhaftigkeit überwinden und sich den Lernenden auch persönlich öffnen. In einem Klima von *Achtung, Wärme,* einfühlendem *Verstehen* und *Echtheit* werden die förderlichen Gegebenheiten für die individuelle Reifung und Kompetenzentwicklung überhaupt erst möglich.

Erfahrungen arrangieren

Gruppenerfahrung ist eine so wesentliche Entwicklungsbedingung, dass es – folgt man den Anregungen von TAUSCH/TAUSCH – keine Unterrichtsstunde geben sollte, in welcher nicht zumindest kurzzeitige Gruppenarbeit vorkommt. Darüber hinaus kann in der herkömmlichen Schulpraxis die Bildung *hilfreicher Gruppen* auch dadurch gefördert werden, dass Lehrerinnen und Lehrer gezielt gemeinsame persönliche bedeutsame Erfahrungen arrangieren und die persönlichen Kontakte zwischen den Schülern und gegenseitige Hilfen initiieren.

---

1. Wodurch ist ein Unterricht gekennzeichnet, in dem Wärme, Achtung, Echtheit und einfühlendes Verstehen erlebt werden können?
2. Erstellen Sie eine Liste möglicher gemeinsamer persönlicher Erfahrungen in einer Schulklasse.
3. Wodurch unterscheidet sich das Lehrerverhalten beim differenzierten Gruppenunterricht vom individualisierenden Frontalunterricht?

GUDJONS, H. (Hrsg.): Handbuch Gruppenunterricht. Weinheim 1993.
PETILLON, H.: Soziales Lernen in der Grundschule. Anspruch und Wirklichkeit. Frankfurt 1993.
TAUSCH, R./TAUSCH, A.: Erziehungspsychologie. Göttingen [10]1991.

Hilfreiche Mitmenschen sind die bedeutsamste Umweltbedingung, damit Menschen bedeutsam lernen und
persönlich reifen können.

Achtung, Wärme und einfühlendes Verstehen sowie Echtheit
statt Fassade sind die notwendigen Grunderfahrungen für
das Lernen und die Persönlichkeitsentwicklung.

Geringere Dirigierung/Lenkung ermöglicht ein selbst-
ständigeres Gruppenleben der Mitglieder untereinander.

Lehrerinnen und Lehrer sehen sich weitgehend als ein
Mitglied der Gruppe und handeln entsprechend (– sie
nehmen sich nicht ohne dringenden Grund Vorteile oder
besondere Rechte heraus).

Lehrende ermöglichen in fast jeder Unterrichtsstunde
mindestens eine kurze Kleingruppenarbeit.

Lehrerinnen und Lehrer fördern persönliche Kontakte und
persönliches gegenseitiges Helfen von Kindern und Jugendlichen.

Lehrende und Kinder/Jugendliche führen miteinander sehr
persönliche Gespräche (Selbstöffnung).

Lehrerinnen und Lehrer fördern gemeinsame persönlich
bedeutsame Erfahrungen der Gruppenmitglieder.

Lehrende ermöglichen den Kindern und Jugendlichen ein
zeitweise selbstständiges Gruppenleben.

Lehrende werden von den Gruppenmitgliedern als Lernende
und Arbeitende wahrgenommen.

(vgl. TAUSCH/TAUSCH 1991, S. 278 ff.)

Welche gruppendynamischen Prozesse müssen im Unterricht berücksichtigt werden?

Als Gruppe bezeichnet man mehrere Individuen, die wechselseitig in Interaktion stehen. Gruppen kommen in der Schule also nicht nur im Gruppenunterricht vor, die Schulklasse selbst stellt bereits eine Gruppe dar. Deshalb ist es wichtig, unabhängig von der Sozialform des Unterrichts, gruppendynamische Aspekte zu kennen und zu berücksichtigen.

Eine Gruppe zeichnet sich immer durch eine spezifische Gruppenstruktur aus – die Anordnung funktionaler Beziehungen zwischen den Gruppenmitgliedern: die Mitglieder einer Gruppe übernehmen etwa verschiedene Rollen. Diese Anordnung funktionaler Beziehungen folgt Regeln, die entweder explizit durch die Situation bestimmt (z. B. Handballmannschaft im Match) oder implizit als gültig angenommen werden (Gruppennorm). In zahlreichen Experimenten wurde gezeigt, welchen starken Einfluss Gruppen auf ihre Mitglieder haben.

Leistung (in) der Gruppe

Der Einfluss der Gruppe auf die Leistungsfähigkeit des Einzelnen wird mit den Begriffen *soziale Erleichterung* und *soziales Bummeln* beschrieben. Erstere tritt oft auf, wenn individuelle Arbeiten in einer Gruppe erledigt werden. Dann erhöht sich die Leistungsfähigkeit (und zwar mitunter unabhängig davon, ob durch die Arbeit in Gruppen Konkurrenz entsteht). Soziales Bummeln ist hingegen dann beobachtbar, wenn die Arbeit auf die Gruppenmitglieder verteilt wird und manche Mitglieder sich der Übernahme von Aufgaben und von Verantwortung tendenziell entziehen.

Die Gruppenleistung kann deutlich über das hinausgehen, was eine entsprechende Anzahl Einzelner zu leisten in der Lage wäre (Synergie, vgl. HOFSTÄTTER 1993, S. 39 f.); es ist aber auch möglich, dass der Einzelne unter dem Druck der Gruppe Mehrheitseinstellungen oder sogar objektiv falsche Urteile übernimmt (Konformität, vgl. ZIMBARDO 1995, S. 727 f.).

Eine besonders große gruppendynamische Herausforderung besteht für die Schule im Umgang mit Gruppenrivalitäten. Der Psychologe SHERIF führte in den 1950er-Jahren einige groß angelegte Experimente durch, in denen gezeigt wurde, dass Gruppen selbst bei beliebiger Zusammensetzung einen inneren Zusammenhalt entwickelten und sich in starker Weise von anderen Gruppen abgrenzten (*in-group* und *out-group*). Allerdings ließ sich diese Gruppenrivalität aufheben, indem beide Gruppen mit einer gemeinsamen Aufgabe konfrontiert wurden, die die Zusammenarbeit erforderlich machte (vgl. HOFSTÄTTER 1993, S. 119 ff.).

Gruppendynamik in der Schule

Für die Schule ist aus diesen gruppendynamischen Erkenntnissen eine Reihe von Schlussfolgerungen gezogen worden. Zunächst ist die Einsicht in gruppendynamische Prozesse erforderlich, damit Lernende wie Lehrende erkennen, dass „der Mensch im Plural" (HOFSTÄTTER) nach eigenen Regeln handelt. Einige dieser Einsichten sind in Postulaten oder Regeln des Umgangs miteinander zusammengefasst worden. Weiterhin sollten die negativen Auswirkungen der Gruppendynamik vermieden werden. Darüber hinaus können gruppendynamische Spiele etc. Gruppenerfahrungen bewusst machen, wenngleich die Stärke der Dynamik hierbei nicht unterschätzt werden darf.

Wechselseitige Einflussmöglichkeiten zwischen einer Gruppe und ihren Mitgliedern

Gruppenstruktur

Anordnung der funktionalen Beziehungen innerhalb der Gruppe, Verteilung der Rollen

Gruppennorm

Gruppenregeln gemeinsam und explizit entwickeln, Kommunikations- regeln entwickeln

Verhältnis zwischen Gruppen

Vermeidung von Rivalitäten durch gemeinsame Aufgaben

Auswirkungen der Gruppe auf die Mitglieder

Konformität: Gruppenmeinung überträgt sich unreflektiert auf die Mitglieder.

→ Konformität vermeiden durch Kommunikations- und Gruppenregeln sowie Förderung von Individualität

Soziales Bummeln: Mitglieder vermeiden Übernahme von Verantwortung.

→ soziales Bummeln vermeiden durch Entwicklung von Wir-Gefühl, Identifikation mit den Gruppenzielen, Raum für Entwicklung geben

Soziale Erleichterung: Gemeinsames Arbeiten gelingt leichter.

→ soziale Erleichterung und Synergie durch Kooperation und Entwicklung von Wir-Gefühl fördern

Synergie: Gruppenleistung ist höher als addierte Leistungen der Mitglieder.

1. Wann spricht man von einer Gruppe?
2. Welche Bedeutung haben gruppendynamische Prozesse im Unterricht?
3. Welche Regeln könnten verhindern, dass eine Gruppe die Mitglieder zur Konformität zwingt?

Hofstätter, P. R.: Gruppendynamik. Kritik an der Massenpsychologie. Reinbek 1993.
Zimbardo, P. G.: Psychologie. Herausgegeben von S. Hoppe-Graf und B. Keller., Berlin u.a. [6]1995.

Die Geschichte der Erziehung ist eine Geschichte der Disziplinierung. Bis in die Moderne hinein bestimmten Erziehungskonzepte die Formen von Erziehung und Aufwachsen, die zumeist auf Anpassung an vorgegebene Weltbilder und Eingliederung in die bestehende Gesellschaft bezogen waren. Erst mit der Aufklärung und ihrer Befreiung des Menschen „aus selbst verschuldeter Unmündigkeit" (KANT) kam ein pädagogischer Grundgedanke zum Zug, der der Erziehung und der Bildung eine eigenständige – in sich selbst begründete – Funktion zumaß. TENORTH etwa nennt das 18. Jahrhundert aus diesem Grund auch das „pädagogische Jahrhundert": Die im 19. Jahrhundert erfolgte „öffentliche Konstruktion des Subjektes" und die dadurch in Gang gekommene Realisierung eines modernen Erziehungs- und Bildungswesens war gedanklich nämlich bereits im 18. Jahrhundert vorweggenommen worden (vgl. TENORTH 1992, S. 111 ff.).

Gesellschaftliche Modernisierung

Nimmt man die Entwicklungen von der Vormoderne über die Moderne zur Postmoderne in den Blick, wie dies etwa FEND vorgeschlagen hat, so erkennt man die grundlegenden Wandlungen, die mit dem Prozess der gesellschaftlichen Modernisierung einhergehen:

> „Die lokale Bindung geht zurück, die soziale Mobilität steigt, Arbeit und Bewährung in einem von Eltern nur schwer antizipierbaren Lebenskontext ist vielfach die Regel. Die Weltbilder sind in hohem Maße ausdifferenziert, eine allgemeine Sinngebung durch die Religion geht zurück, die Wissenschaft hat den Gesamtzusammenhang sinnhafter Ausrichtung allen Geschehens durch methodische und rationale Überprüfungsregeln entzaubert" (FEND 1995, S. 67).

Diese Entwicklungen, die FEND aufzeigt, haben sich in der Postmoderne noch radikalisiert. In der Individualisierungsgesellschaft mit ihrer Lebensstilvielfalt erodieren einheitliche Sinnstiftungen, hiervon ist auch die Idee einer gesellschaftlich institutionalisierten Erziehung in ihrem Kern getroffen (vgl. POSTMAN 1995). Feststellbar ist eine gewisse Absage oder doch zumindest Infragestellung zielbestimmter Interventionen, da diese als wirkungsunsicher erkannt wurden und die Erziehungsziele gesellschaftlich strittig sind. Hier kommt nun die Erfahrung einer „reflexiven Moderne" (BECK 1993) zum Tragen, die darin besteht, dass sich die Gesellschaft nämlich nicht nur durch das verändert,

> „was gesehen und gewollt, sondern auch durch das, was nicht gesehen und nicht gewollt wird" (ebd., S. 85).

Vor diesem Hintergrund entwickeln sich eine Lebensstilvielfalt und ein Wertepluralismus (FRITSCHE 2000, S. 95 ff.), die nachhaltig die Lernkulturen in postmodernen Gesellschaften prägen.

---

1 Welche Relikte der pädagogischen Disziplinierungsgeschichte lassen sich auch heute noch feststellen?

2 Worin lag der historische Fortschritt der Idee eines öffentlich geregelten und verantworteten Erziehungs- und Bildungswesens?

3. Erstellen Sie eine Liste der Faktoren und Tendenzen, die die Erziehungsidee in der Postmoderne erodieren.

Epoche Kriterien	Vormoderne	Moderne	Postmoderne
Weltbilder	■ umfassend-traditionale christliche Kultur	■ Autonomisierung	■ Radikalisierung der Subjektivität (Individualisierung)
	■ Strenge und Strafe	■ Weltbeherrschung	■ Aufklärungsverdruss
		■ Entzauberung der Welt	■ Systematisierungsfeindlichkeit
Soziale Struktur/ Mobilität	■ lokale Stationalität	■ Mobilität als Regel	■ globale Vernetzung
	■ dauerhaftes Gefährdungsempfinden ■ geringe Individualisierungschancen	■ Verstetigung ■ Vorhersagbarkeit und Berufsethik	■ Entdifferenzierung der Lebensphasen
Erziehung und Lernen	■ Methodisierung als Teil der Rationalisierung ■ Dominanz der Lebensnotwendigkeiten	■ zunehmende Methodisierung und Berücksichtigung von Individualität ■ Lebens- und Selbstgestaltungsmöglichkeiten	■ Alltagsorientierung ■ Absage an zielbestimmte Interventionen
Jugendphase	■ unmittelbare Einmündung in den Beruf	■ Verlängerung von Lernzielen und Bildungsmöglichkeiten	■ Entdifferenzierung von Leben und Lernen
Lernkulturen	■ Leben um Arbeit und soziale Einordnung organisiert	■ Selbstständigkeit und Selbstverwirklichung	■ Lebensstilvielfalt ■ Glücksstreben und Ganzheitlichkeit

(Weiterentwicklung nach Fend 1995, S. 61 ff.)

Beck, U.: Die Erfindung des Politischen. Zu einer Theorie reflexiver Modernisierung. Frankfurt a. M. 1993.
Fend, H.: Sozialgeschichte des Aufwachsens. Frankfurt a. M. 1995.
Fritsche, Y.: Moderne Orientierungsmuster: Inflation am „Wertehimmel". In: Deutsche Shell (Hrsg.): Jugend 2000. 13. Shell Jugendstudie. Band 1, Opladen 2000, S. 93–156.
Postman, N.: Keine Götter mehr. Das Ende der Erziehung. Berlin 1995.
Tenorth, H.-E.: Geschichte der Erziehung. Einführung in die Grundzüge ihrer neuzeitlichen Entwicklung. München 1992.

Ist Erziehung ohne „große Erzählungen" (Postman) möglich?

NEIL POSTMAN hat in seinem 1995 erschienenen Buch „The End of Education" die These vorgetragen, dass Schulerziehung bzw. der „Gedanke einer öffentlichen Erziehung" ohne „große Erzählungen" nicht überleben kann. POSTMAN führt dazu aus:

„Ohne eine Erzählung hat das Leben keine Bedeutung. Ohne Bedeutung hat das Lernen kein Ziel. Ohne Sinn sind Schulen Häuser der Leere, nicht der Lehre. [...] Hier will ich nur sagen, dass der Gedanke einer öffentlichen Erziehung absolut von der Existenz miteinander geteilter Erzählungen *und* dem Ausschluss solcher Erzählungen abhängt, die zu Entfremdung und Spaltung führen. [...] Die Frage lautet nicht: Schafft die öffentliche Erziehung eine Öffentlichkeit oder nicht? Die Frage lautet: Welche Art von Öffentlichkeit schafft sie? Eine Zusammenballung von zügellosen Konsumenten? Zornige, seelenlose, desorientierte Massen? Gleichgültige, verwirrte Bürger? Oder eine Öffentlichkeit, die Selbstvertrauen besitzt, Zielbewusstsein, Respekt vor Bildung und Toleranz? Die Antwort auf diese Frage hat nicht das Geringste mit Computern zu tun, mit Prüfungen, mit der Rechenschaftsverpflichtung des Lehrers, mit der Klassengröße und anderen Details der Leitung einer Schule. Die richtige Antwort hängt von zwei Dingen – und nur zwei Dingen – ab: von der Existenz einer miteinander geteilten Erzählung und von der Fähigkeit solcher Erzählungen, einen guten Grund für das Lernen zu liefern." (POSTMAN 1995, S. 20 und S. 33 f.)

POSTMANS Befund ist in die Diskussion der Postmoderne eingebunden, die sich nach dem Philosophen JEAN-FRANÇOIS LYOTARD (1986) darin zeigt, dass die gemeinsamen (großen) Orientierungssysteme aufweichen und eine Vielfalt von Orientierungen, Lebensmilieus etc. an ihre Stelle tritt. POSTMAN führt fünf „Erzählungen" auf, „die [dazu] dienen könnten", einen Sinn für die Erziehung zu stiften (ebd., S. 83):
1. Das Raumschiff Erde
2. Der gefallene Engel: Menschen machen Fehler
3. Das amerikanische Experiment
4. Das Gesetz der Vielfalt
5. Die Wort-Weber: die Welt-Macher

Werterziehung

Gegenüber wohlfeilen Forderungen – etwa Mut zur Erziehung aufzubringen, um so der nachwachsenden Generation die Werte zu vermitteln, die zur Bewältigung der großen Herausforderungen und Bedrohungen notwendig sind – ist Skepsis angebracht.

„Es liegt nahe" – sagt HARTMUT VON HENTIG – „die genannten Albtraumprobleme dadurch lösen zu wollen, dass man sie der sittlichen Kraft des Einzelnen überantwortet" (HENTIG 1999, S. 18).

Auch HENTIG kann letztlich nicht die große Einheit stiftende Erzählung definieren. Es geht ihm vielmehr um Voraussetzungen und Bedingungen einer dialogischen Kultur, wie sie für das demokratische Zusammenleben, für die soziale Gerechtigkeit sowie die Wahrung der Menschenwürde unverzichtbar sind.

1. Welche Erziehungsziele ließen sich aus den aufgeführten Anknüpfungspunkten (nach POSTMAN UND HENTIG) für eine Sinn stiftende Erziehung ableiten?
2. Welche faktischen und heimlichen Erzieher wirken diesen Zielen entgegen?
3. Wie ließe sich Menschenwürde als Sinnstiftung erzieherisch vorleben?

Anknüpfungspunkte für eine Sinn stiftende Erziehung

NEIL POSTMAN und HARTMUT VON HENTIG bieten anhand von Erzählungen Anknüpfungspunkte für eine Sinn stiftende Erziehung.

NEIL POSTMAN: „Götter, die dienen könnten …"	„Das Raumschiff Erde"	■ moralische Verpflichtung gegenüber der Erde und nachkommenden Generationen ■ globales Bewusstsein
	„Der gefallene Engel"	■ Mensch = „die dem Irrtum unterworfene Spezies" ■ gegen Gewissheits- und Wissenschaftsgläubigkeit
	„Das amerikanische Experiment"	■ Menschenrechte ■ Prinzip der fortgesetzten Diskussion als Gesellschaftsgrundlage
	„Das Gesetz der Vielfalt"	■ Vermischung verschiedener Ideen und menschlicher Ausdrucksformen ■ Vielfalt fördert die Kreativität und Vitalität
	„Die Wort-Weber …" „… die Welt-Macher"	■ Sprache als „Vehikel" der Gedanken ■ Konstruktivität der Welt
HARTMUT VON HENTIG: „Wenn wir dem Nachwuchs eine ganz neue und bessere Welt nicht versprechen können […], sollten wir den guten Sinn, die geprüften und ernüchterten Versprechungen der alten Welt zu erhalten bemüht sein …" (1999, S.35)	„Die offene Gesellschaft"	■ weder Relativismus, noch Dogma/Dogmatismus ■ Standpunkt einnehmen
	„Gleichheit"	■ globale Ungleichheit mildern helfen
	„Res publica"	■ zwischen Demoskopie und Sachkunde ■ Verantwortung übernehmen
	„Coming together der Kulturen"	■ Umgang mit Fremden ■ Gefahr technischer Neuerungen für Umwelt und Kultur
	„Würde des Menschen"	■ Basis: Menschenliebe ■ Umgangserfahrung

ABOSCH, H.: Das Ende der großen Visionen. Plädoyer für eine skeptische Kultur. Hannover 1993.
HENTIG, H. V.: Ach, die Werte! Über eine Erziehung für das 21. Jahrhundert. München u.a. 1999.
LYOTARD, J.-F.: Das postmoderne Wissen. Ein Bericht. Graz 1986.
POSTMAN, N.: Keine Götter mehr. Das Ende der Erziehung. Berlin 1995.

Das *systematische Lernen* ist in der traditionellen Vorstellung im Wesentlichen auf eine abgegrenzte Phase in der Kindheit und der Jugend beschränkt, die lediglich im Falle eines Studiums noch in das Erwachsenenalter hineinreicht. Mit dem Begriff *lebenslanges Lernen* soll hingegen zum Ausdruck gebracht werden, dass Lernen mehr und mehr zum lebensbegleitenden Phänomen wird, das in keiner biografischen Phase (endgültig) abgeschlossen werden kann. Die zunehmende Bedeutung des Lernens Erwachsener kommt beispielsweise darin zum Ausdruck, dass die Erwachsenenbildung „fast unbemerkt [...], gemessen an Teilnahmezahlen und Finanzen, zum größten Bildungsbereich geworden" (FAUL-STICH/ZEUNER 1999, S. 13) ist.

Anpassung des Einzelnen

Mit dem wirtschaftlichen und gesellschaftlichen Wandel wächst der Anspruch an den Einzelnen, sein Wissen und seine Qualifikationen permanent neuen Bedingungen anzupassen. Daraus resultieren zum einen neue Freiheiten: etwa indem die berufliche Festlegung im Rahmen einer Ausbildung in späteren Lebensabschnitten revidiert werden kann. Zum anderen mutet diese Tatsache den Menschen aber auch ständiges Lernen und Flexibilität zu, was sich in dem Ausdruck „lebenslängliches Lernen" (K. A. GEISSLER) niederschlägt. Problematisch ist hierbei die zunehmende Verlagerung der Lernnotwendigkeit in die private Verantwortung von Individuen, die hierauf zum Teil nur schlecht oder gar nicht vorbereitet sind.

Weiter- und Wieder-Lernen

Lebenslanges Lernen wird häufig sehr einseitig mit beruflicher Entwicklung verbunden, so dass der Eindruck entsteht, es ginge nur um eine permanente Weiterqualifizierung Berufstätiger. Demgegenüber spielen allerdings auch andere gesellschaftliche Entwicklungen eine Rolle, die vielleicht noch stärker ein Weiter- oder Wieder-Lernen bei Erwachsenen erfordern.

- So gestalten sich die Lebenswege vielfältiger, man spricht von ‚Bastelbiografien', die Brüche und Neuanfänge enthalten. Diese zu bewältigen erfordert aber Lernvorgänge im Sinne einer Neudeutung von bisher als bekannt angenommenen Verhältnissen des eigenen Lebens.
- Auch die Veränderungen im Bereich der Medien, die wachsende Mobilität und ein mitunter überforderndes Angebot an Freizeitmöglichkeiten verlangen, dass Menschen sich auf neue und ungewohnte Situationen einlassen.

Im Hinblick auf die Tatsache, dass solche gesellschaftlichen Veränderungen das Resultat menschlichen Handelns sind, kann auch das lebenslange Lernen „als Bestandteil der Kulturfähigkeit des Menschen" (TIETGENS 1999, S. 132) verstanden werden.

1. Welche gesellschaftlichen und wirtschaftlichen Veränderungen machen lebenslanges Lernen erforderlich?
2. Beschreiben Sie die Spannung zwischen gesellschaftlicher Entwicklung und dem Zwang zum lebenslangen Lernen.
3. Fallen Ihnen noch weitere Trends zur Mikro-Ebene (Individuum) ein?

Ausgewählte Trends lebenslangen Lernens

Bezogen auf die vier Gegenstandsebenen der Pädagogik lassen sich
folgende Trends des lebenslangen Lernens festmachen (→ A 11).

Gegenstandsebene	Trends: Entwicklungen und Tendenzen
Makro-Ebene (Gesellschaft)	■ Rückzug des Staates aus der Weiterbildung ■ Privatisierung der Verantwortung für das eigene Lernen, etwa die Aktualisierung der eigenen Qualifikation
Meso-Ebene I (Institution)	■ neue Lernorte, z.B. Bibliothek, Mediothek, netzbasierte Lernangebote, Lernen am Arbeitsplatz ■ Verbindung von Institutionen der Aus- und der Weiterbildung, wachsendes Engagement der Hochschulen im Bereich der Weiterbildung ■ Entgrenzung und Öffnung für neue Schichten ■ Diversifizierung ■ neue Wege der Zertifizierung
Meso-Ebene II (Interaktion)	■ Entwicklung erwachsenengemäßer Didaktik/Methodik ■ Schaffung von Gelegenheiten für „informelles Lernen" (DOHMEN) ■ Begleitung/Beratung bei selbst gesteuertem Lernen
Mikro-Ebene (Individuum)	■ wachsende Bereitschaft zur Weiterbildung ■ wachsendes Vertrauen in die eigene Lernfähigkeit bei Erwachsenen ■ Bedarf nach Selbstlernkompetenz ■ Verunsicherung über zukünftigen Lern-/Qualifizierungsbedarf ■ Bewältigung kritischer Lebensereignisse durch Bildung

DOHMEN, G.: Zur Zukunft der Weiterbildung in Europa. Lebenslanges Lernen für alle in veränderten Lernumwelten. Bonn 1998.
FAULSTICH, P./ZEUNER, C.: Erwachsenenbildung. Eine handlungsorientierte Einführung in Theorie, Didaktik und Adressaten. Weinheim, München 1999.
KRAUS, K.: Lebenslanges Lernen. Karriere einer Leitidee. Bielefeld 2001.
TIETGENS, H.: Anthropologische und bildungstheoretische Implikationen lebenslangen Lernens. In: ARNOLD, R./GIESEKE, W.: Die Weiterbildungsgesellschaft. Bd. 1, Neuwied/Kriftel 1999, S.132–143.

Worin liegt der doppelte Gesellschaftsbezug von Bildung und Erziehung begründet?

Der soziologische Blick auf Erziehung und Bildung folgt einer doppelten Perspektive: einerseits als gesellschaftstheoretische Analyse, andererseits als sozialisationstheoretische Analyse.

Die gesellschaftstheoretische Analyse

Die gesellschaftstheoretische Analyse fragt nach der systematisch-funktionalen Einbindung des Erziehungs- und Bildungswesens, das heißt nach den Teilsystemen der Gesellschaft, für die diese Funktionen übernimmt. Bildung und Erziehung dienen beispielsweise dem *ökonomischen System*, indem sie arbeitsmarkttaugliche Qualifikationen entwickeln. Und in ähnlicher Weise werden auch für das *politische System* Funktionen erfüllt, indem die Heranwachsenden politisch sozialisiert und zu mehr oder weniger mündigen Bürgern herangebildet werden.

Das politische System ist zur Sicherung der eigenen Kontinuität auf solchermaßen mündige, aber auch loyale Bürger angewiesen.

Gefahren der Funktionalisierung

Es besteht nun allerdings die Gefahr, dass solche Funktionalisierungen das Bildungssystem vollständig vereinnahmen und seine eigentliche Kernfunktion, nämlich junge Menschen auf ihr Leben optimal vorzubereiten, in den Hintergrund drängen. Daher bemessen sich die Menge und das Schwierigkeitsniveau der zu lernenden Inhalte dann plötzlich nicht mehr nach ihrer Bedeutung für die spätere Lebensbewältigung, sondern nach ihrer Selektionsdienlichkeit für spätere Aufgaben in der Gesellschaft etwa. Schule beispielsweise wird selektiv gestaltet, um die Ungleichheit von Lebenschancen in einer sozial weitgehend akzeptierten Form als Leistungserfolg oder -misserfolg zu regeln. Und dafür sind komplizierte Inhalte bzw. Lernanforderungen nötig, an denen eine ausreichende Zahl von Schülerinnen und Schülern scheitern bzw. unterschiedlich erfolgreich ihre Kompetenzen entwickeln kann.

Sozialisation und Enkulturation

Das Bildungssystem erfüllt seine gesellschaftlich notwendigen Funktionen jedoch nicht nur durch äußere Anpassung der Individuen (durch Leistungsbewertung, Selektion etc.), sondern auch durch innere Anpassung. Durch Enkulturations- bzw. durch Sozialisationsprozesse werden die Deutungsmuster bzw. die Verhaltensdispositionen der Individuen an die kultur- und gesellschaftspolitischen Wahrnehmungs- und Handlungsweisen – mehr oder weniger erfolgreich – angepasst.

---

1. Wie erfüllt das Bildungssystem seine gesellschaftlich-politische Funktion? Welche Probleme ergeben sich dabei?
2. Welche Funktionen erfüllt das Bildungssystem gegenüber dem Beschäftigungssystem? Wie schätzen Sie die Konsequenzen ein, die sich daraus für die Erziehung ergeben?
3. Wie könnte Schule von sachfremden Funktionalisierungen (z. B. als Selektionsinstanz) befreit werden?

LENZEN, D./LUHMANN, N.: Erziehung und Bildung im Lebenslauf. Frankfurt a. M. 1997.
NEGT, O.: Kindheit und Schule in einer Welt der Umbrüche. Göttingen 1997.
TILLMANN, K.-J.: Sozialisationstheorien. Eine Einführung in den Zusammenhang von Gesellschaft, Institution und Subjektwerdung. Reinbek b. Hamburg 72000.

Der soziologische Blick auf Erziehung und Bildung umfasst zum einen die gesellschaftstheoretische und zum anderen die sozialisationstheoretische Analyse.

1. Gesellschaftstheoretische Analyse

Für welche Teilsysteme der Gesellschaft erfüllt das Bildungswesen Funktionen, die nicht bzw. nicht in erster Linie etwas mit der optimalen Bildung und Erziehung zu tun haben?

2. Sozialisationstheoretische Analyse

Wie erreicht es die Gesellschaft, dass der Einzelne weitestgehend die Verhaltensweisen entwickelt, die die Gesellschaft für ihr Funktionieren und für ihren Fortbestand benötigt?

systemtheoretische Funktionsanalyse

Enkulturation Sozialisation

In einer idealtypischen Betrachtung lassen sich drei Teil- bzw. Subsysteme der Gesellschaft identifizieren, mit denen das Bildungs- und Erziehungssystem in einem funktionalen Beziehungsverhältnis steht:

- das soziokulturelle System,
- das ökonomische System und
- das politisch-soziale System.

Das soziokulturelle System

Das soziokulturelle System (= die Gesamtheit der Werte, Normen und kulturellen Traditionen mit den diese repräsentierenden Institutionen und Interessengruppen) ‚erwartet‘ vom Bildungs- und Erziehungswesen die Wahrnehmung einer Integrationsfunktion. Aus diesem Grund wirkt das soziokulturelle System über seine Einflusskanäle und die Definition des Bildungs- und Erziehungsauftrages der Schule (z.B. in Landesverfassungen) auf diese ein. Das Bildungs- und Erziehungssystem erfüllt seine Integrationsfunktion dadurch, dass es die Kulturgüter (Werte, Normen, Kulturprodukte u.Ä.) der nachwachsenden Generation vermittelt, diese so zu Kulturträgern bildet und dadurch gleichzeitig die Basis für den Erhalt und Fortbestand des soziokulturellen Systems schafft.

Das ökonomische System

Das ökonomische System erwartet vom Bildungs- und Erziehungssystem die Vermittlung der Kompetenzen, die für eine erfolgreiche Berufsausbildung bzw. erfolgreiches Berufshandeln oder auch für das Verhalten als Kunde und Verbraucher Voraussetzung sind. Die Funktion ist für das Fortbestehen des ökonomischen Systems (= Gesamtheit der Industrie- und Dienstleistungsbetriebe, Gesamtheit der Märkte etc.) von so grundlegender Bedeutung, dass es selbst an der Entwicklung von Curricula (z.B. Ausbildungsordnungen) beteiligt ist. In einigen Ländern (z.B. BRD, Österreich, Schweiz) ist das ökonomische System auch selbst an der Qualifizierung des Fachkräftenachwuchses beteiligt. Im Gegenzug zur Wahrnehmung der Qualifizierungsfunktion durch das Bildungs- und Erziehungssystem sichert das ökonomische System (etwa durch Steuern) dessen materielle Versorgung.

Das politisch-soziale System

Das politisch-soziale System (= Gesamtheit der staatlichen Institutionen sowie der relevanten bzw. meinungsbildenden Interessengruppen oder Parteien) ist schließlich darauf angewiesen, dass die Mitglieder der Gesellschaft loyal zu ihm stehen. Eine wesentliche Loyalitätsvoraussetzung ist die konsensfähige Regelung der sozialen Ungleichheit. Diese ist in den nachfeudalen Gesellschaften durch den Bildungserfolg des Einzelnen, das heißt, durch das Leistungsprinzip – mehr oder weniger akzeptiert – gewährleistet. Schule bzw. das Bildungs- und Erziehungssystem verteilt „Lebenschancen" (SCHELSKY) und entlastet somit das politisch-soziale System dadurch von dieser notwendigen Funktion; im Gegenzug garantiert das politisch-soziale System durch das verbindliche Setzen von Rahmenbedingungen (z.B. Schulgesetze etc.) dessen Fortbestand.

HURRELMANN, K./ULRICH, D. (Hrsg.): Handbuch der Sozialisationsforschung. Weinheim/Basel 1980.
TILLMANN, K.-J.: Sozialisationstheorien. Eine Einführung in den Zusammenhang von Gesellschaft, Institution und Subjektwerdung. 72000.

Die Beziehungen des Bildungssystems zu gesellschaftlichen Subsystemen

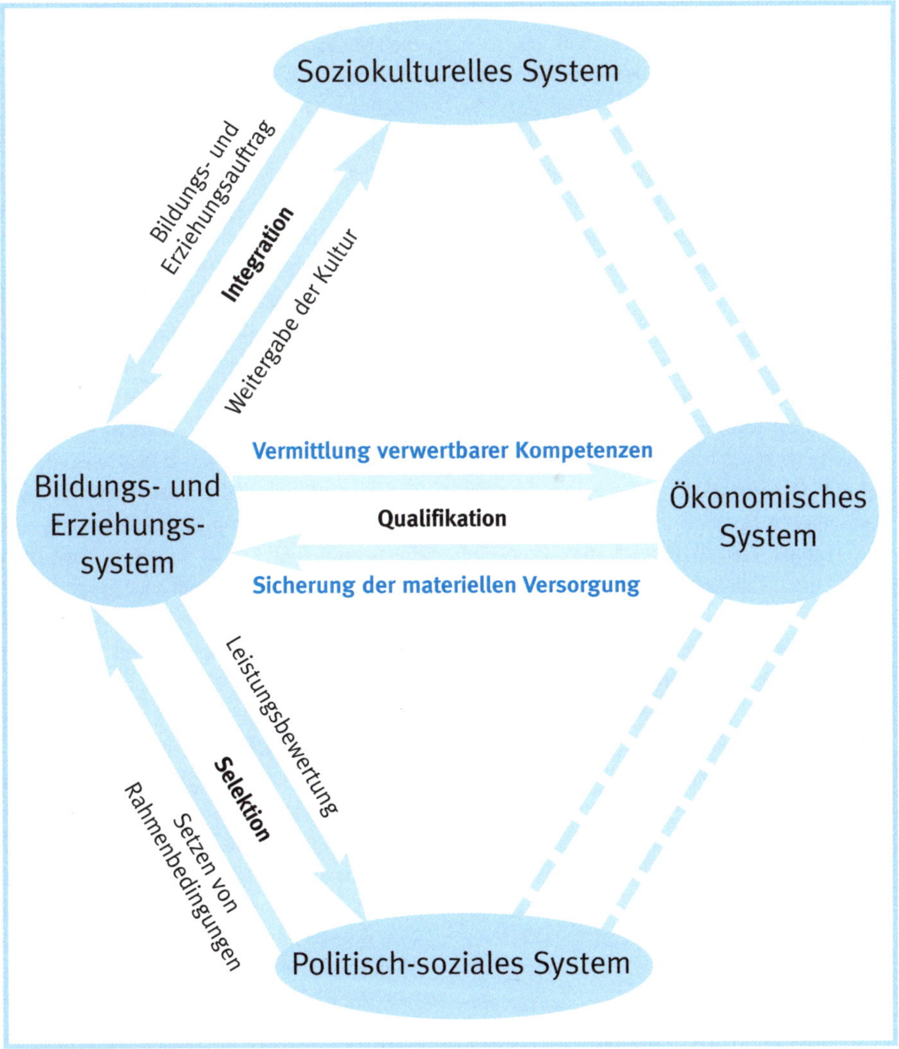

Soziokulturelles System

Bildungs- und Erziehungsauftrag

Integration

Weitergabe der Kultur

Bildungs- und Erziehungssystem

Vermittlung verwertbarer Kompetenzen

Qualifikation

Sicherung der materiellen Versorgung

Ökonomisches System

Leistungsbewertung

Selektion

Setzen von Rahmenbedingungen

Politisch-soziales System

1. Welche Institutionen und Interessengruppen repräsentieren das soziokulturelle System der Bundesrepublik Deutschland?
2. Wie artikuliert das ökonomische System seine funktionalen Erwartungen an das Bildungs- und Erziehungssystem?
3. Welche Fragwürdigkeiten bzw. pädagogischen Nachteile gehen mit der Wahrnehmung der Selektionsfunktion durch die Schule einher?

Welche Integrationsaufgaben hat die Schule?

Integration ist eine Aufgabe, die der Schule sowohl gegenüber der Gesellschaft als auch gegenüber den Individuen zukommt. Während das soziokulturelle System vom Bildungssystem ‚erwartet', dass Normen und Werte an die nachwachsende Generation weiter gegeben werden, erheben auch die Individuen den Anspruch, durch das Bildungssystem in ihrem Bemühen, sich zu integrieren, unterstützt zu werden.

Umgang mit Differenz

Integration besteht also sowohl in der Herstellung von Einheit als auch in der Weitergabe von Formen zum Umgang mit Differenz. Aber „die Schule reagiert auf Differenz bis heute regelmäßig mit der verstärkten Anstrengung, in ihrer Zuständigkeit Homogenität (wieder) herzustellen" (DIEHM/RADTKE 1999, S.103) – obwohl davon ein erheblicher Anpassungsdruck auf die Lernenden ausgeht. Deshalb wird in neueren Ansätzen verstärkt darauf hingewiesen, dass Gesellschaften mit Unterschieden auch umgehen können, indem sie sie gerade nicht zum Thema machen. So werden

> „gesellschaftliche Stabilität und die Fähigkeit des offenen Umgangs mit Unterschieden empirisch dadurch gesichert, dass viele der in der Moderne selbstbezüglich produzierten Differenzen eben nicht thematisiert und problematisiert werden" (MÖLLER/SANDER 2001, S.170).

Für die Schule besteht die Aufgabe der Integration also nicht nur darin, gemeinsame Werte zu vermitteln, sondern auch darin, Unterschiede zuzulassen und die Fähigkeit zu fördern, mit solchen Unterschieden zurecht zu kommen.

Integrative Pädagogik

Ein offensiver Umgang mit Unterschieden kennzeichnet die integrative Pädagogik, welche die „schulische und gesellschaftliche Nichtaussonderung [etwa] von Menschen mit Behinderungen" (PRENGEL 1993, S.138) anstrebt. Hier geht der Anspruch auf Integration vor allem von behinderten Lernenden aus, die nicht durch die getrennte Beschulung in Sonderschulen von der Erfahrungswelt ihrer nicht behinderten Altersgenossen ausgeschlossen werden sollen. Die Integrationspädagogik war in Deutschland lange Zeit umstritten; doch die meisten Befürchtungen haben sich empirisch nicht bestätigt: dass etwa die behinderten Kinder in einer Regelschule unter ihrer in bestimmten Bereichen verminderten Leitungsfähigkeit besonders leiden würden oder dass die Leistungsfähigkeit integrativer Klassen insgesamt sänke.

Vermittlung kultureller Unterschiede

Eine weitere, immer aktueller werdende Aufgabe von Integration besteht in der Vermittlung zwischen kulturellen Unterschieden in Klassen mit Migrantenkindern (→ E 76). Soweit nicht fundamentale Werte des demokratischen Gemeinwesens (etwa die Achtung der Menschenwürde) tangiert sind, ist auch in diesem Bereich weniger eine Homogenisierung kultureller Einstellung anzustreben als der souveräne Umgang mit Verschiedenheit.

---

1. Welche stabilisierenden Momente für soziale Systeme nennen die klassischen soziologischen Theorien?
2. Was versteht man unter integrativer Pädagogik?
3. Wieso können Konflikte soziale Systeme stabilisieren?

Wechselseitige Integration

Integrationsansprüche von Gesellschaft und Individuum

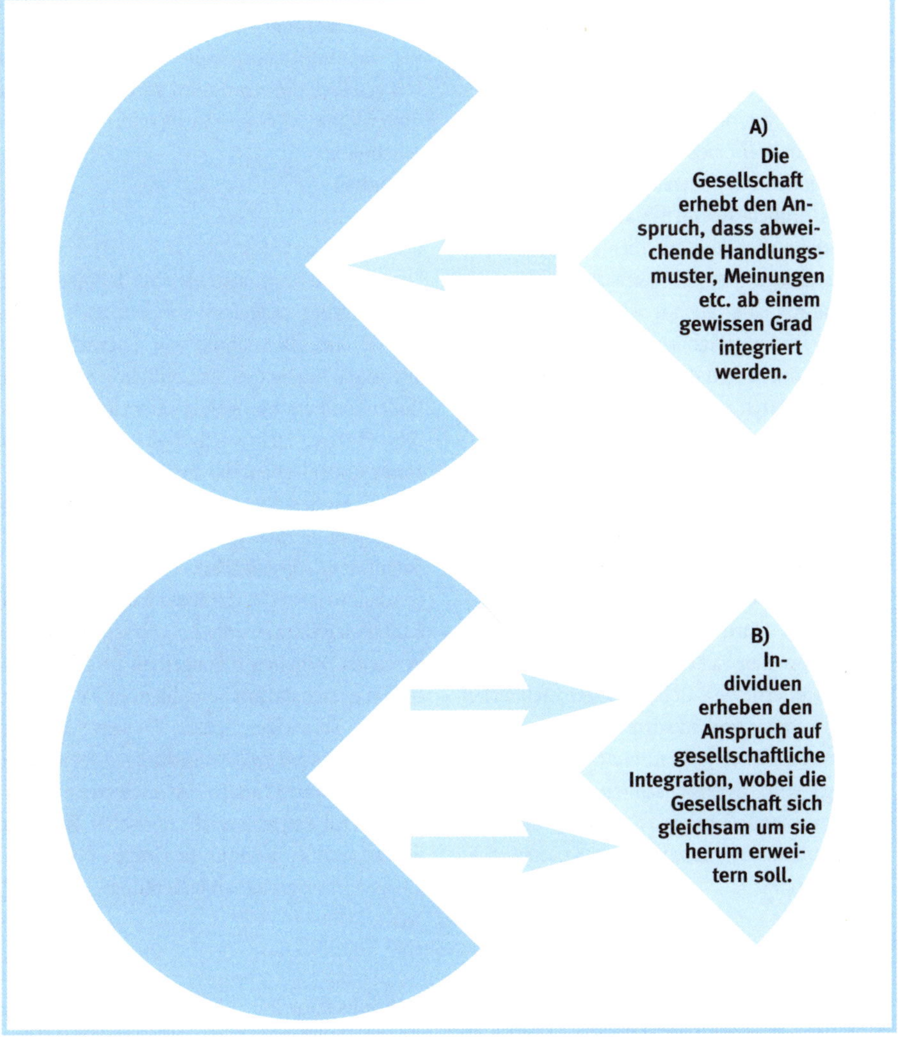
A)
Die Gesellschaft erhebt den Anspruch, dass abweichende Handlungsmuster, Meinungen etc. ab einem gewissen Grad integriert werden.
B)
Individuen erheben den Anspruch auf gesellschaftliche Integration, wobei die Gesellschaft sich gleichsam um sie herum erweitern soll.

(vgl. auch Möller/Sander 2001)

Diehm, I./Radtke, F.-O.: Erziehung und Migration. Eine Einführung. Stuttgart u.a. 1999.

Möller, R./Sander, U.: Stichwort: Integration. In: Zeitschrift für Erziehungswissenschaft, Nr. 3/2001, S. 151–172.

Mychker, N./Ormann, M. (Hrsg.): Integrative Schulpädagogik. Grundlagen, Theorie und Praxis. Stuttgart u.a. 1999.

Prengel, A: Pädagogik der Vielfalt. Opladen 1993.

E 70   Wie gelingt die Anpassung zwischen dem Einzelnen und der Gesellschaft ?

Unfertig geboren

Im Vergleich zu anderen Lebewesen kommt der Mensch relativ unfertig zur Welt und ist ohne das ihn umgebende Umfeld nicht lebensfähig. Die Anthropologie (→ A 2) spricht davon, dass der Mensch ein ‚verfrühter Nesthocker‘ ist und ein extrauterines Jahr benötige, um in diesem erst einigermaßen überlebensfähig zu werden. Dieser vermeintliche Nachteil des Menschen hat sich in seiner Entwicklungsgeschichte zu einem Vorteil gewandelt. Da der Mensch unfertig zur Welt kommt, ist er auch weniger festgelegt und dadurch stärker prägbar. Außerdem wird seine Instinktarmut durch den Gebrauch der Sprache und die dadurch mögliche Reflexion überkompensiert.

Enkulturation

Im Prozess seiner Fertigreifung im ‚zweiten Uterus‘ Gesellschaft wird der Mensch grundlegend geprägt. Insbesondere erwirbt er – gewissermaßen mit der Muttermilch – auch die in seiner Kultur typischen Sichtweisen und Orientierungen und erlernt den Gebrauch der etablierten Symbolsysteme und Ausdrucksweisen. In diesem Prozess der *Enkulturation* (= Hineinkultivierung) wird der Mensch zum Träger und Gestalter einer bestimmten Kultur. Er bildet eine Basispersönlichkeit aus und wird *soziabel* (d. h. sozialisierbar).

Sozialisation

Als Sozialisation bezeichnet man den Bereich der Übernahme überlieferter Werte, Normen und Handlungsmuster, die auf die *Übernahme von gesellschaftlichen Rollen* vorbereiten. Solche Rollen können beispielsweise sein:

- Schüler,
- Student,
- Freund,
- …

Sozialisation kann also als eine Teilmenge von Enkulturation aufgefasst werden; auch bei ihr geht es um Übernahme von Überlieferung – allerdings handelt es sich lediglich um die auf Rollenhandeln bezogenen ‚Überformen‘ bzw. ‚Erwartungen‘ der Gesellschaft. Sozialisation ist somit Rollenlernen, das heißt, durch Sozialisation wird der Mensch gesellschaftlich handlungsfähig. Sozialisation geschieht, indem *Rollennormen internalisiert* (d. h. verinnerlicht) werden. So lernt der Heranwachsende z. B. durch *Sanktionen* (Strafe) oder Lob, ob sein als Schüler gezeigtes Verhalten rollengemäß ist oder nicht. Indem er sich darum bemüht, negative Sanktionen zu vermeiden, passt er sein Verhalten schrittweise den *Rollenerwartungen* der anderen (Bezugsgruppen) an. In der Adoleszenz verliert das Elternhaus an sozialisatorischer Relevanz, ihm gegenüber gewinnt die Gruppe der Gleichaltrigen (*Peer-group*) an Bedeutung.

---

1. Worin unterscheiden sich Enkulturation und Sozialisation?
2. Welche Funktion erfüllen Sanktionen im Sozialisationsprozess?
3. Was bedeutet Internalisierung und wie funktioniert sie?

BERGER, P. L./LUCKMANN, TH.: Die gesellschaftliche Konstruktion der Wirklichkeit. Eine Theorie der Wissenssoziologie. Frankfurt a. M. 1980.
HURRELMANN, K./ULRICH, D. (Hrsg.): Handbuch der Sozialisationsforschung. Weinheim/Basel 1980.
TILLMANN, K.-J.: Sozialisationstheorien. Eine Einführung in den Zusammenhang von Gesellschaft, Institution und Subjektwerdung. Reinbek ⁷2000.

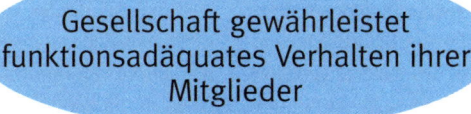

Gesellschaft gewährleistet funktionsadäquates Verhalten ihrer Mitglieder

Enkulturation

Kultur =

- Lebensform des Menschen
- sinnvolle Weltsichten (Matrizen des Lebens)

- Symbolsysteme und Ausdrucksweisen, Institutionen und Werkzeuge
- Gewohnheiten, Bräuche

Durch Enkulturation wird der Mensch zum Träger und Gestalter einer bestimmten Kultur: Er wird soziabel.

Sozialisation

Sozialisation =

- Teilmenge der Enkulturation
- Erwerb einer bestimmten Menge kultureller Inhalte (Werte, Normen, Regeln und Formen)
- Rollenlernen
- geschieht durch Internalisierung

Doppelfunktion

- für die Gesellschaft: Funktionsfähigkeit
- für das Individuum: Handlungsfähigkeit

Durch Sozialisation wird die nachwachsende Generation gesellschaftlich handlungsfähig.

Die Entwicklung der Sozialisationstheorien vollzog sich vom Rollenkonzept zum Identitätskonzept. Während das Rollenkonzept den Sozialisationsprozess als die Einführung des Einzelnen in das Rollenrepertoire der Gesellschaft verstand und davon ausging, dass die Identität die Summe der vom jeweiligen Gesellschaftsmitglied erfüllten Rollenerwartung sei, stellt sich das Identitätskonzept weniger starr dar: Es geht davon aus, dass eine völlige Übereinstimmung von Rollenerwartungen und der Wahrnehmung einer Rolle eher die Ausnahme als die Regel ist. Menschen gestalten die ihnen gesellschaftlich zugemuteten Rollen vielmehr relativ autonom, das heißt, sie erfüllen zwar die Rollenerwartungen, befriedigen aber gleichzeitig auch eigene Bedürfnisse und Ansprüche.

Identität und Wandel

Das Identitätskonzept stellt die ständige Balance zwischen *Role taking* (d. h. Übernahme von Rollen) und *Role making* (d. h. Gestaltung von Rollen) in den Vordergrund – und nicht die Anpassung an die Rollenerwartungen. Nur durch diese beständige Spannung zwischen *Kontinuität* (d. h. Rollenerfüllung) und *Wandel* (d. h. Rollengestaltung) entsteht letztlich auch gesellschaftlicher Wandel. Die gesellschaftliche Stabilität erweist sich somit als ein beständig neu auszubalancierendes Fließgleichgewicht zwischen notwendigen Zugeständnissen des Einzelnen an die von ihm wahrzunehmenden Rollen einerseits und die persönliche Note andererseits, die er dabei zu realisieren vermag. Sozialisation ist in den modernen Gesellschaften deshalb auch mehr als die bloße Einführung in das (überlieferte) Rollenrepertoire.

Kompetentes Rollenhandeln

Der Einzelne muss im Sozialisationsprozess vielmehr die Kompetenzen entwickeln können, die ihn zu der beständigen Balance von *Role taking* und *Role making* qualifizieren. Jürgen Habermas hat als Kompetenzbestandteile für ein solches Rollenhandeln folgende drei Fähigkeiten ausgemacht:

1. die Fähigkeit zur Reflexion der situativen Angemessenheit von Rollennormen (d. h. Fähigkeit zur *Rollendistanz*);
2. Fähigkeit, Rollenwidersprüche auszuhalten bzw. balancieren zu können (d. h. Fähigkeit zur *Ambiguitätstoleranz)*, und
3. die Fähigkeit, sich in andere einfühlen zu können (d. h. Fähigkeit zur *Empathie*).

1. Welche Schwäche des Rollenmodells soll durch die Erweiterung zum Identitätsmodell ausgeglichen werden?
2. Welche Balance kennzeichnet das Identitätsmodell?
3. Welche Bedeutung haben die drei von Habermas formulierten Kompetenzen?

Dahrendorf, R.: Homo sociologicus. Ein Versuch zur Geschichte, Bedeutung und Kritik der Kategorie der sozialen Rolle. Opladen ¹⁵1977.
Habermas, J.: Notizen zum Begriff der Rollenkompetenz. In: ders.: Kultur und Kritik. Verstreute Aufsätze. Frankfurt a. M. 1973, S. 195–231.
Krappmann, L.: Soziologische Dimensionen der Identität. Strukturelle Bedingungen für die Teilnahme an Interaktionsprozessen. Stuttgart ⁹2000.

Rollenkonzept	Identitätskonzept
Anpassung	Gestaltung
Sozialisation = Einführung in das Rollenrepertoire	Sozialisation = ständige Balance von *Role taking* und *Role making*, von *Personal* und *Social identity*
Notwendig ist die Übereinstimmung von Rollenerwartung und Identität.	Rollennormen lassen Spielraum für Interpretation.
Stabilität bei Erfüllung der Rollennormen	Stabilität bei Möglichkeit, auch eigene Bedürfnisse zu befriedigen

Rollendistanz = Fähigkeit zur Reflexion der situativen Angemessenheit von Rollennormen

Ambiguitätstoleranz = Fähigkeit, Rollenwidersprüche zu balancieren und auszuhalten

Empathie = Einfühlungsvermögen

E 72

Wodurch ist die Balance von personaler und sozialer Identität gekennzeichnet?

Der Identitätsentwicklungsprozess des Einzelnen ist in modernen Gesellschaften durch zwei einander widersprechende Anforderungen gekennzeichnet:

a) Einerseits stellen die jeweiligen Bezugsgruppen an den Einzelnen die Anforderung ,so zu sein, wie alle anderen',

b) andererseits wird aber auch erwartet, dass jeder unverwechselbare Anteile präsentieren kann.

Fähigkeit zur Identitätspolitik

In jeder Lebensphase muss der Mensch beide Anforderungen gleichzeitig bewältigen, das heißt, er muss den an ihn aktuell herangetragenen Rollenanforderungen ebenso entsprechen wie etwa dem Bedürfnis nach Einzigartigkeit. Ständig ist er gehalten, eine Art Identitätspolitik zu betreiben und dabei auch seine Lebensgeschichte immer wieder so zu präsentieren, dass sie zwar seine Einzigartigkeit dokumentiert, aber auch nicht in zu eklatante Widersprüche zu den aktuellen Anforderungen gerät.

Biografische Retusche

Typisch ist, dass der moderne Mensch beständig seine biografische Selbstdarstellung oder auch Selbstvergewisserung retuschiert. Das bedeutet: Einzelheiten, die nicht zu dem aktuell Wichtigen passen oder dazu in Widerspruch stehen, werden weggelassen oder erhalten ein nur nebensächliches Gewicht; anderes, das früher eher nebensächlich war, erhält im Lichte des aktuell Wichtigen eine stärkere Betonung. Diese biografische Retusche kann im Extrem eine Form annehmen, die der Schriftsteller MAX FRISCH mit den Worten beschreibt:

„Jeder erfindet sich früher oder später eine Geschichte, die er für sein Leben hält".

Riskante Lebensläufe

In der so genannten Individualisierungsgesellschaft wird diese Fähigkeit zur Identitätspolitik einerseits immer wichtiger, andererseits aber auch immer schwieriger. Da die Lebensläufe zunehmend riskanter werden und in viel stärkerem Maße als früher durch unbeeinflussbare Krisen und Einbrüche (z. B. Arbeitslosigkeit) gekennzeichnet sind, gelingt es dem Einzelnen immer seltener, seiner Selbstdarstellung Konsistenz und Plausibilität zu verleihen. Riskante Lebensläufe verlaufen in biografischen Sequenzen und sie sind daher auch kaum mehr in Geschichten darstellbar.

---

1. Welche widersprüchlichen Anforderungen sind für die Identitätsentwicklung kennzeichnend?
2. Was versteht man unter der personalen Identität?
3. Was versteht man unter der sozialen Identität?

DAHRENDORF, R.: Homo sociologicus. Ein Versuch zur Geschichte, Bedeutung und Kritik der Kategorie der sozialen Rolle. Opladen [15]1977.
HABERMAS, J.: Notizen zum Begriff der Rollenkompetenz. In: ders.: Kultur und Kritik. Verstreute Aufsätze. Frankfurt a. M. 1973, S. 195–231.
KRAPPMANN, L.: Soziologische Dimensionen der Identität. Strukturelle Bedingungen für die Teilnahme an Interaktionsprozessen. Stuttgart [9]2000.

Die Dimension des sozialen Raums

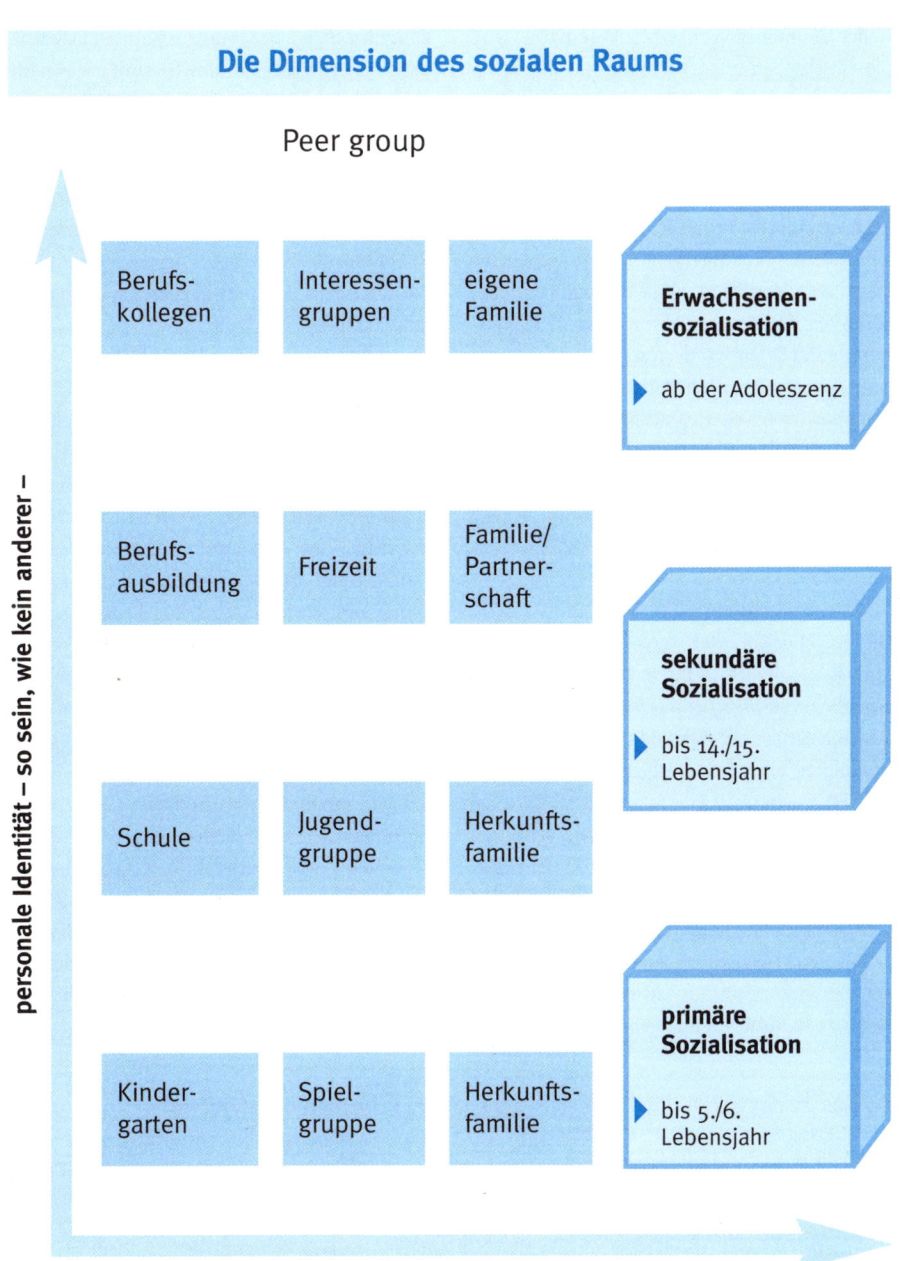

Peer group

personale Identität – so sein, wie kein anderer –

| Berufs-kollegen | Interessen-gruppen | eigene Familie |

Erwachsenen-sozialisation

▶ ab der Adoleszenz

| Berufs-ausbildung | Freizeit | Familie/ Partner-schaft |

sekundäre Sozialisation

▶ bis 14./15. Lebensjahr

| Schule | Jugend-gruppe | Herkunfts-familie |

primäre Sozialisation

▶ bis 5./6. Lebensjahr

| Kinder-garten | Spiel-gruppe | Herkunfts-familie |

soziale Identität – so sein, wie alle anderen –

In der traditionellen Sozialstrukturanalyse wird die Gesellschaft zunächst aufgrund objektiver sozialer und sozioökonomischer Kriterien unterteilt, in einem weiteren Schritt wird dann der Zusammenhang zwischen den verschiedenen Schichten und bestimmten Einstellungen, Lebensweisen etc. untersucht. Die Theorie sozialer Milieus allerdings geht den umgekehrten Weg: Sie identifiziert zunächst aufgrund bestimmter Bewusstseinsausprägungen, Lebensweisen und Orientierungen so genannte Milieus oder Lebensstile und behandelt die Frage nach den objektiven Kriterien nachrangig. Merkmale der Lebensstile sind etwa spezifische Wertorientierungen, Lebensziele, die Einstellung zu Arbeit sowie Freizeit- und Konsumverhalten u. a. (vgl. GEISSLER 1996, S. 82).

Bildung und Milieu

Die Angehörigen der verschiedenen Milieus unterscheiden sich in ihrem Bildungsverhalten erheblich. Die Ursachen hierfür sind etwa, dass das Verhältnis zur Bildung einerseits bereits Bestandteil einer (unterschiedlichen) Werthaltung ist, andererseits Bildungsangebote zum Teil deutlich auf bestimmte Milieus zugeschnitten sind. Es gibt beispielsweise eine Übereinstimmung zwischen den humanistischen Beständen der Gymnasialbildung und dem konservativ-gehobenen Milieu. Hinzu kommt, dass aufgrund der Bildungsexpansion, also des vermehrten Zugangs zu mittleren und gehobenen Bildungsabschlüssen, die Bedeutung sekundärer Qualifikationsmerkmale zunimmt. Hiermit „erfährt die Herkunftsfamilie eine erneute Aufwertung, denn dort wird das kulturelle Kapital weitergegeben, das im Kampf um knappe Ressourcen heute wichtig bleibt, und dort existiert mehr oder weniger soziales Kapital, das bei Konkurrenz- und Selektionsprozessen um knappe Stellen oder Positionen seine (oft unsichtbare) Wirkung entfaltet" (TIPPELT 1999, S. 8).

Mögliche Konsequenzen

- Bildungsangebote können ganz gezielt auf bestimmte Milieus zugeschnitten werden, z. B. um sie für unterrepräsentierte Gruppen attraktiver zu machen. So kann z. B. versucht werden, den Anteil der Teilnehmenden aus dem ,traditionslosen Arbeitermilieu' zu erhöhen, um so das hohe Arbeitslosigkeitsrisiko dieser Gruppe zu verringern.
- Auch für die Interessen des Bildungsträgers kann es sinnvoll sein, bestimmten Milieus entsprechend Angebote zu entwickeln, um sich so neue Kunden zu erschließen.
- Die Bevorzugung von Mitgliedern bestimmter Milieus und die Entsprechung durch ihnen gemäße Curricula, Didaktik etc. kann bewusst gemacht und abgebaut werden.
- Die unterschiedliche Auffassung von Bildung in den verschiedenen Milieus ist schließlich aufschlussreich für bildungstheoretische Fragestellungen.

1. Was ist der Unterschied zwischen Milieus und Schichten bzw. Klassen?
2. Überlegen Sie, welche didaktischen Merkmale von Unterricht bestimmten Milieus besonders entsprechen.
3. Welchen Wert kann Milieuforschung für das Bildungswesen darstellen?

GEISSLER, R.: Die Sozialstruktur Deutschlands. Opladen ²1996.
GEORG, W.: Soziale Lage und Lebensstil. Eine Typologie. Opladen 1998.
TIPPELT, R.: Bildung und soziale Milieus. Oldenburg 1999.

Sozialisation und Gesellschaft

1995/96 wurden nach dem damaligen Milieumodell 108 Interviews mit Frauen verschiedener Milieus geführt. Die Ergebnisse dieser Studie (vgl. TIPPELT 1999), die einen differenzierten Blick auf das Bildungsverständnis und -verhalten der einzelnen Milieuangehörigen zeigen, sind hier zusammenfassend dargestellt.

Milieu	Bildungsbegriff
konservativ-gehobenes Milieu	humanistisch orientierter Bildungsbegriff, der über Fach-, Spezial- und Buchwissen hinausgeht; grundsätzlich positive Einstellung zur Schule; lebenslanges Lernen ist tief verankert.
kleinbürgerliches Milieu	praktisch orientierter Bildungsbegriff; Betonung von Lebenserfahrung gegenüber theoretischer Bildung; positive Einstellung zur Schule als bedeutungsvoll für das eigene Lernen; Weiterbildung wird als notwendig akzeptiert, wenngleich oft als belastend empfunden.
traditionelles Arbeitermilieu	ambivalenter Bildungsbegriff, der zwischen ‚richtiger' erfahrungsgestützter und ‚reiner' Bildung unterscheidet; Schule wird rückblickend als eher notwendiges Übel betrachtet, entgangene Bildungschancen werden jedoch bedauert; Kompensation wird nicht für möglich gehalten.
traditionsloses Arbeitermilieu	bildungsfern, der Begriff Bildung wird kaum gebraucht (eher ‚intelligent'); Bildung ist Diskursfähigkeit; Schule wurde als stressreich erinnert, aber auch als Zufluchtsort vor elterlichen Ansprüchen; Weiterbildung findet kaum statt und wird auch nicht angestrebt.
technokratisch-liberales Milieu	höchste Bildungsabschlüsse werden erreicht; Schule soll Raum zur Selbstverwirklichung bieten.
alternatives Milieu	ganzheitlicher Bildungsbegriff zur Meisterung von Lebenssituationen und einer schwieriger werdenden Zukunft; Schule ist zu kognitiv ausgerichtet, Mangel an didaktischer Innovation und an Raum für Kreativität.
aufstiegs-orientiertes Milieu	leistungsorientiert, aber schulischer Erfolg ist nicht notwendig mit beruflichem Erfolg verknüpft; Schule ist zu realitätsfern, Lehrer- und Schulqualität sollten stärker überwacht werden.
neues Arbeitermilieu	spielerischer Umgang mit Schulanforderungen; Erfolg oft durch kurzfristiges Engagement vor Prüfungen; Schule ist zu stark individualisiert.
hedonistisches Milieu	klassischer Bildungsbegriff als Feindbild; Minimalprinzip, das heißt das Erstreben schulischen Erfolgs mit minimalem Aufwand; Schulkritik pauschal (langweilig, lebensfern, wenig sozial etc.)

Mit der Bildungsexpansion der 1960er-Jahre wurde u. a. die Hoffnung verbunden, die Benachteiligung bestimmter sozialer Schichten im Bildungssystem zu überwinden. In der Tat ist die Klientel der höheren Bildungsgänge seitdem weniger homogen – sie setzt sich mehr und mehr aus Angehörigen aller Schichten zusammen. Das Klischee vom bildungsbenachteiligten „katholischen Mädchens vom Lande" (DAHRENDORF) gehört also mittlerweile der Vergangenheit an. Dennoch deuten jüngste Erhebungen noch immer auf schichtspezifische Verzerrungen sowohl in Hinblick auf die Bildungsbeteiligung als auch auf die Leistungsbeurteilung hin.

Für den Bildungserfolg sind vor allem vier Schwellen ausschlaggebend (vgl. SCHNITZER u. a. 1998, S. 55 ff.):

- *Schwelle 1*: der Übergang von der Grundschule in eine weiterführende Schule (i. A. nach der vierten Klasse),
- *Schwelle 2*: der Übergang von der 10. Klasse in die gymnasiale Oberstufe,
- *Schwelle 3*: der Erwerb der Hochschulreife und
- *Schwelle 4*: die Aufnahme eines Studiums.

Bildungsbeteiligung im Vergleich

Nach der 15. Sozialerhebung des Deutschen Studentenwerks (SCHNITZER u. a. 1998) ergeben sich hier nach wie vor erhebliche Unterschiede: Die Bildungsbeteiligung der Arbeiterkinder an den Hochschulen zwischen 1985 und 1994 hat sich zwar verdoppelt, ist letztlich jedoch mit 12 Prozent wieder leicht zurückgegangen. Im Vergleich dazu liegt die Hochschulbeteiligung bei den Kindern von Angestellten bei 38 Prozent, bei denen von Selbstständigen bei 53 Prozent und von den Beamtenkindern nehmen sogar 64 Prozent ein Studium auf (ebd., S. 79).

Erwartungshaltungen

Dass diese Zahlen auch mit zum Teil ungerechtfertigten Zuschreibungen von Leistungsfähigkeit durch Lehrerinnen und Lehrer zusammenhängen, belegt eine Studie bei Fünftklässlern an verschiedenen Schulen in Hamburg (LEHMANN u. a. 1996). Hier wurden Schülerinnen und Schüler standardisierten Leistungstests unterzogen, deren Ergebnisse mit der Schullaufbahnempfehlung verglichen wurden (LEHMANN/PEEK 1997, Kap. 5.2):

- Kinder von Vätern mit Abitur erhielten in mehr als der Hälfte der Fälle eine Gymnasialempfehlung, wenn sie im Test mindestens 65 Punkte erreichten.
- Hatte der Vater Realschulabschluss, waren für ein entsprechendes Urteil 77 Punkte erforderlich.
- Kinder, deren Vater über keinen Schulabschluss verfügte, mussten hierfür sogar 98 Punkte erreichen.

Dass diese Einschätzung jedoch unangemessen ist, wurde bereits in einer Folgeuntersuchung aus dem Jahre 1998 bestätigt (LEHMANN u. a. 1999, Kap. 5.2).

1. Wie hat sich der Zusammenhang zwischen Schichtzugehörigkeit und Bildungserfolg entwickelt?
2. Welche Sachverhalte werden mit den beiden dargestellten Bildungstrichtern beschrieben?
3. Wie lässt sich die Auswirkung der Schichtzugehörigkeit auf den Bildungserfolg empirisch fassen?

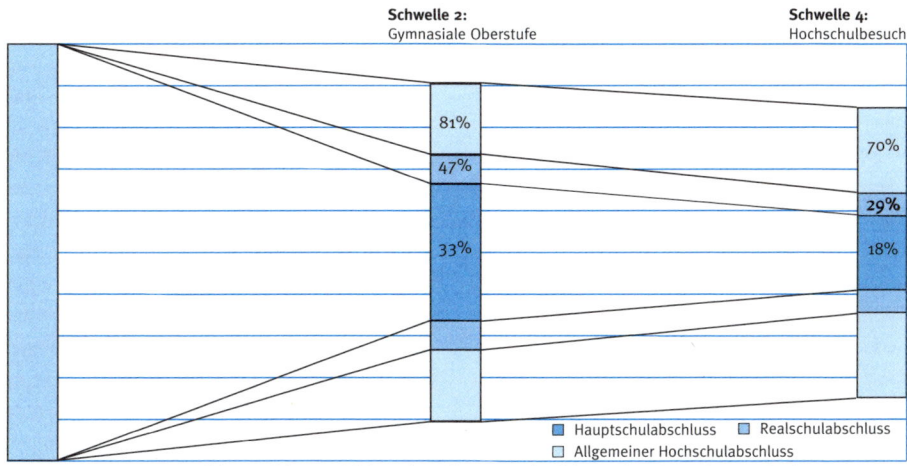

Bildungstrichter 1: Bildungsbeteiligung nach Bildungsabschluss der Familienbezugsperson

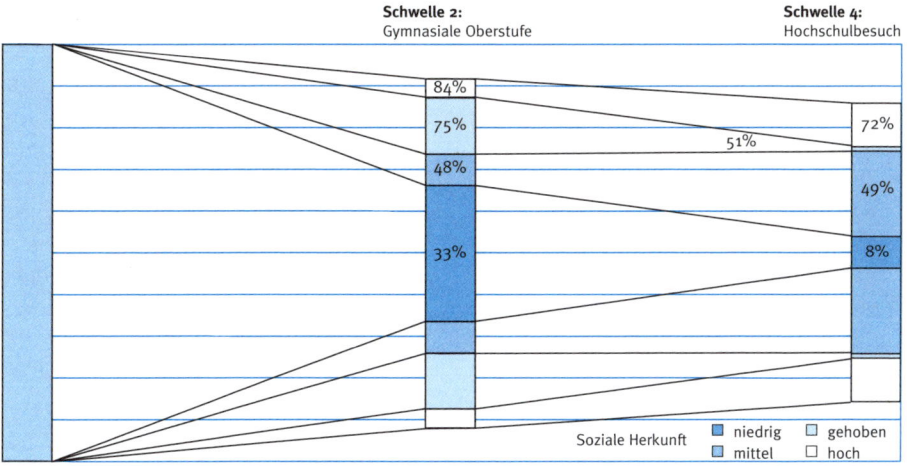

Bildungstrichter 2: Bildungsbeteiligung nach sozialer Herkunft der Familienbezugsperson

(vgl. SCHNITZER/ISSERSTEDT/MÜSSIG-TRAPP/SCHREIBER 1998, S. 49 ff.)

LEHMANN, R./PEEK, R./GÄNSFUSS, R.: Aspekte der Lernausgangslage von Schülerinnen und Schülern der fünften Klasse an Hamburger Schulen. Bericht über die Untersuchung im September 1996. Hamburg 1997. Im Internet verfügbar unter der URL www.hamburger-bildungsserver.de/schulentwicklung/lau/lau5.

LEHMANN, R./PEEK, R./GÄNSFUSS, R.: Aspekte der Lernausgangslage von Schülerinnen und Schülern der fünften Klasse an Hamburger Schulen – Klassenstufe 7. Bericht über die Erhebung im September 1998. Hamburg 1999. Im Internet verfügbar unter der URL www.hamburger-bildungsserver.de/schulentwicklung/lau/lau7.

SCHNITZER, K./ISSERSTEDT, W./MÜSSIG-TRAPP, P./SCHREIBER, J.: Das soziale Bild der Studentenschaft in der Bundesrepublik Deutschland. 15. Sozialerhebung des Deutschen Studentenwerks. Bonn 1998.

Welche Bedeutung haben Genderaspekte im Bildungsbereich?

Gender Studies

Mit dem Lehnwort Gender wird das *soziale Geschlecht*, also die Summe der kulturabhängigen und der gesellschaftlich konstruierten Geschlechtsmerkmale, vom biologischen Geschlecht (engl. *sex*) unterschieden. Die Genderforschung beschäftigt sich somit nicht mit biologischen Merkmalen, sondern mit der Entwicklung und Veränderung der Unterschiede in der sozialen Identität männlicher und weiblicher Menschen in einer Gesellschaft. Dabei geht es jedoch nicht allein um die Überwindung der gesellschaftlichen Benachteiligung von Frauen und Mädchen, sondern zunehmend auch um „Defizite und Belastungsfaktoren in der männlichen Sozialisation" (KRAUL/HORSTKEMPER 1999, S.4). Das Bildungswesen und besonders die Schule spielen hier eine entscheidende Rolle:

- Zum einen ist Schule eine Institution, in der, von wenigen Ausnahmen abgesehen, Mädchen und Jungen regelmäßige gemeinsame Sozialisationserfahrungen machen.
- Zum anderen wirkt Schule als gesellschaftliche Vermittlungsinstanz, die die jeweils aktuellen Konzepte von ‚männlich' und ‚weiblich' reproduziert.
- Weiterhin ist Schule auch ein geeigneter Ort, um diese Konzepte zu thematisieren und so aus unbewussten Rollenzuschreibungen Unterrichtsthemen zu entwickeln.

Koedukation

Der gemeinsame Unterricht von Mädchen und Jungen – die Koedukation – hat sich in den letzten 40 Jahren als Regelfall im deutschen Schulwesen durchgesetzt. Getrennter Unterricht ist heute auf relativ wenige Schulen bzw. einzelne Fächer beschränkt. Die Koedukation hat wesentlich dazu beigetragen, dass Mädchen inzwischen keine bildungsbenachteiligte Gruppe mehr darstellen – der Anteil der Abiturientinnen eines Abiturjahrgangs beträgt heute regelmäßig über 50 Prozent. Die damit verbundenen Hoffnungen haben sich jedoch nicht alle erfüllt. So gibt es zum Beispiel immer noch starke Vorurteile bezüglich geschlechtsspezifischer Begabungen. Die *reflexive Koedukation*, also koedukativer Unterricht, der das Geschlechterverhältnis bewusst zum Thema macht, setzt an diesen Defiziten an, um so die Identitätsfindung der Lernenden zu unterstützen sowie Stereotype in Frage zu stellen und einen kooperativen Umgang zwischen den Geschlechtern zu fördern.

In pädagogischen Studiengängen und in Fachschulen für Erziehung hat man zum Teil Konsequenzen aus dieser Entwicklung gezogen und die Genderforschung stärker als Ausbildungsinhalt berücksichtigt. Eine noch weitreichendere und systematischere Berücksichtigung wäre allerdings wünschenswert.

Bildungskommission NRW: Zukunft der Bildung – Schule der Zukunft: Denkschrift der Kommission „Zukunft der Bildung – Schule der Zukunft" beim Ministerpräsidenten des Landes Nordrhein-Westfalen. Neuwied, Kriftel 1995.

FAULSTICH-WIELAND, H./HORSTKEMPER, M.: „Trennt uns bitte, bitte nicht" – Koedukation aus Mädchen- und Jungensicht. Opladen 1995.

KRAUL, M./HORSTKEMPER, M.: Reflexive Koedukation in der Schule. Evaluation eines Modellversuchs zur Veränderung von Schule und Unterricht. Mainz 1999.

PINL, C.: Männer lassen arbeiten. Frankfurt a.M. 2000.

SCHÜSSLER, I. (Hrsg.): Koedukation auf dem Prüfstand. Heft 3 der Pädagogischen Materialien der Universität Kaiserslautern. Kaiserslautern 1997.

Empirische Befunde der Genderforschung und Ziele reflexiver Koedukation

Ziele reflexiver Koedukation		Empirische Befunde der Genderforschung
„Dem Ziel, dem politischen Willen nach einem gleichberechtigten Zusammenleben der Geschlechter näher zu kommen, entsprach [bereits] die Einführung koedukativer Schulen im Zuge der Bildungsreform der 60er-Jahre" (Bildungskommission 1995, S. 126).	**Gesellschaft**	Männer sind in sozial und wirtschaftlich hoch gestellten Berufen deutlich überrepräsentiert (z. B. 84 Prozent der Professoren in der höchsten Besoldungsgruppe).
„Geht es in den mathematisch-naturwissenschaftlichen Fächern darum, Mädchen mehr als bisher für Naturwissenschaften zu interessieren, [...] so können in den beteiligten geisteswissenschaftlichen Fächern besonders gut Geschlechterbeziehungen unter sehr unterschiedlichen Gesichtspunkten dargestellt und reflektiert werden" (WETZEL-SCHUMANN in SCHÜSSLER 1997, S. 201).	**Institution und Interaktion**	„Wir haben festgestellt, dass eine zu häufige Thematisierung der Geschlechterproblematik im Unterricht leicht kontraproduktiv wirkt" (WETZEL-SCHUMANN in SCHÜSSLER 1997, S. 201).
„Die Ebene schulischer Interaktion rückt Aspekte sozialen Lernens in den Vordergrund. Das betraf sowohl den Umgang zwischen Lehrerinnen und Lehrern mit ihren Schülerinnen und Schülern als auch das Klima zwischen den Lernenden. Hier ging es darum, den heimlichen Lehrplan der Einübung in das gesellschaftlich praktizierte Modell der ‚symbolischen Zweigeschlechtlichkeit' aufzuspüren und nach anderen Formen des Miteinanders zu suchen" (KRAUL/HORSTKEMPER 1999, S. 6).		„Mädchen in koedukativen Schulen haben entschiedenere Vorstellungen zur Gleichheit der Geschlechter entwickelt als Mädchen aus reinen Mädchenschulen" (KRAUL/HORSTKEMPER 1999, S. 302).
„Wie kann es den in der Schule Handelnden gelingen, Jungen wie Mädchen darin zu unterstützen, ihre eigene Identität zu finden und zu entwickeln, ohne sich von typisierenden Geschlechtsrollenmustern einengen zu lassen?" (FAULSTICH-WIELAND/HORSTKEMPER 1995, 254)	**Individuum**	„Unsere Daten haben eindrucksvoll belegt, dass Mädchen auf der einen Seite klare Ansprüche auf Gleichheit und Gleichberechtigung formulieren, dass sie auf der anderen Seite aber dazu neigen, ihre Forderungen wieder zurückzuziehen, und das nicht zuletzt deshalb, weil die unverarbeiteten Widersprüche und Defizite männlicher Sozialisation den gleichberechtigten Umgang der Geschlechter in koedukativen Lernprozessen erheblich belasten" (KRAUL/HORSTKEMPER 1999, S. 302).

1. Erläutern Sie den Unterschied der Begriffe *Sex* und *Gender*.
2. Überlegen Sie sich, welche Auswirkungen Geschlechtsstereotype auf männliche und weibliche Schüler haben.
3. Was versteht man unter reflexiver Koedukation?

Welche Rolle spielt Interkulturalität im Bildungswesen?

Ausländerpädagogik

In Bildungsinstitutionen ist es inzwischen zum Regelfall geworden, dass Angehörige verschiedener Kulturen gemeinsam erzogen werden und gemeinsam lernen. Nachdem durch Arbeitsmigration in den 1970er-Jahren verstärkt Schülerinnen und Schüler ausländischer Herkunft in Deutschland unterrichtet wurden, reagierte die Pädagogik zunächst mit der Konzeptionalisierung einer *Ausländerpädagogik*. Diese hatte die Integration der ausländischen Kinder zum Ziel, orientierte sich dabei aber weitgehend an inländischen kulturellen Standards und sie versuchte, die (an den genannten Standards gemessenen) Defizite dieser Kinder zu kompensieren bzw. zu beseitigen.

Dieser Zugang stellt aber nicht bloß eine Abwertung anderer Kulturen dar, er erwies sich in der Praxis auch nicht als sehr wirksam (vgl. DIEHM / RADKE 1999, S. 129). Weiterhin änderten sich die Umstände der interkulturellen Begegnung in der Schule: Während ursprünglich noch kulturelle Homogenisierung und Integration angestrebt wurden, musste mehr und mehr erkannt werden, dass auch die (sub-)kulturellen Unterschiede innerhalb der Bundesrepublik Deutschland wuchsen und dass Immigration sich mittlerweile zu einem konstanten Phänomen entwickelte.

Interkulturelle Pädagogik

Im Zuge dieser Kritik gewann das Konzept der *interkulturellen Pädagogik* an Bedeutung, das an die Stelle einer kulturellen Homogenisierung das Nebeneinander kultureller Verschiedenheit stellt. Interkulturelle Pädagogik ist von einer aufmerksamen Offenheit gegenüber dem kulturell Anderen gekennzeichnet. Sie richtet sich dem-

nach nicht nur an andere Kulturen bzw. deren Vertreter, sondern auch an die eigene. NEIL POSTMAN beschreibt die Offenheit dieses Zugangs, der der Anerkennung der kulturellen Vielfalt verpflichtet ist:

> „Während ethnischer Stolz nach innen gerichtet ist, auf die Talente und Leistungen der eigenen Gruppe, richtet sich die Anerkennung der Vielfalt nach außen, auf die Talente aller Gruppen. Die Geschichte der Vielfalt will uns vermitteln, dass unsere Interaktionen mit vielen Menschen uns zu dem machen, was wir sind. Ihre Botschaft wird von der faktischen Entwicklung der menschlichen Kulturen stark gestützt. Sie untergräbt den ethnischen Stolz nicht, sondern setzt die jeweilige Ethnizität in den Kontext unserer gemeinsamen Kultur. Sie trägt dazu bei, die Vergangenheit zu erklären, der Gegenwart Klarheit und Transparenz zu verleihen und Leitlinien für die Zukunft zu entwickeln. Sie ist, kurz gesagt, eine machtvolle und inspirierende Erzählung" (POSTMAN 1995, S. 182 f.).

Interkulturalität und Globalisierung

Aktuelle Diskussionen, etwa zur Arbeitsmigration (*Greencard*, demografisch bedingter Einwanderungsbedarf), aber auch zu Fragen der Globalisierung zum Beispiel, geben dem Thema der Interkulturalität gegenwärtig eine hohe Bedeutung. Aus der Perspektive des Bildungswesens betrachtet ist es wichtig, der Tatsache der Interkulturalität konstruktiv zu begegnen. Interkulturelle Pädagogik muss – im Sinne POSTMANS – das bereichernde Potenzial in der kulturellen Vielfalt moderner Gesellschaften nutzen und darf keinesfalls versuchen, kulturelle Unterschiede einzuebnen.

So viele ausländische Schülerinnen und Schüler gibt es im Sekundarschulbereich

In dieser Grafik ist der prozentuale Anteil der ausländischen Schülerinnen und Schüler an der Gesamtzahl im Sekundarschulbereich dargestellt.

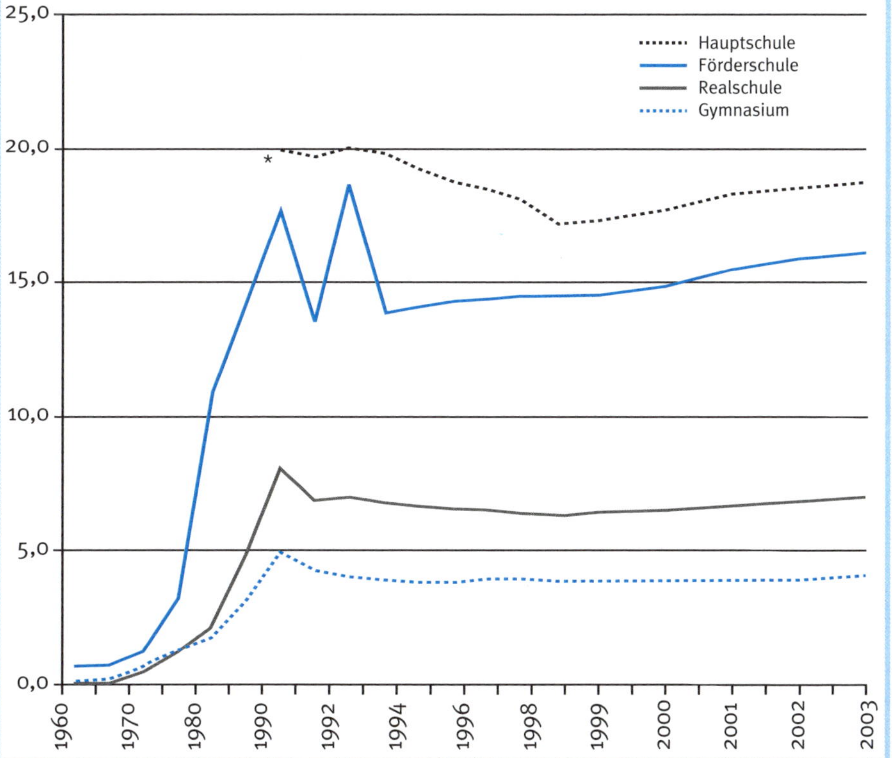

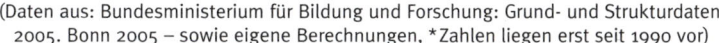

Legende:
- .... Hauptschule
- ——— Förderschule
- ——— Realschule
- ········· Gymnasium

(Daten aus: Bundesministerium für Bildung und Forschung: Grund- und Strukturdaten 2005. Bonn 2005 – sowie eigene Berechnungen, *Zahlen liegen erst seit 1990 vor)

1. Auf welche Schwierigkeiten stößt das Konzept kultureller Homogenität in modernen Gesellschaften?
2. Wie können Lehrerinnen und Lehrer einen offenen Zugang gegenüber der eigenen und anderen Kulturen praktizieren?
3. Wie lassen sich Ihrer Meinung nach die Daten in der Grafik oben erklären? Wie beurteilen Sie insbesondere die Entwicklung seit den 1990er-Jahren?

ARNOLD, R.: Interkulturelle Berufspädagogik. Oldenburg 1991.
DIEHM, I./RADKE, F.-O.: Erziehung und Migration. Eine Einführung. Stuttgart u.a. 1999.
NIEKE, W.: Interkulturelle Erziehung und Bildung. Wertorientierungen im Alltag. Opladen 1995.
POSTMAN, N.: Keine Götter mehr. Das Ende der Erziehung. Berlin 1995.
PRENGEL, A: Pädagogik der Vielfalt. Opladen 1993.

Interkulturalität in der Schule

F
77

Wie hat sich das Bildungssystem in Deutschland bis 1945 entwickelt?

Anfänge institutionalisierter Bildung

Seit mehr als vier Jahrtausenden gibt es institutionalisierte Bildung – frühe Beispiele in der Menschheitsgeschichte hierfür sind etwa die ägyptischen Schreiberschulen, das Ausbildungswesen der Beamtenschicht im alten China oder auch die griechischen Akademien. Lange Zeit war schulisches Lernen allerdings nur einer kleinen – und im Allgemeinen männlichen – Minderheit vorbehalten. Der andere, überwiegende Teil der Bevölkerung bildete sich nebenbei, durch Erfahrung und elterliche Erziehung. Im Mittelalter entwickelten sich erste formale berufliche Ausbildungsstrukturen in Form der Meisterlehre. Eine durchschlagende Begründung für die Verbreitung einer allgemeinen Bildung lieferte jedoch erst die Reformationsbewegung, denn auch der Laie sollte an die Bibel und somit an das Lesen der Schrift herangeführt werden.

Meilensteine bei der Entwicklung des heutigen Schulwesens waren:

1. die zunehmend flächendeckende *Gründung von Schulen* im 18. und 19. Jahrhundert,
2. die verschiedenen Stufen der *Einführung der Schulpflicht* (Anfang des 18. Jahrhunderts nur für Orte mit Schulen, 1763 allgemein) sowie deren Durchsetzung um 1880,
3. die allmähliche *Professionalisierung des Lehrpersonals* – von Landgeistlichen und gedienten Unteroffizieren früher bis hin zu den in ihren jeweiligen Fächern und der Pädagogik wissenschaftlich ausgebildeten Lehrerinnen und Lehrern in der heutigen Zeit.

Universitäten und duale Ausbildung

Die modernen *Universitäten* haben ihre Wurzeln im Mittelalter: Die erste Universitätsgründung fand 1088 in Bologna statt, die erste deutsche Gründung einer Universität 1348 in Prag. Den bedeutendsten Entwicklungsschritt in der Neuzeit erreichte das Hochschulwesen durch die neuhumanistische Universitätsreform im frühen 19. Jahrhundert, die eng mit dem Namen WILHELM VON HUMBOLDT verbunden ist. Ihre Anliegen waren:

„[...] die weit gehende innere Autonomie der staatlich getragenen Universitäten, ihre Selbstverwaltung durch die Lehrstuhlinhaber (Ordinarien), die Betonung einer von allen unmittelbaren gesellschaftlichen Interessen freien Forschung und die Absetzung der universitären Bildung von schulischem Unterricht einerseits, von beruflicher Praxis andererseits" (PEISERT/FRAMHEIN 1997, S. 3).

Mitte des 19. Jahrhunderts entstanden als Ergänzung zu den humanistisch orientierten Universitäten die technischen Hochschulen (z. B. Karlsruhe 1865, Aachen 1870). Die *Ausbildung im dualen System* (→ Frage F 89–91) hat sich aus der mittelalterlichen, in Zünften organisierten Handwerkslehre entwickelt, die die hierarchische Gliederung in Lehrling, Geselle und Meister hervorgebracht hatte, Lehrverträge und eine gesellschaftliche Aufsicht der Lehrtätigkeit kannte. Ergänzend kamen im 18. Jahrhundert *Vorformen der Berufsschule* hinzu (Fachkurse religiöser Sonntagsschulen, gewerbliche Sonntagsschulen, Handelsschulen), die die Lehre ergänzten.

1. Wann wurde die allgemeine Schulpflicht durchgesetzt?
2. Was kennzeichnet die neuhumanistische Universitätsreform?
3. Wie entwickelte sich historisch das Verhältnis zwischen allgemeiner und spezialisierter (beruflicher) Bildung?

Die historische Dimension des Bildungswesens

Am Beispiel des Verhältnisses von allgemeiner zu beruflicher Bildung verdeutlicht die Grafik die historische Dimension des Bildungswesens.

Trennung und Nicht-Gleichwertigkeit
von allgemeiner und
beruflicher Bildung

Integration und Gleichwertigkeit
von allgemeiner und
beruflicher Bildung

- mittelalterliche Meisterlehre (ab 1100)
- Lateinschulen
- kameralistische Buchhaltungsschulen (ab 1500)
- gewerbliche Sonntagsschulen (ab 1786)
- gewerbliche Fortbildungsschulen (ab 1850)

frühe
Hochkulturen

- industrielle Revolution
- Aufklärung

Trennung des allgemein bildenden Schulwesens
vom beruflichen Schul- und Ausbildungswesen

- Neuhumanismus
- Industrialisierung

- allgemeine Fortbildungsschule (ab 1870)
- beruflich gegliederte Fortbildungsschule (ab 1900)

- Humanisierung der Arbeitswelt
- demokratischer Staat
- ganzheitlich-bildungs-reformerische Ansätze

- zweiter Bildungsweg (ab 1950)
- berufliches Gymnasium (ab 1965)
- Neuordnung der Ausbildungsberufe (ab 1987)

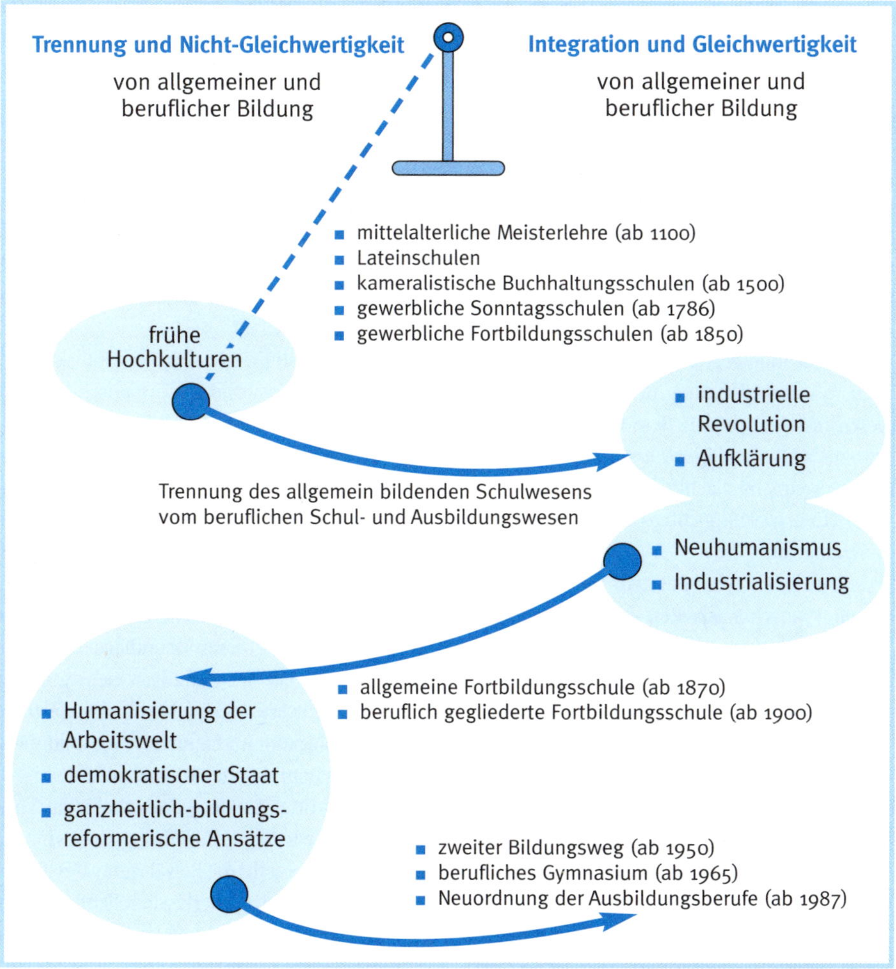

(ARNOLD/MÜLLER 2000, S.66)

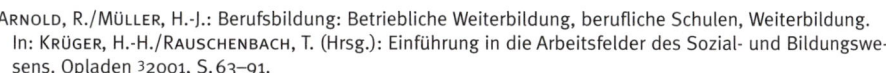
ARNOLD, R./MÜLLER, H.-J.: Berufsbildung: Betriebliche Weiterbildung, berufliche Schulen, Weiterbildung. In: KRÜGER, H.-H./RAUSCHENBACH, T. (Hrsg.): Einführung in die Arbeitsfelder des Sozial- und Bildungswesens. Opladen ³2001, S.63–91.
DREWEK, P.: Geschichte der Schule. In: HARNEY, K./KRÜGER, H.-H. (Hrsg.): Einführung in die Geschichte der Erziehungswissenschaft und der Erziehungswirklichkeit. Opladen 1997.
PEISERT, H./FRAMHEIN, G.: Das Hochschulsystem in Deutschland. Bonn ²1997.
TENROTH, H.-E.: Schulische Einrichtungen. In: LENZEN, D. (Hrsg.): Erziehungswissenschaft. Ein Grundkurs. Reinbek 1994, S.427–446.

1945: Die bedingungslose Kapitulation am 8. Mai 1945 stellte für Deutschland auch bildungspolitisch einen Neuanfang dar. Mit Blick auf das Geschehene stellten die alliierten Besatzungsmächte fest, dass das Bildungswesen im nationalsozialistischen Deutschland der Katastrophe des Zweiten Weltkrieges nicht entgegengewirkt hatte. Eine Möglichkeit, auf breiter Ebene zur Ausbildung demokratischen Gedankenguts beizutragen, sahen sie in dem Programm der *Reeducation*. Doch das wachsende Bedürfnis der Deutschen nach historisch unbelasteten kulturellen Anknüpfungspunkten rief eher Skepsis der Reeducation gegenüber hervor. Der Wunsch nach Wiederherstellung des alten Bildungswesens setzte sich den Bemühungen des Programms entgegen. Diese erste Phase des Bildungssystems im Nachkriegsdeutschland – die von 1945 bis 1949 reichte – stand somit in der Spannung von:

- der Reeducation der Besatzungsmächte,
- dem Wunsch nach Restauration durch die Wiederanbindung an kulturelle und nationale Traditionen aus der Zeit vor dem Nationalsozialismus.

1949: Mit Gründung der Bundesrepublik Deutschland 1949 erlangten die Länder im Kulturföderalismus die Hoheit über das Bildungswesen und das dreigliedrige, damals hochselektive Schulsystem konnte schließlich restauriert werden.

Die zweite Phase, die von der Gründung der Bundesrepublik Deutschland bis etwa 1955 reichte, war von den Bemühungen gekennzeichnet, das noch heterogene Schulsystem zu vereinheitlichen und den akuten Versorgungsmangel in vielen Bereichen zu beseitigen.

1957: Als es 1957 der Sowjetunion gelang, den ersten Satelliten in eine Umlaufbahn zu schicken, reagierte die westliche Welt verstört, denn sie hatte bislang an ihre technisch-wissenschaftliche Überlegenheit in diesem Bereich geglaubt. Der so genannte „Sputnik-Schock" stellte indirekt auch das Bildungswesen der westlichen Staaten in Frage. In der Bundesrepublik sprach man von der „Bildungskatastrophe" (PICHT 1964). Als Gegenreaktion begann man Bildungswerbung zu betreiben.

1970: Gleichzeitig setzte eine Reformdiskussion ein, deren wichtigstes programmatisches Dokument der „Strukturplan für das deutsche Bildungs- und Erziehungswesen" von 1970 war. 1973 legte die 1970 gegründete Bund-Länder-Kommission für Bildungsplanung und Forschungsfragen den ersten *Bildungsgesamtplan* vor, der Planungen bzw. Vorstellungen über längerfristige bildungspolitische Zielvorstellungen versammelte. Auf dieser Grundlage sollte der Auf- und Ausbau des Bildungswesens geleistet werden, er wurde jedoch nicht voll umgesetzt.

In dem Folgejahren stagnierten die bildungspolitischen Bemühungen weitgehend.

1995: Erst Mitte der 90er-Jahre scheint das Thema Bildung wieder an Bedeutung zu gewinnen. Bildung erscheint für die Bewältigung des gesellschaftlichen Wandels unerlässlich. Schließlich ist die Diskussion um die Leistungsfähigkeit des Bildungswesens durch *internationale Vergleichsstudien* (etwa PISA, Programm for International Student Assessment) neu in Gang gekommen.

1. Welche Gründe können die Menschen nach 1945 veranlasst haben, sich wieder auf alte bildungspolitische Positionen zu beziehen?
2. Benennen Sie mögliche Triebkräfte für Modernisierungsbestrebungen im Bildungssystem und ordnen Sie sie den Entwicklungsphasen zu.

Integration des Bildungswesens – von der Vorschule bis zur Weiterbildung

„Im Strukturplan werden folgende Bereiche des organisierten Lernens unterschieden, einander zugeordnet und als ein zusammenhängendes Ganzes dargestellt: Elementarbereich, Primarbereich, Sekundarbereich und Weiterbildung." (S. 26)

Allmähliche Überwindung der vertikalen Gliederung und innere Differenzierung

„Die Entwicklung der Bildungssysteme in demokratischen Industriegesellschaften stimmt insofern überein, als alle der Spannung von Einheit und Vielfalt, von gemeinsamer Grundbildung und Spezialisierung dadurch gerecht zu werden versuchen, dass sie einerseits bisher isolierte Bildungsinstitutionen stärker integrieren, andererseits die Bildungswege und Bildungsangebote innerhalb der Bildungsinstitutionen stärker differenzieren." (S. 70)

Wissenschaftsorientierung

„Die Bedingungen des Lebens in der modernen Gesellschaft erfordern, dass die Lehr- und Lernprozesse wissenschaftsorientiert sind. Das bedeutet nicht, dass der Unterricht auf wissenschaftliche Tätigkeit oder gar auf Forschung abzielen sollte; es bedeutet auch nicht, dass die Schule unmittelbar die Wissenschaften vermitteln sollte. [...] Wissenschaftsorientierung bedeutet, dass Bildungsgegenstände [...] in ihrer Bedingtheit und Bestimmtheit durch die Wissenschaften erkannt und entsprechend vermittelt werden." (S. 33)

Einheitliche 10-jährige Schulpflicht

„Die Bildungskommission empfiehlt [...] abhängig von der vorgeschlagenen Verbesserung des Lernangebots eine allgemeine Bildungspflicht einzuführen, die bis zum vollendeten 16. Lebensjahr reicht." (S. 99)

Chancengleichheit

„Das Recht auf schulische Bildung ist dann verwirklicht, wenn Gleichheit der Bildungschancen besteht und jeder Heranwachsende so weit gefördert wird, dass er die Voraussetzungen besitzt, die Chancen tatsächlich wahrzunehmen. [...] Die Chancengleichheit soll nicht durch eine Nivellierung der Anforderungen angestrebt werden. [...] Die Verbesserung der Bildungschancen wird vorwiegend unter dem Gesichtspunkt gesehen, dass Benachteiligungen aufgrund regionaler, sozialer und individueller Voraussetzungen aufgehoben werden müssen." (S. 30)

(Deutscher Bildungsrat 1970)

CORTINA, K. S. / BAUMERT, J. / LESCHINSKY, A. / MAYER, K. U. / TROMMER, L. (Hg.): Das Bildungswesen in der Bundesrepublik Deutschland. Strukturen und Entwicklungen im Überblick. Reinbek 2003.

Deutscher Bildungsrat: Strukturplan für das Bildungswesen. Empfehlungen der Bildungskommission. Bonn 1970.

HAMANN, B.: Geschichte des Schulwesens. Werden und Wandel. Bad Heilbrunn/Obb. 1986.

PICHT, G.: Die Bildungskatastrophe. Freiburg 1964.

SCHMITZ, K.: Geschichte der Schule. Ein Grundriss ihrer historischen Entwicklung und ihrer künftigen Perspektive. Stuttgart u. a. 1980.

Es gibt drei Gruppen gesellschaftlicher Akteure des Bildungswesens:

1. den *Staat*, der durch den Bund, die Länder und die Gemeinden in Aktion tritt, ferner durch die Gremien des kooperativen Föderalismus (Bund-Länder-Kommission für Bildungsplanung und Forschungsförderung, ständige Konferenz der Kultusminister der Länder in der Bundesrepublik Deutschland);
2. die staatlich getragenen *Gremien der Politikberatung*, z. B. den Wissenschaftsrat. Das zweifellos bedeutungsvollste Gremium war der Bildungsrat, dessen „Strukturplan" (Deutscher Bildungsrat 1970) für die Bildungspolitik richtungsweisend war und zum Teil heute noch aktuelle Konzepte und Ideen enthält;
3. auf nichtstaatlicher Ebene die verschiedenen *Interessenvertretungen* der am Bildungswesen Beteiligten, etwa die Gewerkschaft Erziehung und Wissenschaft (GEW), der Philologenverband, der Verband der Lehrer an berufsbildenden Schulen, aber auch die Zusammenschlüsse nichtstaatlicher Schulträger wie beispielsweise der Bund der freien Waldorfschulen usw.

Föderale Struktur

Das Schulwesen, der auf die Schule bezogene Teilbereich des Bildungswesens, ist nicht Gegenstand der ausschließlichen oder konkurrierenden Gesetzgebung des Bundes (Grundgesetz, Art. 70 ff.) und liegt somit in der Kompetenz der Länder. Deshalb muss der Bund bei bildungspolitischen Fragen große Zurückhaltung wahren

und sich auf Rahmenkompetenzen beschränken – besonders im Hochschulbereich und in Teilen der Berufsausbildung.

Die Länder sind für *die inneren Schulangelegenheiten* verantwortlich und üben die Schulhoheit aus. Das heißt, sie gestalten das Schulwesen, sie organisieren die Schulaufsicht und sie überwachen die Durchführung. An Ordnungsmitteln stehen ihnen dabei die Möglichkeiten der Gesetzgebung und der Mittelzuweisung, die Verordnungskompetenz, die Entscheidung über die Schulbuchgenehmigung usw. zur Verfügung.

Die äußeren Schulangelegenheiten gehören zu den Aufgaben der Gemeinden – sie betreffen die Verantwortung für Gebäude und für Sachausstattung sowie für die Verwaltung innerhalb der Schule.

Damit das Bildungswesen in Deutschland eine gewisse *Einheitlichkeit* wahrt, sind Gremien des kooperativen Föderalismus erforderlich. Die Kultusministerkonferenz der Länder (KMK) etwa hat darüber Einigkeit zu erzielen, dass in einem Bundesland erworbene Schulabschlüsse auch in den anderen Ländern anerkannt werden. Die Bund-Länder-Kommission für Bildungsplanung und Forschungsförderung (BLK) ist demgegenüber ein Gremium mit Bundesbeteiligung. Ursprünglich wurde sie 1970 als Planungsgremium eingerichtet – eine Einigung auf einen Bildungsgesamtplan gelang jedoch nur einmal (1973). Inzwischen hat sich ihre Rolle stärker auf die punktuelle Innovations- und Forschungsförderung verschoben.

---

1. Benennen Sie verschiedene Interessen, die für die einzelnen Akteure im Bildungswesen eine Rolle spielen.
2. Was bedeutet kooperativer Föderalismus?
3. Was bedeutet die „Einheitlichkeit der Lebensverhältnisse" (Grundgesetz, Art. 106) übertragen auf das Bildungswesen?

Informationsquellen zum Bildungssystem

Die Akteure des Bildungssystems vertreten ihre Positionen öffentlich und bieten deshalb ein umfangreiches Informationsangebot zu aktuellen Konzepten, Entwicklungen und Beschlüssen zum Bildungswesen. Viele dieser Informationen sind über das World Wide Web zugänglich.

Die folgende Liste enthält eine Auswahl wichtiger Informationsquellen.

Bund	Bundesministerium für Bildung und Forschung	www.bmbf.de
	Bundesinstitut für Berufsbildung	www.bibb.de
Länder-Länder-Kooperation	Kultusministerkonferenz	www.kmk.org
Bund-Länder-Kooperation	Bund-Länder-Kommision für Bildungsplanung und Forschungsförderung	www.blk-bonn.de
Arbeitgeberverbände	Institut der deutschen Wirtschaft	www.iwkoeln.de
Gewerkschaften	Gewerkschaft Erziehung und Wissenschaft	www.gew.de
Lehrerinnen- und Lehrerverbände	Deutscher Lehrerverband	www.lehrerverband.de
Organisation freier Schulen und anderer Bildungsträger	Bund freier Waldorfschulen	www.waldorfschule.de
	Bundesverband der freien Alternativschulen	www.paritaet.org/bfas
	Deutsches Institut für Erwachsenenbildung	www.die-frankfurt.de
	Hochschulrektorenkonferenz	www.hrk.de

CORTINA, K. S. / BAUMERT, J. / LESCHINSKY, A. / MAYER, K. U. / TROMMER, L. (Hg.): Das Bildungswesen in der Bundesrepublik Deutschland. Strukturen und Entwicklungen im Überblick. Reinbek 2003.
Deutscher Bildungsrat: Strukturplan für das Bildungswesen. Empfehlungen der Bildungskommission. Bonn 1970.

Das Schulsystem in Deutschland ist vertikal in drei Stufen gegliedert:

- die *Primarstufe* – die ersten vier Schuljahre,
- der *Sekundarbereich I* – schließt an die Primarstufe an und bezieht sich auf die drei Schulformen Hauptschule, Realschule und Gymnasium (in einigen Ländern ist die Grundschule auf sechs Jahre verlängert oder eine schulartunabhängige Orientierungsstufe in den Klassen 5 und 6 eingerichtet),
- der *Sekundarbereich II* – beginnt mit der 11. Klassenstufe, ab der die allgemein bildende gymnasiale Oberstufe und verschiedene Formen des beruflichen Schulwesens nebeneinander treten.

Im Düsseldorfer Abkommen (1955) wurde für die Sekundarstufe die Dreigliedrigkeit festgeschrieben, nach der nach einer gemeinsamen Grundschulzeit drei Schulformen (Hauptschule, Realschule und Gymnasium) nebeneinander treten. Im Zuge der Bildungsreform von 1970 kam die Gesamtschule als vierte Schulform hinzu. In ihr werden die drei Schulformen der Sekundarstufe I (sowie oft eine gymnasiale Oberstufe) vereint. Neuerdings wird die (west-)deutsche Tradition des dreigliedrigen Schulwesens stärker in Frage gestellt, zumal im internationalen Vergleich die meisten Schulsysteme wenn überhaupt sehr viel später eine Verteilung der Schülerinnen und Schüler auf verschiedene Schulen vornehmen.

Schulformen im Überblick

Die *Hauptschule*, die sich erst 1964 endgültig im westdeutschen Schulsystem etablieren konnte, war als Anschluss an die Grundschule zum Zweck der Vorbereitung auf eine Berufsausbildung vorgesehen. Die *Realschule* sollte auf gehobene Dienstleistungstätigkeiten vorbereiten und dem *Gymnasium* blieb die Vorbereitung auf ein Universitätsstudium vorbehalten (nach BMBF 2000, S. 51 f.).

Entwicklung und Tendenzen

Tatsächlich haben sich die Bildungsgänge anders entwickelt:

- Im Jahr 1960 besuchten allein 66 Prozent Hauptschülerinnen und -schüler die Sekundarstufe I, davon lediglich 13 Prozent an Realschulen und 20 Prozent an Gymnasien.
- Im Jahr 1998 hingegen besuchten 21 Prozent der Schülerinnen und Schüler der Sekundarstufe I die Hauptschule, 24 Prozent die Realschule und 30 Prozent das Gymnasium. Die verbleibenden 25 Prozent besuchten Gesamtschulen, schulartunabhängige Orientierungsstufen und sonstige Schulformen.

Diesen Veränderungen bei der Wahl der Schulform wird in den Ländern auf unterschiedliche Weise Rechnung getragen: Hauptschulen werden zu regionalen Schulen ausgebaut (mit der Möglichkeit, den Realschulabschluss zu erwerben) oder als Schulform sogar ganz abgeschafft. Die Gesamtschulen bieten sich als Alternative zur frühen Festlegung eines Bildungsweges an.

Allgemeine Bildungsabschlüsse werden inzwischen auch durch berufliche Schulen vergeben (z. B. Abitur an Wirtschafts- und technischen Gymnasien, die allgemeine Fachhochschulreife an Fachoberschulen).

1. Welche gesellschaftlichen und wirtschaftlichen Entwicklungen können Ursache für die veränderten Bildungsströme sein?
2. Welche Rolle spielen im Zusammenhang mit der Entscheidung für eine Schulform die verschiedenen Funktionen des Bildungssystems?

Verteilung der Lernenden in der Sekundarstufe I auf die Schularten

In den letzten fünfzig Jahren hat sich – unter anderem durch die Einführung der Gesamtschule – das Bildungsverhalten deutlich verändert (→ F 82, F 85). Folgende Grafik gibt hierüber eine Übersicht.

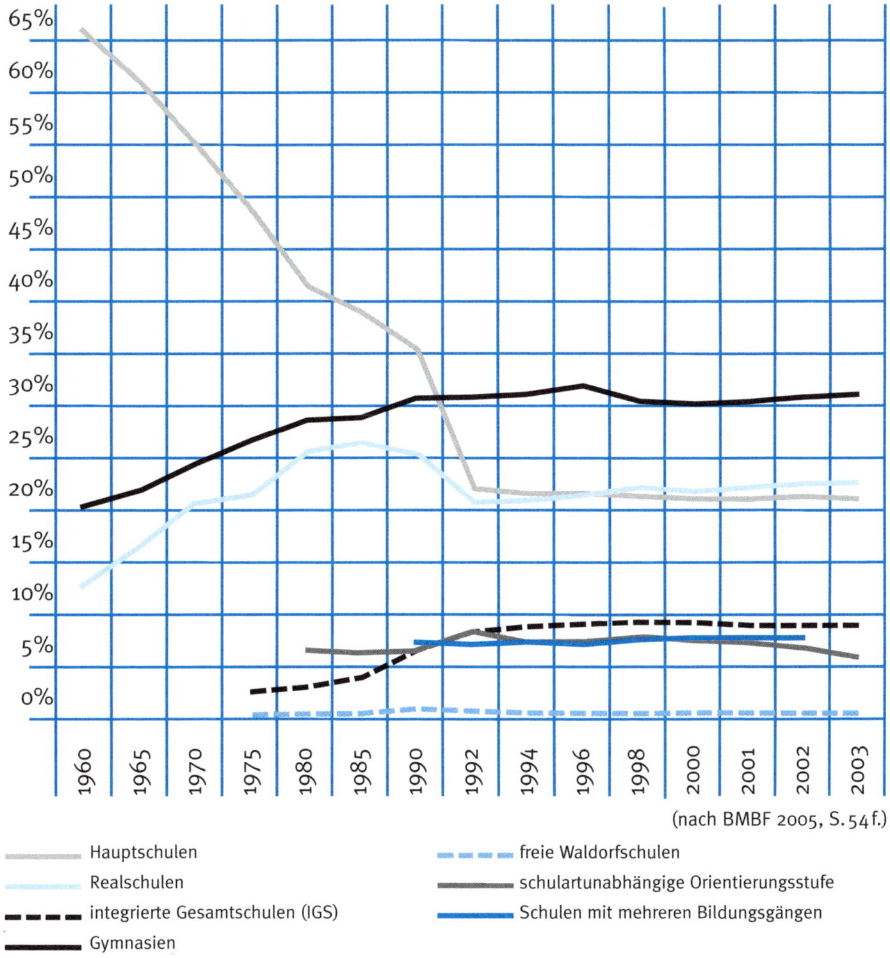

Hauptschulen
Realschulen
integrierte Gesamtschulen (IGS)
Gymnasien
freie Waldorfschulen
schulartunabhängige Orientierungsstufe
Schulen mit mehreren Bildungsgängen

(nach BMBF 2005, S. 54 f.)

Die Daten bis 1991 beziehen sich auf das alte Bundesgebiet, danach auf Gesamtdeutschland.

Bundesministerium für Bildung und Forschung (BMBF): Grund- und Strukturdaten. Bonn 2005.
CORTINA, K. S. / BAUMERT, J. / LESCHINSKY, A. / MAYER, K. U. / TROMMER, L. (Hg.): Das Bildungswesen in der Bundesrepublik Deutschland. Strukturen und Entwicklungen im Überblick. Reinbek 2003.

Schulformen im allgemein bildenden Schulwesen

In der Bundesrepublik Deutschland werden alle Kinder i. d. R. in dem Jahr schulpflichtig, in dem sie vor dem 30. Juni sechs Jahre alt geworden sind. Zum neuen Schuljahr werden sie dann entweder eingeschult oder zurückgestellt. Es gehen also praktisch alle siebenjährigen Kinder in Deutschland zur Schule. Die Grundschule umfasst im Allgemeinen vier Jahrgangsstufen, in Berlin und Brandenburg sind es sechs.

Allgemeine Kennzeichen

Weil die Grundschule möglichst frei vom Leistungsdruck späterer Schuljahre bleiben soll, werden zumindest in den ersten beiden Jahren des Schulbesuchs, zum Teil sogar während der gesamten Grundschulzeit, keine Noten, sondern Verbalbeurteilungen vergeben. Die Versetzung von einer Klassenstufe in die nächste soll den Regelfall darstellen und Leistungsdefizite sollen durch Fördermaßnahmen und nicht durch Wiederholung ausgeglichen werden. Dementsprechend nimmt die Zahl der Klassenwiederholungen ab – tendenziell wiederholen übrigens in allen allgemein bildenden Schulformen Jungen häufiger als Mädchen ein Schuljahr.

Gesellschaftliche Bedeutung

Gesellschaftlich kommt der Grundschule eine besondere Bedeutung zu. Sie ist die *erste verbindliche Sozialisationsinstanz* außerhalb der Familie. Die Grundschule ist ein wichtiger *Träger pädagogischer Innovationen*. Neue Konzepte des Unterrichts werden hier im Allgemeinen frühzeitig erprobt. Das hängt nicht zuletzt damit zusammen, dass die Grundschulen gesamtgesellschaftlichen Veränderungen unvermittelt ausgesetzt sind (z. B. demografische Veränderungen, Immigration, Wertewandel). Gleichzeitig können Grundschulen aufgrund ihrer überschaubaren Größe oft zeitnäher handeln als die Schulen des Sekundarbereichs. Das Interesse an einem gegenwarts- und zukunftsorientierten pädagogischen Profil von Grundschulen zeigt sich bereits im Lehramtsstudium: Der pädagogische Anteil ist im Primarbereich deutlich höher als in den anderen Lehramtsstudiengängen.

Unterricht und Organisation

Der *Unterricht* und die *Organisation* der Grundschulen haben sich in der Vergangenheit stark verändert: Zum einen unterliegen die Grundschulen im ländlichen Raum, insbesondere in den neuen Bundesländern, zum Teil starken demografischen Schwankungen. Diesen wird inzwischen z. T. durch jahrgangsübergreifenden Unterricht in so genannten kleinen Grundschulen begegnet. Zum anderen hat sich die *Grundschuldidaktik* schneller (als etwa die der Gymnasien) neuen Anforderungen an die schulische Allgemeinbildung sowie die erziehungswissenschaftlichen Erkenntnisse angepasst. So ist der willkürliche 45-Minuten-Takt bei vielen Grundschulen aufgehoben. Auch der Entwicklung von Methoden- und Kommunikationsfähigkeit wird eine wachsende Bedeutung beigemessen, was sich auch im Übergang zu partizipativen Methoden oder etwa einer kommunikationsfreundlichen Sitzordnung niederschlägt.

1. Welche Vor- und Nachteile bieten kleine Grundschulen aus pädagogischer Perspektive?
2. Welche Verbindungen sind zwischen den inhaltlichen und methodischen Veränderungen in der Grundschule einerseits und den gesellschaftlichen Veränderungen andererseits erkennbar?

Grundschule als Reformwerkstatt

neuere und wieder entdeckte Konzepte,
die in der Grundschule erfolgreich praktiziert werden

Inhalte	■ **Fremdsprachenunterricht ab der 3. Klasse:** spielerischer Umgang mit einer ersten Fremdsprache (Englisch oder Französisch) ■ **Selbstlernkompetenz:** stärkere Betonung der Entwicklung von (Lern-)Methodik gegenüber fachlichem Wissen
Struktur des Lern-prozesses	■ **Morgenkreis:** Häufig im Anschluss an einen offenen Unterrichtseinstieg setzen sich Lehrende und SchülerInnen einer Klasse im Kreis zusammen und besprechen wichtige Schulfragen; führen etwas vor; sagen, was ihnen ge- oder missfällt etc. ■ **Freiarbeit:** In mehr oder weniger vorstrukturierten Phasen können die Lernenden einzeln oder in Gruppen aus einem vorbereiteten Angebot wählen, womit sie sich auf welche Weise beschäftigen wollen. ■ **Projektunterricht:** Ein fächerübergreifendes Projekt tritt an die Stelle des Fachunterrichts und wird über einen zusammenhängenden Zeitraum aus verschiedenen Perspektiven bearbeitet. ■ **Wochenplanarbeit:** Zu Beginn einer Woche werden Aufgaben festgelegt, die teils verbindlich, teils freiwillig sind. Innerhalb der Woche haben die Kinder möglichst weit reichende Mitbestimmungsmöglichkeit bei der Auswahl und Reihenfolge der Aufgaben; sie sind auch an der Beurteilung beteiligt, ob eine Aufgabe erledigt ist oder nicht. ■ **offener Unterricht:** Verringerung der Festlegung des Unterrichts bezüglich Methoden, Sozialformen, Inhalten, zeitlicher und räumlicher Struktur etc. ■ **räumliche Veränderungen:** weit gehende Auflösung der klassischen Sitzreihen zu Gunsten interaktionsfördernder Anordnung (offene Lernumgebung)

Die Grundschule in der Gesellschaft

Veränderungen im Schulumfeld und in der Schulorganisation

Institution	■ **kleine Grundschule:** jahrgangsübergreifender Unterricht als möglicher Umgang mit sinkenden Schülerzahlen ■ **volle Halbtagsschule:** Für Lernende und Eltern wird eine verlässliche Schulbesuchszeit von einem halben Tag realisiert (z. T. über zusätzliche Betreuungsangebote, etwa Schulfrühstück etc.)
Lernende	■ **demografischer Unterdruck in ländlichen Regionen:** Schulstandorte sind durch zu geringe Zahl von Neuanmeldungen gefährdet. ■ **wachsende Heterogenität:** Lernende unterscheiden sich stärker in Bezug auf Herkunftsmilieus, soziale Lage, Freizeitverhalten, Leistungsfähigkeit und -bereitschaft, Sprachkenntnisse etc.

HAARMANN, DIETER (Hrsg.): Handbuch Grundschule. Band 1: Allgemeine Didaktik; Voraussetzungen und Formen grundlegender Bildung. Weinheim, Basel ³1996.
CORTINA, K. S. / BAUMERT, J. / LESCHINSKY, A. / MAYER, K. U. / TROMMER, L. (Hg.): Das Bildungswesen in der Bundesrepublik Deutschland. Strukturen und Entwicklungen im Überblick. Reinbek 2003.

Wohin entwickelt sich die Hauptschule?

Die Hauptschule hat in der Geschichte des Bildungssystems eine Entwicklung genommen, die 1964 – als die Bezeichnung Hauptschule im Rahmen des Hamburger Abkommens festgelegt wurde – noch niemand voraussehen konnte.

Hervorgegangen ist diese Schulform aus der Volksschuloberstufe. Ihr Ziel galt von Beginn an der Vorbereitung auf eine Berufsausbildung. Das Konzept für die Hauptschule wurde zunächst von einer nativistischen Begabungstheorie beeinflusst, die den Standpunkt vertrat, dass die Leistungsfähigkeit von Kindern im Wesentlichen davon abhängt, welche natürlichen Begabungen ihnen in die Wiege gelegt sind. Mit der Bezeichnung *Haupt*schule war die Vorstellung verbunden, eine Schulform zu entwickeln, die der überwiegenden Mehrzahl der Schülerinnen und Schüler angemessen ist. Inhaltlich zielte sie dementsprechend auf eine ganzheitliche und praktische Volks- und Heimatkunde.

Hauptschulunterricht heute

Heutiger Hauptschulunterricht ist zwar noch immer stärker praxis- und methodenorientiert und stellt kognitive Leistungen weniger in den Vordergrund, die Vorstellung angeborener Begabungen spielt mittlerweile jedoch kaum noch eine Rolle.

Die Hauptschule war von Anfang an als ein Gegengewicht gedacht, um die zum Teil überfrequentierten Realschulen und Gymnasien zu entlasten. In den letzten Jahren kristallisierte sich jedoch mehr und mehr heraus, dass sie dieser Aufgabe nicht gerecht werden konnte: Von den Schülerinnen und Schülern der 5. bis 10. Klasse besuchten 1998 etwa 15 Prozent die Hauptschule, auf ein Gymnasium gingen demgegenüber etwa 22 Prozent, auf die Realschule 17 Prozent (BMBF 2000, 50 f.) – allerdings ist die Hauptschülerquote auf dem Land im Allgemeinen deutlich höher als in den Großstädten.

Auch die Tatsache, dass Kinder, deren Muttersprache nicht Deutsch ist, häufig an der Hauptschule unterrichtet werden, stellt weitere mannigfache Anforderungen an die Entwicklung dieser Schulform.

Entwicklungen und Tendenzen

Die Kultusministerkonferenz der Länder zog aus dem deutlichen Rückgang der Schülerzahlen (und aus der Existenz von Sekundarschulen in den neuen Ländern) 1993 Konsequenzen und akzeptierte Schulformen im Sekundarbereich I, die mehr Bildungsgänge umfassen als den mögliche Regelfall. In den Ländern hatte dies unterschiedliche Folgen: Einige Länder bekannten sich weiterhin zum *dreigliedrigen Schulsystem* mit Haupt- und Realschule sowie Gymnasium. In vielen anderen Ländern wurde relativ zügig eine Entwicklung von *Sekundarschulen* vorangebracht, die mit unterschiedlichen Bezeichnungen die Bildungsgänge von Haupt- und Realschule verbinden. Diese Entwicklungen werden nach FRANZ HAMBURGER und GERHARD HECK als „leise rollende Schulreform" (HAMBURGER/HECK 1999, S. 11) bezeichnet.

---

1. Welche Rolle sollte die Hauptschule ursprünglich im Bildungssystem übernehmen?
2. Welche bildungsökonomischen und demografischen Gründe einerseits und pädagogischen Gründe andererseits sprechen für die Verbindung von Haupt- und Realschulen?

Die aufgeführten Schulformen verbinden in unterschiedlicher Weise die Bildungsgänge der Haupt- und Realschule, im Falle der Gesamtschulen auch des Gymnasiums. In der regionalen Schule in Rheinland-Pfalz etwa gibt es eine gemeinsame Orientierungsstufe, in der 7. Klasse Fachleistungsdifferenzierung in bestimmten Fächern und ab der 8. Klasse einen Haupt- und einen Realschulzweig.

Baden-Württemberg	kein gesonderter Schultyp zur Verbindung von Haupt- und Realschule; integrierte und kooperative Gesamtschulen als ‚Schulen besonderer Art'
Bayern	kein gesonderter Schultyp zur Verbindung von Haupt- und Realschule; integrierte und kooperative Gesamtschulen als ‚Schulen besonderer Art'
Berlin	sechsjährige Grundschule, danach viergliedriges Schulsystem
Brandenburg	sechsjährige Grundschule, danach Gesamtschule, Realschule und Gymnasium
Bremen	nahezu ausschließlich schulartübergreifende Schulzentren
Hamburg	integrierte Haupt- und Realschule
Hessen	verbundene Haupt- und Realschule
Mecklenburg-Vorpommern	verbundene Haupt- und Realschule
Niedersachsen	Sekundarschule als Versuch neben Hauptschule und Realschule
Nordrhein-Westfalen	kein gesonderter Schultyp zur Verbindung von Haupt- und Realschule; integrierte und kooperative Gesamtschule
Rheinland-Pfalz	regionale Schule — **Sachsen** Mittelschule
Saarland	erweiterte Realschule — **Sachsen-Anhalt** Sekundarschule
Schleswig-Holstein	kein gesonderter Schultyp zur Verbindung von Haupt- und Realschule; integrierte und kooperative Gesamtschule
Thüringen	Regelschule

(vgl. HAMBURGER/HECK 1999, insbesondere S. 16 f.)

Bundesministerium für Bildung und Forschung (BMBF): Grund- und Strukturdaten 1999/2000. Bonn 2000.
CORTINA, K. S. / BAUMERT, J. / LESCHINSKY, A. / MAYER, K. U. / TROMMER, L. (Hg.): Das Bildungswesen in der Bundesrepublik Deutschland. Strukturen und Entwicklungen im Überblick. Reinbek 2003.
HAMBURGER, F./HECK, G. (Hrsg.): Neue Schulen für Kids. Veränderungen in der Sekundarstufe I. Opladen 1999.

Was kennzeichnet die Realschulen?

Die Realschule hat sich seit den 1950er-Jahren in Anlehnung an die preußische Mittelschule als Schulform zwischen Gymnasium und Volksschule entwickelt. Heute spricht man rückblickend von einer „Entwicklung im Windschatten" (Arbeitsgruppe ... 1997, S. 456) der bildungspolitischen Diskussion: Die Realschule orientierte sich pragmatisch an einer Nachfrage nach qualifizierten Schulabgängern zur Ausbildung in anspruchsvolleren Lehrberufen, ohne dass sie in der bildungspolitischen Auseinandersetzung besondere Berücksichtigung erfahren hätte. Im Gegensatz zum Gymnasium, der Volks- bzw. Hauptschule und später der Gesamtschule wurde sie weder vom deutschen Ausschuss für das Bildungswesen noch vom deutschen Bildungsrat besonders kommentiert.

Gesellschaftliche Bedeutung

Die Nachfrage nach dem Realschulabschluss kam vor allem aus einer aufstiegsorientierten Mittelschicht, die dem Gymnasium eher reserviert gegenüberstand. Zum Erfolg der Realschule trug zudem bei, dass sie im Curriculum die wachsende Dienstleistungsorientierung berücksichtigte und somit dem Wandel zur Dienstleistungsgesellschaft entsprach. Der mittlere Sekundarschulabschluss der Realschule (mittlere Reife) stellt inzwischen faktisch einen anerkannten Maßstab grundlegender allgemeiner Schulbildung dar, während der Hauptschulabschluss vielfach als defizitär angesehen wird. Ein Realschulbesuch bietet zudem zahlreiche Möglichkeiten, den Bildungsweg fortzusetzen: Neben vielen Ausbildungsberufen im dualen System kann an einem beruflichen oder auch einem Aufbaugymnasium die allgemeine Hochschulreife erworben werden. Ferner besteht die Möglichkeit, die Fachhochschulreife an der Fachoberschule zu erwerben.

Position und Ausblick

Die Realschule nimmt eine Mittelstellung im Bildungswesen ein: Einerseits weist sie eine stark berufsorientierte Ausrichtung auf, die sich in Betriebspraktika und Wahlfächern wie Stenografie oder technischem Zeichnen zeigt, andererseits lässt sie auch den Weg zur allgemeinen Hochschulreife und anschließendem Universitätsstudium noch offen. Der Erfolg des Modells Realschule ist ungebrochen und dokumentiert den dauerhaften Bedarf nach einem mittleren Bildungsabschluss, der gegenüber einer Fortsetzung des Schulbesuchs ebenso offen ist wie gegenüber der Aufnahme einer Berufsausbildung. Inzwischen besteht aber auch an vielen (erweiterten) Hauptschulen die Möglichkeit, einen entsprechenden Abschluss zu erwerben (→ F 82), sofern es nicht sogar, wie z. B. im Saarland, die Hauptschule als Schultyp gar nicht mehr gibt. Tendenziell ist also ein Zusammenwachsen beider Schulformen zu beobachten.

1. Worauf ist der Erfolg der Realschule zurückzuführen?
2. Wie lässt sich die Stellung der Realschule im Schulwesen gegenüber Gymnasium einerseits und Hauptschule andererseits beschreiben?
3. Welche Rolle spielt die berufsorientierte Bildung in der Realschule?

Arbeitsgruppe Bildungsbericht am Max-Planck-Institut für Bildungsfragen: Das Bildungssystem in der Bundesrepublik Deutschland. Reinbek 1997.
HAMBURGER, F./HECK, G. (Hrsg.): Neue Schulen für Kids. Veränderungen in der Sekundarstufe I. Opladen 1999.
REKUS, J. (Hrsg.): Die Realschule. Alltag, Reform, Geschichte, Theorie. Weinheim u. a. 1999.

Fächer und Stundenzahlen der Realschule im Vergleich zu den anderen Schulformen – am Beispiel Hessen

Fach	Hauptschule[1]	Realschule	Gymnasium	Integrierte Gesamtschule
Deutsch	22/26	25	25	25
1. Fremdsprache[2]	19/22	24	24	24
2. Fremdsprache			15	
Mathematik	22/26	24	24	24
Sport	14/16	16	16	16
Religion/Ethik	10/12	12	12	12
Kunst/Musik	10/12	12	16	16
Biologie	7/7	8	8	8
Chemie	4/6	6	6	6
Physik	5/7	7	7	6
Lernbereich Gesellschaftslehre[3]				18
Erdkunde	7/7	7	6	6
Sozialkunde	4/6	6	7	5
Geschichte	5/7	8	8	7
Arbeitslehre	13/16	8		3
Wahlpflichtunterricht 2. Fremdsprache[4]	6/8	13/15	4/6	13/15
Wahlpflichtunterricht 3. Fremdsprache				4/6
Klassenlehrerstunde	1	1	1	2
Summe	**149/179**	**177/179**	**179/181**	**177/181**

Merkmale des Bildungsganges Realschule im Vergleich

- Der Fremdsprachenunterricht ist dem Gymnasium angenähert, wobei die zweite Fremdsprache optional ist.
- Die kulturelle Bildung in Kunst/Musik fällt geringer aus als am Gymnasium.
- Erdkunde wird gegenüber dem Gymnasium in höherem Umfang unterrichtet (dafür weniger Sozialkunde), Geschichte in höherem Umfang gegenüber der Hauptschule.
- Arbeitslehre wird im Gegensatz zum Gymnasium unterrichtet (und in höherem Umfang als an der Gesamtschule).
- Der Wahlpflichtanteil der Fächer ist so groß wie sonst nur an der Gesamtschule.

[1] bis 9/bis 10
[2] Hauptschule: Englisch
[3] Erdkunde, Sozialkunde und Geschichte können zu Gesellschaftslehre zusammengefasst werden.
[4] Gymnasium: 3. Fremdsprache, Hauptschule: keine 2. Fremdsprache möglich

Die Bezeichnung Gymnasium leitet sich aus dem Griechischen ab (*gymnásion,* d.h. Versammlungsstätte der Philosophen, ursprünglich auch Sportplatz und Gesprächsforum). Der (neu-) humanistische Bezug der Gymnasien ist teilweise immer noch erkennbar – etwa in der Unterrichtung und Bedeutung alter Sprachen oder der geringen Berücksichtigung von Fragen zur beruflichen Bildung (berufliche Gymnasien ausgenommen). Die Bezeichnung Gymnasium für alle Schulen, die zur allgemeinen Hochschulreife führen, wurde 1955 im so genannten Düsseldorfer Abkommen festgelegt (→ F 80).

Das Gymnasium umfasst in der Sekundarstufe die Klassen 5 oder 7 bis 13 (bzw. 12 in manchen Bundesländern). Die 5. bis 10. Klasse des Gymnasiums sind der *Sekundarstufe I* zugeordnet, die Klassen 11 bis 13 der *Sekundarstufe II.* Das Gymnasium, insbesondere deren Oberstufe, sollen auf ein wissenschaftliches Studium vorbereiten. Erst in jüngster Zeit gibt es mit der Berufsoberschule neben den allgemeinen und beruflichen Gymnasien eine weitere Schulform, die die allgemeine Hochschulreife verleihen kann.

Gesellschaftliche Bedeutung

Das Gymnasium entwickelte sich im Laufe der Zeit zur populärsten der allgemein bildenden Schulen in der Bundesrepublik Deutschland. Seit 1990 ist es die anteilmäßig stärkste Schulform im Sekundarbereich I. Das Gymnasium führt ohne Zeitverzögerung zum höchsten allgemein bildenden Schulabschluss und erlaubt damit den Zugang ebenso zu Ausbildungen im dualen System als auch zum Fachhochschul- und Universitätsstudium, dessen Abschluss immer noch die besten Voraussetzungen für das Erreichen höherer und vielfach besser bezahlter Positionen im Beschäftigungssystem bietet. Diese besseren „Lebenschancen" (SCHELSKY) im Sinne des auf diesen Bildungswegen erreichbaren sozialen Status tragen zur wachsenden Popularität des Gymnasiums bei.

Entwicklung und Tendenzen

In jüngerer Zeit gibt es vermehrt Ansätze zur Weiterentwicklung der Oberstufe, die sich unter anderem auf folgende Aspekte beziehen:

- eine punktuell stärkere Berücksichtigung beruflicher Kompetenzen,
- die Einführung von Klassenzügen mit verkürzter Schulzeit
- und nicht zuletzt die didaktischen und methodischen Neuerungen, die auch in das übrige Schulwesen Eingang finden.

Seit längerem lässt sich außerdem beobachten, dass sich die Absolventinnen und Absolventen des Gymnasiums neben einem Universitätsstudium vermehrt für eine Ausbildung oder das Studium an einer Fachhochschule entscheiden. Eine Reduzierung des Gymnasiums auf 12 Jahre wird mit Blick auf Regelungen in den neuen Bundesländern, die europäischen Nachbarn und die notwendige Verkürzung von Schul- und Studienzeiten vielfach gefordert und ist in einigen Bundesländern bereits umgesetzt.

Bildungskommission NRW: Zukunft der Bildung – Schule der Zukunft: Denkschrift der Kommission „Zukunft der Bildung – Schule der Zukunft" beim Ministerpräsidenten des Landes Nordrhein-Westfalen. Neuwied, Kriftel 1995.

CORTINA, K. S. / BAUMERT, J. / LESCHINSKY, A. / MAYER, K. U. / TROMMER, L. (Hg.): Das Bildungswesen in der Bundesrepublik Deutschland. Strukturen und Entwicklungen im Überblick. Reinbek 2003.

KRAUL, M.: Das deutsche Gymnasium 1780–1980. Frankfurt a. M. 1984.

MOEGLING, K. (Hrsg.): Gymnasium aktuell. Anregungen zu einer zeitgemäßen gymnasialen Bildung. Bad Heilbrunn/Obb. 2000.

1788 **preußisches Abiturreglement**: Das Abitur wird dem Universitätsbesuch als Prüfung vorangestellt. Allerdings setzen sich die privilegierten Schichten mit der Forderung durch, dass nur die Vergabe von Stipendien usw. an das Bestehen des Abiturs geknüpft wird, nicht aber der Besuch der Universität selbst.

1812 Eine **Erneuerung des Abiturreglements** macht das Bestehen der Abiturprüfung zwar immer noch nicht zur Voraussetzung für den Universitätsbesuch, aber für die Übernahme in entsprechende staatliche Beamtenlaufbahnen. Gleichzeitig werden die Prüfungsanforderungen (drei Sprachen, Mathematik, Geschichte, Geografie, Naturwissenschaft) präzisiert.

Mit dem Abitur sind neben Laufbahnmöglichkeiten auch andere Privilegien verknüpft. So ist das Bestehen des Abiturs seit 1818 Voraussetzung für die Verkürzung des Wehrdienstes von drei Jahren auf ein Jahr (Einjähriges).

1834 Die **Prüfung der Hochschulreife** obliegt nunmehr ausschließlich dem Gymnasium. Eine nachträgliche Zuerkennung der Reife durch die Universität ist nicht mehr möglich.

1837 Ein neuer Lehrplan mit verbindlicherem Charakter gegenüber dem von 1812 trägt zur **Vereinheitlichung gymnasialer Bildung** bei. Die wöchentliche Unterrichtszeit wird auf 32 Stunden begrenzt. Der Eintritt ins Gymnasium wird an fachliche Leistungen geknüpft.

Mit den Realschulen (später z. T. Realgymnasien) und Oberrealschulen erwächst dem Gymnasium eine Konkurrenz im Bereich der weiterführenden Schulen.

1892 Mit neuen Lehrplänen wird das Gymnasium auf die **nationale Idee** zugerichtet. Der Stundenanteil wird für das Fach Deutsch erhöht, für die Fächer Latein und Griechisch gesenkt. Turnen wird als Unterrichtsfach verbindlich eingeführt.

1900 **Realgymnasium und Oberrealschule** setzten sich nach langer Auseinandersetzung neben dem Gymnasium als Schulformen durch, die prinzipiell zum Universitätsbesuch berechtigen können.

1938 Mit den Richtlinien für das höhere Schulwesen werden die weiterführenden Schulen der **nationalsozialistischen Idee** untergeordnet.

1955 Im Düsseldorfer Abkommen der Kultusministerkonferenz werden **länderübergreifende Richtlinien** für das Gymnasium verabschiedet.

1964 Das Hamburger Abkommen der Kultusministerkonferenz leitet eine **Öffnung des Gymnasiums** gegenüber anderen Schulformen ein.

1972 Mit der **Oberstufenreform** wird die Differenzierung der Oberstufe in Grund- und Leistungskurse eingeführt.

1. Wie ist das Gymnasium aufgebaut?
2. Welche Gründe gibt es für die Popularität des Gymnasiums?
3. Welche Alternativen zum Besuch des Gymnasiums gibt es?

Was kennzeichnet die Gesamtschulen?

Keine andere Schulform ist in Deutschland so engagiert und polarisiert diskutiert worden wie die Gesamtschule. Dieses Engagement steht allerdings der Tatsache gegenüber, dass die integrative Beschulung in der Sekundarstufe im überwiegenden Teil der westlichen Industrieländer den Normalfall darstellt und ein mehrgliedriges Schulsystem eher die Ausnahme ist. Neben Deutschland ist es nur in wenigen anderen Ländern (z. B. Schweiz, Nordirland) zu finden.

Für das Konzept der Gesamtschule ist der Anspruch grundlegend, die Chancengleichheit zu fördern und vermeidbaren Benachteiligungen vorzubeugen. Insbesondere möchte man folgenden Wirkungen des dreigliedrigen Schulsystems entgegenwirken:

- zu frühe Bildungslaufbahnentscheidung (nach der vierten Klasse),
- Förderung des Einzelnen gemäß seinen Neigungen und Interessen nur begrenzt möglich,
- Fächerangebot eng und häufig wenig bedarfsgerecht,
- soziale Selektionshürden im Bildungssystem.

In den *integrierten Gesamtschulen* werden alle Bildungsgänge in eine Schule integriert, ohne dass sich die Schüler auf eine Laufbahn festlegen müssen. Innerhalb eines Jahrganges gibt es die Möglichkeit zur Differenzierung nach Leistung und Neigung: Die Lernenden werden in einzelnen Fächern verschiedenen Kursniveaus zugeordnet und können über die Belegung einzelner Wahlpflichtfächer selbst entscheiden. Durch die gemeinsame Beschulung von Kindern aller Schichten soll die soziale Selektion des dreigliedrigen Schulsystems entschärft werden. In den kooperativen Gesamtschulen werden die Bildungsgänge in einer gemeinsamen Schulorganisation zwar zusammengefasst, bleiben aber innerhalb dieser getrennt.

Entwicklung und Einschätzung

Die ersten Gesamtschulen wurden Anfang der 1970er-Jahre als Versuchsschulen eingerichtet (vgl. Bildungsrat 1969, S. 15). Inzwischen gibt es weit über 800 integrierte Gesamtschulen in Deutschland. Es ist jedoch nicht gelungen, eine klare Antwort auf die Frage nach der Leistungsfähigkeit der Gesamtschule im Vergleich zum gegliederten Schulwesen zu geben. Leistungsvergleiche wie die PISA-Studie (BAUMERT u. a. 2001) haben allerdings wiederholt ergeben, dass die Leistungsunterschiede *innerhalb* bestimmter Schulformen größer sind als zwischen ihnen.

Ausblick

Heute ist die Gesamtschule vor allem mit dem Problem konfrontiert, in einem Konkurrenzverhältnis zu anderen Schulformen zu stehen, welches insbesondere dazu führt, das besonders gute Grundschulabgänger das Gymnasium besuchen und das Leistungsspektrum an der Gesamtschule nach unten verzerrt wird (Creaming-Effekt). Die weitere Entwicklung der Gesamtschule wird ferner vor allem davon abhängen, inwieweit die Integrationstendenzen zwischen Haupt- und Realschule fortschreiten.

---

1. Welche Ziele verfolgt die Gesamtschule?
2. Welche Formen von Differenzierung gibt es an der integrierten Gesamtschule?
3. Überlegen Sie, welche Bedeutung ein Voranschreiten oder Stagnieren der Integration von Haupt- und Realschule für die Gesamtschule haben kann.

Wahl- und Differenzierungsmöglichkeiten in der integrierten Gesamtschule

Jahrgang	Bereich	Wahl	
13 12 11	**Gymnasiale Oberstufe*** z.T. als Profil-Oberstufe, z.T. in Kooperation mit anderen Schulen	z.T. Beginn mit einer zweiten Fremdsprache möglich	
10 9	**Fachleistungsdifferenzierung** zusätzlicher Lernbereich Naturwissenschaften	* Wahlpflichtfach	z.T. Förderangebote
8 7	**Fachleistungsdifferenzierung** Deutsch, Mathematik, erste Fremdsprache	* Wahlpflichtfach	
6 5	**Gemeinsame Orientierungsstufe** Alle Lernenden werden gemeinsam unterrichtet; z.T. wird auf Klassenverbände aus der Grundschule Rücksicht genommen; Klassenlehrer unterrichten z.T. fachfremd, um einen hohen Stundenanteil zu realisieren.		

*Wahlpflichtfach
Die Schüler wählen zu Beginn der 7. und 9. Klasse ein Fach aus einem Angebot, z.B. eine zweite oder dritte Fremdsprache, Arbeitslehre u.a.

**Fachleistungsdifferenzierung
Je nach Leistungsfähigkeit belegen die Schüler in einzelnen Fächern Kurse mit unterschiedlichem Niveau. Im Allgemeinen werden zwei oder drei Niveaus angeboten. Der Wechsel ist in beide Richtungen möglich.

***Profil-Oberstufe
Bestimmte Leistungs- und Wahlpflichtkurse sind zu Profilen zusammengefasst, aus denen die Schüler wählen, z.B. Profil Ökologie mit den Leistungskursen Biologie und Erdkunde und dem Grundkurs Chemie.

Die Anfangszeitpunkte der Differenzierung und die Wahlpflichtangebote differieren von Land zu Land und von Schule zu Schule. Die hier angegebenen Zahlen sind Anhaltspunkte.

BAUMERT, J. u.a. (Hrsg.): PISA 2000: Basiskompetenzen von Schülerinnen und Schülern im internationalen Vergleich. Opladen 2001.

BUHREN, C. G./RÖSNER, E.: Gesamtschule. Eine Zwischenbilanz. In: ROLFF, H.-G./BAUER, K.-O./KLEMM, K./PFEIFFER, H. (Hrsg.): Jahrbuch der Schulentwicklung, Bd. 9. Weinheim/München 1996, S. 261–306.

CORTINA, K. S. / BAUMERT, J. / LESCHINSKY, A. / MAYER, K. U. / TROMMER, L. (Hg.): Das Bildungswesen in der Bundesrepublik Deutschland. Strukturen und Entwicklungen im Überblick. Reinbek 2003.

Deutscher Bildungsrat: Empfehlungen der Bildungskommission. Einrichtung von Schulversuchen mit Gesamtschulen. Bonn 1969.

Welche Funktionen haben die Förderschulen?

Im Bildungswesen stellen die Förderschulen ein spezielles Angebot für Schülerinnen und Schüler dar, die aufgrund bestimmter Merkmale im allgemein bildenden Schulwesen nicht adäquat unterrichtet werden können. Solche Merkmale können Lernbehinderungen, geistige oder auch körperliche Behinderungen sein.

Merkmale

Die erste deutsche „Sonderschule", die Leipziger Taubstummenanstalt von 1778, richtete sich wie der Name bereits sagt, an bestimmte körperbehinderte Schülerinnen und Schüler. Seit Ende des 19. Jahrhunderts gibt es auch Vorläufer der heutigen *Schulen für Lernbehinderte*, die so genannten *Hilfsschulen*, die damals für besonders leistungsschwache Volksschüler eingeführt wurden – allerdings wurden zum Teil auch Schüler mit anderen Behinderungen aufgenommen, für die es keine speziellen Angebote gab. Die Schule für Lernbehinderte, heute *Förderschule* genannt, stellt heute den zahlenmäßig bedeutsamsten Förderschultyp dar: Mehr als die Hälfte aller Sonderschüler besucht eine Schule für Lernbehinderte (BMBF 2001, S. 76). Dabei ist gerade diese Schule in der Fachdiskussion besonders umstritten, weil

> „,Lernbehinderung' nur in Bezug auf Schule definiert ist und vor oder nach der Schulzeit eigentlich nicht diagnostiziert werden kann" (SANDER 2001, S. 240).

Die Diagnose Lernbehinderung erfolgt auf Basis der schulischen Leistung, beispielsweise durch zweimaliges Wiederholen einer Klasse in der Grund- oder Hauptschule.

Die *Struktur des Förderschulwesens* entspricht der Einteilung der verschiedenen Formen von Behinderungen. Neben Lernbehinderungen unterscheidet man verschiedene Körperbehinderungen und geistige Behinderung, auf die in den entsprechenden Schulformen in jeweils spezifischer pädagogischer Weise eingegangen wird.

Kritik und Ausblick

Die Funktion der Förderschule als Ergänzung des Regelschulwesens ist nicht unumstritten. Diagnosen möglicher Lernbehinderungen sind oft nicht überzeugend operationalisiert und die Schulen für verhaltensgestörte Kinder und Jugendliche sind stets der Gefahr ausgesetzt, missbraucht zu werden, um „besonders anstrengende Kinder abzuschieben" (Arbeitsgruppe ..., S. 355). Zudem wird bezweifelt, dass der Zusammenschluss behinderter Schüler in einer homogenen Lerngruppe eine optimale Förderung bedeutet. Seit den 1970er-Jahren gibt es eine Reihe positiver Erfahrungen mit integrativer Beschulung (→ E 69), in der behinderte und nicht behinderte Kinder gemeinsam in Regelschulen unterricht werden (vgl. PREUSS-LAUSITZ 2001).

Bei aller Kritik muss zwischen Förderschulen unterschieden werden, die auf eine dauerhafte Unterrichtung ausgerichtet sind, und solchen, die als *Durchgangsschulen* das Ziel verfolgen, ihre Schüler wieder in das reguläre Schulsystem einzugliedern. Letzteres ist besonders bei Schulen für Sprachbehinderte und der Schule für Kranke der Fall. Generell erscheint es wichtig, dass sich Regel- und Förderschulen durch gemeinsame Veranstaltungen etc. einander öffnen.

---

1. Welche Arten von Förderschulen gibt es?
2. Welche Rolle spielen die verschiedenen Förderschultypen?
3. Nennen Sie Gründe, die für bzw. gegen die Unterrichtung Behinderter in Förderschulen sprechen.

Förderschulform[1]	Klientel	Ziel/Abschluss	Schüler[2]
Schule für Lernbehinderte	Lernende, die ohne spezifischen organischen Befund im regulären Schulwesen nicht erfolgreich sind, sollen an der Schule für Lernbehinderte besonders gefördert werden.	besonderer Abschluss, der nicht als Hauptschulabschluss anerkannt wird	229
Schule für Verhaltensgestörte	Lernende, deren Sozialverhalten ihre eigenen Leistungen oder die ihrer Mitschüler dauerhaft und schwer wiegend beeinträchtigt	als Durchgangsschule konzipiert, die Wiedereingliederung ins Regelschulsystem gelingt jedoch oft nicht	25
Schule für geistig Behinderte	Lernende, die aufgrund schwerer geistiger Behinderung nur elementare Kulturfertigkeiten erlernen können	Vermittlung elementarer Fertigkeiten zur Förderung eines möglichst selbstständigen Lebens	64
Schule für Sprachbehinderte	Lernende mit spezifisch sprachlichen Defiziten, die hierdurch vorübergehender Unterstützung bedürfen	als Durchgangsschule konzipiert	35
Schule für Schwerhörige und Gehörlose	taube Lernende und Lernende mit schwer wiegender Beeinträchtigung des Gehörs	Förderung der Kommunikationsfähigkeit, ggf. Vorbereitung auf weiterführende Schulen	10
Schule für Sehbehinderte und Blinde	blinde Lernende und Lernende mit schwer wiegender Beeinträchtigung des Sehvermögens	Kompensation der Sehbehinderung, ggf. Vorbereitung auf weiterführende Schulen	4
Schule für Körperbehinderte	Lernende mit Behinderungen des Bewegungs- und Stützapparates, oft auch mit Mehrfachbehinderungen	unterschiedliche Abschlüsse nach Grad der Behinderung, auch Vorbereitung auf weiterführende Sekundarschulen	21
Schule für Kranke	Lernende in stationärer medizinischer Behandlung (wird nicht in allen Ländern dem Förderschulbereich zugerechnet)	Durchgangsschule	–

[1] Die Bezeichnungen der Förderschulen weichen in den verschiedenen Bundesländern zum Teil voneinander ab. ‚Die Schule für Kranke' wird nicht in allen Ländern dem Förderschulwesen zugerechnet, für Hörgeschädigte und Sehgeschädigte gibt es je zwei Förderschulformen, die hier allerdings zusammengefasst sind.

[2] im Jahr 1999/in Tausend   (vgl. Sander 2001, 240 ff., BMBF 2001, S. 76 f.)

Arbeitsgruppe Bildungsbericht am Max-Planck-Institut für Bildungsforschung. Das Bildungssystem in der Bundesrepublik Deutschland. Reinbek b. Hamburg 1997.

BMBF (Hrsg): Grund- und Strukturdaten 2000/2001. Bonn 2001.

PREUSS-LAUSITZ, U.: Gemeinsamer Unterricht Behinderter und Nichtbehinderter. In: Zeitschrift für Erziehungswissenschaft, Nr. 3/2001, S. 209–224.

SANDER, A.: Hilfe für behinderte Menschen. In: KRÜGER, H.-H./RAUSCHENBACH, T.: Einführung in die Arbeitsfelder der Erziehungswissenschaft. Opladen 2001, S. 235–250.

Verfassungsrechtliche Stellung

Die relativ geringe Bedeutung des Privatschulwesens ist eines der Merkmale des deutschen Bildungssystems.

Zu der eher randständigen Position privater Schulen trägt bereits die verfassungsmäßige Stellung des Schulwesens bei, nach der „das gesamte Schulwesen unter der Aufsicht des Staates" steht (GG. Art. 7, Abs. 1). Die Einrichtung von Privatschulen ist hiernach zwar zulässig, aber mit Auflagen verbunden. In Abs. 4 heißt es:

> „Private Schulen als Ersatz für öffentliche Schulen bedürfen der Genehmigung des Staates und unterstehen den Landesgesetzen. Die Genehmigung ist zu erteilen, wenn die privaten Schulen in ihren Lehrzielen und Einrichtungen sowie in der wissenschaftlichen Ausbildung ihrer Lehrkräfte nicht hinter den öffentlichen Schulen zurückstehen und eine Sonderung der Schüler nach den Besitzverhältnissen der Eltern nicht gefördert wird."

Bildung und Wirtschaft

Da im staatlichen Schulwesen einerseits kein Schulgeld erhoben wird, Privatschulen andererseits aber auch keine Auslese nach den wirtschaftlichen Verhältnissen der Eltern betreiben dürfen, ist die schulische Bildung als wirtschaftliches Betätigungsfeld eher ungeeignet – anders verhält es sich mit dem staatlich nicht kontrollierten Nachhilfesektor (→ F 88).

Aktuelle Situation

Trotz dieser Voraussetzungen gibt es private Schulen: Sie werden allerdings zumeist nicht aus wirtschaftlichen, sondern aus weltanschaulichen oder eben pädagogischen Motiven heraus gegründet. Derzeit werden die ca. 2.500 privaten allgemein bildenden und beruflichen Schulen in Deutschland von etwa 540.000 Schülerinnen und Schülern besucht.

Verteilung

Der größte Anteil aller Schüler, die eine private Schule besuchen, entfällt auf Schulen, die sich in kirchlicher Trägerschaft befinden. Diesen folgen die Waldorfschulen und die Landerziehungsheime. Daneben gibt es etwa 45 freie Schulen, die im Allgemeinen von engagierten Eltern und Pädagogen ins Leben gerufen worden sind.

Position im Bildungswesen

Obwohl die privaten Schulen quantitativ wenig Bedeutung haben, nehmen sie im Bildungssystem häufig eine Vorreiterrolle ein – hier werden alternative Konzepte praktiziert, die auch Einfluss auf das staatliche Schulwesen haben. Neue und alte reformpädagogische Ideen, die von den staatlichen Institutionen zunächst skeptisch betrachtet wurden, konnten leichter Eingang in das staatliche Schulsystem finden, nachdem sich ihre Durchführbarkeit an einzelnen privaten Schulen erwiesen hatte.

1. Welche Gründe kann es für die ‚strenge' Reglementierung des Privatschulwesens durch das Grundgesetz geben?
2. Wie kann der Betrieb einer Privatschule ohne die Auswahl nach wirtschaftlichen Verhältnissen funktionieren?
3. Erläutern Sie, inwiefern private allgemein bildende und berufliche Schulen eine Vorreiterrolle gegenüber den staatliche Schulen im Bildungssystem einnehmen können.

Private Schulen in Deutschland: ein Stammbaum

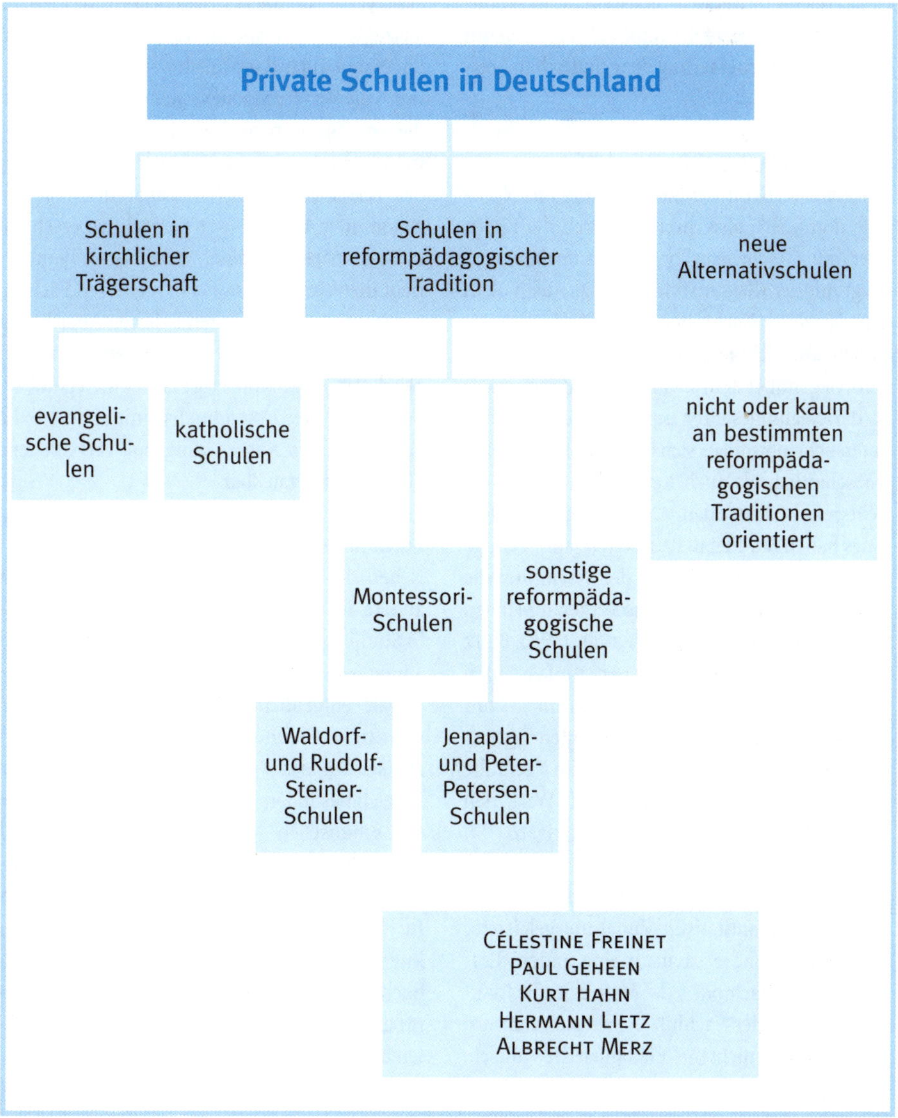
Private Schulen in Deutschland
Schulen in kirchlicher Trägerschaft
Schulen in reformpädagogischer Tradition
neue Alternativschulen
evangelische Schulen
katholische Schulen
nicht oder kaum an bestimmten reformpädagogischen Traditionen orientiert
Montessori-Schulen
sonstige reformpädagogische Schulen
Waldorf- und Rudolf-Steiner-Schulen
Jenaplan- und Peter-Petersen-Schulen
Célestine Freinet
Paul Geheen
Kurt Hahn
Hermann Lietz
Albrecht Merz

Bundesverband der Privatschulen und Arbeitsgemeinschaft freier Schulen: www.privatschulen.de.
Rödler, K.: Vergessene Alternativschulen. Geschichte und Praxis der Hamburger Gemeinschaftsschulen 1919–1933. Weinheim/München 1987.
Röhrs, H. (Hrsg.): Die Schulen der Reformpädagogik heute. Düsseldorf 1986.

Welche Rolle spielt der Nachhilfesektor im Bildungswesen?

Unter Nachhilfe versteht man die außerschulische fachliche Unterstützung von Lernenden mit dem Ziel der Verbesserung der schulischen Leistungen.

Familiäre oder bezahlte Nachhilfe

Während bei Grundschülern die *familiäre* Nachhilfe dominiert, also die Hilfe durch die Eltern oder die Geschwister bei Hausaufgaben etc., steigt mit der Klassenstufe auch das Ausmaß, in dem *bezahlter* Nachhilfeunterricht von Schülerinnen und Schülern in Anspruch genommen wird. Gegenüber dem staatlichen Bildungswesen ist der Nachhilfesektor nur wenig und partiell untersucht, obwohl es sich hier sowohl um einen wirtschaftlich als auch hinsichtlich der Unterrichtszeit bedeutenden Aspekt handelt. Allerdings haben Studien in den letzten Jahren einige Klarheit über den Umfang der Nachhilfe, die Kosten und Motive sowie das Personal bringen können (vgl. z. B. KRAMER/WERNER 1998). BEHR (1990, S. 12) kommt in einer umfassenden Untersuchung zu dem Ergebnis, dass insgesamt etwa die Hälfte aller Schulabsolventen irgendwann im Laufe der Schulzeit bezahlte Nachhilfe in Anspruch genommen hat – ein Wert, den andere Untersuchungen in etwa bestätigen.

Warum immer häufiger Nachhilfe?

Neben der quantitativen Zunahme geleisteter bezahlter Nachhilfe ist noch eine andere Entwicklung beobachtbar – die *Motive* für die Inanspruchnahme der Nachhilfe haben sich verschoben: Es besteht nicht mehr lediglich der Wunsch, akut versetzungsgefährdende Leistungsdefizite auszugleichen, sondern immer häufiger sollen die Noten auch dann noch verbessert werden, wenn die Versetzung nicht mehr gefährdet ist. In diesem Zusammenhang wird Nachhilfeunterricht besonders häufig in den Abschlussklassen der verschiedenen Schulformen in Anspruch genommen. Unter dieser Perspektive erscheint es auch nachvollziehbar, dass Nachhilfeunterricht inzwischen verstärkt in mehreren Fächern genommen wird. Während der Ausgleich von Versetzungsproblemen in mehreren Fächern gleichzeitig eher schwierig erscheint, ist eine Verbesserung des Notendurchschnitts durch die Verteilung der Anstrengung auf verschiedene Fächer eher vorstellbar.

Formen der Nachhilfe

Neben der schulischen Nachhilfe spielen auch andere Sektoren eine Rolle – etwa die Nachhilfe in Studiengängen in Form von Repetitorien und anderen Kursen zur Prüfungsvorbereitung sowie private entgeltliche oder kostenlose Nachhilfe von Studierenden untereinander. Die Kommerzialisierung des Nachhilfesektors ist in diesem Bereich besonders stark, schreitet aber auch bei der schulischen Nachhilfe voran, so dass es inzwischen nach Schätzungen über 3.000 private, gewinnorientierte Nachhilfinstitute gibt. In jüngster Zeit entwickelt sich ein Zweig der internetgestützten Nachhilfe, in dem z. B. Schulbuchverlage, aber auch andere Anbieter Lernprogramme, Skripten und auch persönliche Hilfen über das World Wide Web anbieten.

1. Welche Formen von Nachhilfe gibt es?
2. Wie haben sich die Nachfrage nach Nachhilfe und die Gründe für die Inanspruchnahme von Nachhilfe entwickelt?
3. Wie erklären Sie sich die Entwicklung, dass immer häufiger Nachhilfe und vermehrt in verschiedenen Fächern in Anspruch genommen wird?

Bildungssystem und Bildungspolitik

Inhalte der Nachhilfe durch die Eltern

Vorbereitung von Klassenarbeiten:	57%
Erklären schwieriger Inhalte und Gespräche über den Schulstoff:	46%
Kontrolle der Hausaufgaben:	33%
Zusätzliches Üben:	31%

Anteil der Schüler, die Nachhilfe erhalten

5. Klassenstufe:	12%
7. Klassenstufe:	17%
9. Klassenstufe:	20%

Stundenumfang bezahlter Nachhilfe/Woche

1 Stunde:	52%
2 Stunden:	33%
über 2 Stunden:	15%

Anzahl der Fächer bei Nachhilfeschülern

1 Fach:	65%
2 Fächer:	24%
mehr als 2 Fächer:	23%

Dauer der Nachhilfe

bis zu ½ Jahr:	69%
bis zu 1 Jahr:	17%
mehr als 1 Jahr:	15%

(vgl. ABELE/LIEBAU 1998)

Begründung für Nachhilfeunterricht
(durchschnittliche Bedeutung auf einer Skala von 1: unwichtig bis 5: sehr wichtig):

Schüler hat (zeitweilig) nicht genug gearbeitet	3
zu erarbeitende Stoffmenge zu umfangreich	2,9
Schüler braucht mehr Zeit zur Erarbeitung	2,8
ungünstige Unterrichtsbedingungen	2,7

ABELE, A./LIEBAU, E.: Nachhilfeunterricht. Eine empirische Studie an bayerischen Gymnasien. In: Die deutsche Schule, H. 2, 1998, S. 37–49.

BEHR, M.: Nachhilfeunterricht. Erhebungen in einer Grauzone pädagogischer Alltagsrealität. Darmstadt 1990.

GIESSING, J.: Wettbewerb um gute Zensuren statt klassischer Nachhilfe. Über den Wandel der Motive für Zusatzunterricht. In: Die deutsche Schule, H. 2, 2000, S. 168–176.

HURRELMANN, K.: Das deutsche Schulwesen privatisiert sich. In: Pädagogik, H. 9, 1996, S. 35–39.

KRAMER, W./WERNER, D.: Familiäre Nachhilfe und bezahlter Nachhilfeunterricht – Ergebnisse einer Elternbefragung in NRW. Köln 1998.

Welche Lernorte gibt es in der dualen Ausbildung?

Die Ausbildung im dualen System findet einerseits im Betrieb, andererseits in der Berufsschule (→ F 90) statt. Beide Institutionen sind Träger unterschiedlicher Lernorte.

Lernen am Arbeitsplatz

Das Lernen am *Arbeitsplatz* und im täglichen Arbeitsprozess ist ein wesentliches Charakteristikum und ein Erfolgsfaktor der betrieblichen Ausbildung (weshalb es in schulischen Ausbildungen zum Teil durch Übungsfirmen und Ähnliches simuliert wird). Es trägt maßgeblich zur Praxisnähe der Ausbildung bei, dass die Auszubildenden von Anfang an und kontinuierlich mit den konkreten Anforderungen am Arbeitsplatz vertraut gemacht werden. Auch in der Weiterbildung erweist sich der Arbeitsplatz gegenüber Seminaren oft als Lernort überlegen, nicht zuletzt weil das unmittelbar in der Praxis Gelernte den aktuellen Anforderungen meist besser entspricht und leichter in den Berufsalltag transferiert werden kann.

Weitere (über)betriebliche Einrichtungen

Neben dem Lernort Arbeitsplatz gibt es noch die *überbetrieblichen Einrichtungen*, die oft von Berufsverbänden getragen werden und die Ausbildung um die Anteile ergänzen, die im Einzelbetrieb nicht immer geleistet werden können.

Auch innerhalb der Betriebe wird manchmal *zusätzlicher praktischer und theoretischer Unterricht* erteilt (Übungslabors usw.). Insbesondere große Betriebe verfügen über eine differenzierte Ausbildungsstruktur, nach der die Auszubildenden innerhalb der Ausbildungszeit in allen für ihren Beruf relevanten Abteilungen eines Unternehmens eingesetzt werden. Ausbildungsverbünde zwischen verschiedenen Unternehmen bieten Möglichkeiten, weitere Ausbildungsorte mit einzubeziehen. Viele Großunternehmen verfügen über eigene Lehrwerkstätten, in denen die Auszubildenden ihren Beruf unter realistischen Bedingungen, aber vom täglichen Produktionsprozess abgekoppelt, erlernen. So können am Anfang der Ausbildung notwendige Grundfertigkeiten für den Produktionsprozess angebahnt werden. Nach dieser Phase können die Auszubildenden teilweise oder ganz in den Produktionsprozess wechseln und die Ausbildung durch eine erneute Phase in der Lehrwerkstatt, in der auf dem Praxiswissen aufgebaut werden kann, abschließen. In Klein- und Mittelbetrieben findet die Ausbildung kontinuierlich am Arbeitsplatz statt, ggf. wird sie um Bildungsabschnitte in überbetrieblichen Ausbildungsstätten ergänzt.

Weitere Modelle der Berufsbildung

Die Aufteilung der Berufsausbildung im Sinne des dualen Systems ist ein Spezifikum, das es in relativ wenigen Ländern gibt. Neben dem dualen System gibt es noch das *Schulmodell* (Berufsausbildung findet im Wesentlichen in staatlichen Schulen statt), das *Marktmodell* (hier übernimmt der Staat nur eine marginale Steuerungsrolle) und (vor allem in Staaten der Dritten Welt) das *informelle Modell*.

1. Welche Aufgaben können die einzelnen Lernorte besonders gut erfüllen? Wie ergänzen sie sich?
2. Welche Vorteile stehen dem hohen Aufwand für innerbetriebliche Schulung, Lehrwerkstätten usw. gegenüber? Welche Vorteile bietet die Vorbereitung auf die Produktion in Lehrwerkstätten?
3. Wie schaffen es kleine Betriebe, die Breite der Ausbildung zu gewährleisten?

Lernen am Arbeitsplatz

Lernen am Arbeitsplatz dient vor allem der fachpraktischen Qualifikation, der üben-
den und kompetenzerweiternden praktischen Auseinandersetzung mit täglichen
Aufgaben im Produktionsbereich. Es stellt den quantitativ bedeutsamsten Teil der
Ausbildung im dualen System dar. Lernen am Arbeitsplatz zeichnet sich durch Praxisnähe und -relevanz aus. Je nach Arbeitsplatz ist jedoch die Ergänzung um berufs-
spezifische Inhalte, die an einem bestimmten Arbeitsplatz nicht vorkommen, erforderlich.

Lehrwerkstatt/Lehrbüro

In der Lehrwerkstatt oder dem Lehrbüro können Arbeitsgänge, die in der beruflichen
Praxis vorkommen, eingeübt werden. Dabei kann mit Fehlern und Abweichungen
leichter umgegangen werden. So können Auszubildende beispielsweise Grundfertigkeiten eines bestimmten Berufs erlernen, die sie dann während der Ausbildung am
Arbeitsplatz vertiefen können. Außerdem bieten Lehrwerkstätten und Büros geeig-
nete Bedingungen für selbst gesteuertes Lernen, in dem Bereiche eigenverantwort-
lich erschlossen werden.

Innerbetrieblicher Unterricht

Der innerbetriebliche Unterricht ergänzt den Berufsschulunterricht. Er kann Fördermaßnahmen für schwächere Auszubildende beinhalten, betriebsspezifische Zusatz-
kompetenzen, die in der Berufsschule nicht gelehrt werden, oder auch Aspekte, die
nicht betriebsspezifisch sind, aber aus Sicht des Betriebs vertieft oder ergänzt werden sollen (z.B. Methodentraining).

Überbetriebliche Ausbildungseinrichtung

Besonders kleine Betriebe können oftmals nicht das ganze Spektrum der Kompetenzen, die zu einem Beruf gehören, vermitteln, überbetriebliche Ausbildungsein-
richtungen können diese Lücke schließen. Darüber hinaus fördern sie auch den
Austausch der Auszubildenden untereinander und somit auch den Informationsfluss
zwischen verschiedenen Unternehmen einer Branche.

Berufsschule

Die Berufsschule dient insbesondere der fachtheoretischen und allgemein bildenden
Ausbildung. Der bevorzugte Lernort ist der Klassenraum, daneben gibt es auch
Werkstätten, Labors, Schulküchen, Schulbüros usw. Neben der Berufsschule ergänzen die (Berufs-)Fachschulen den Ausbildungssektor sowohl im dualen System als
auch in Berufen, für die es keine duale Ausbildung gibt (→ F 90).

Informelle Lernorte

In zunehmendem Maße werden auch Lernorte in den Blick genommen, die traditionell nicht dem Bildungswesen zugerechnet wurden. Dazu gehören Bibliotheken,
Vereine, aber auch Freizeitangebote und das Fernsehen. Insofern Jugendliche hier
berufsrelevante Kompetenzen erwerben, sind diese Lernorte von Bedeutung, wenngleich sie nicht dem dualen System zugeordnet werden können (→ F 92).

ARNOLD, R./MÜNCH, J.: 120 Fragen und Antworten zum Dualen System der deutschen Berufsausbildung.
  Baltmannsweiler 2000.
GREINERT, W.-D.: Das Duale System der deutschen Berufsausbildung. Stuttgart [3]1997.

F
90

Welche beruflichen Schulen gibt es?
Und welche Aufgaben haben sie?

Innerhalb des Komplexes Berufsschule können acht Schulformen unterschieden werden, die jeweils unterschiedliche Aufgaben wahrnehmen: die ‚klassische' Berufsschule, das Berufsvorbereitungsjahr und das Berufsgrundschuljahr, die Berufsfachschule, die Fachschule, die Berufsaufbauschule, die Fachoberschule, das berufliche Gymnasium.

Da in der Bundesrepublik Deutschland bis zum vollendeten 18. Lebensjahr Teilzeitschulpflicht herrscht, müssen Jugendliche bis zu diesem Zeitpunkt eine Schule besuchen, unabhängig davon, ob sie eine Ausbildung absolvieren oder nicht. Lernende, die nach Abschluss der Hauptschule keine Ausbildung beginnen, können im Berufsgrundschuljahr Grundqualifikationen in einem Berufsfeld erwerben, auf die in einer Ausbildung in diesem Bereich dann aufgebaut werden kann. Wurde die Hauptschule ohne Abschluss verlassen, so kann die Berufsreife in einer Klasse des Berufsvorbereitungsjahres (BVJ) unter Umständen nachgeholt werden. In beiden Fällen wird durch den Schulbesuch die Erfüllung der Schulpflicht sichergestellt.

Die klassische *Berufsschule* leistet den schulischen Teil einer Ausbildung im dualen System. Ihr Ziel ist die fachtheoretische und allgemein bildende Begleitung einer betrieblichen Ausbildung in einem anerkannten Ausbildungsberuf. Daneben gibt es die Möglichkeit der Ausbildung in einer Berufsfachschule oder Fachschule. Dort werden einerseits Ausbildungen angeboten, die auch im dualen System, also mit Beteiligung eines Ausbildungsbetriebes absolviert werden können, andererseits Ausbildungen in den so genannten Schulberufen, für die es keine duale Ausbildung gibt (z.B. Physiotherapeut/in, physikalisch-technische/r Assistent/in etc.). Fachschulen bieten darüber hinaus spezielle, auf eine Berufsausbildung aufbauende Lehrgänge, z.B. mit dem Ziel der Meisterprüfung.

Die *Berufsaufbauschule* hat – entweder neben oder nach einer Berufsausbildung – den Erwerb eines mittleren Bildungsabschlusses mit Übergangsmöglichkeiten zur Fachoberschule oder zum beruflichen Gymnasium zum Ziel.

Die *Fachoberschule* baut auf dem Realschulabschluss oder vergleichbaren Bildungsabschlüssen auf. In ein- oder zweijährigem Vollzeitunterricht bereitet sie auf den Besuch der Fachhochschule vor. In einigen Ländern kann hier im Anschluss die allgemeine Hochschulreife erworben werden (FOS 13, Berufsoberschule).

Das *berufliche Gymnasium* ist eine gymnasiale Oberstufe mit berufsbezogenen Schwerpunkten. Im Allgemeinen gibt es technische Gymnasien und Wirtschaftsgymnasien, die – aufbauend auf einem mittleren Bildungsabschluss – beide zur allgemeinen Hochschulreife führen. Daneben gibt es – je nach Bundesland – auch noch weitere spezielle berufliche Schulen.

---

1. Was bedeutet Teilzeitschulpflicht für das berufliche Schulwesen?
2. Welche Abschlüsse können an beruflichen Schulen erworben werden?
3. Wie beurteilen Sie das Verhältnis allgemeiner und beruflicher Bildung im Berufsschulwesen mit Bezug auf die Grafik von Seite 161?

CORTINA, K. S. / BAUMERT, J. / LESCHINSKY, A. / MAYER, K. U. / TROMMER, L. (Hg.): Das Bildungswesen in der Bundesrepublik Deutschland. Strukturen und Entwicklungen im Überblick. Reinbek 2003.
GREINERT, W.-D.: Das Duale System der deutschen Berufsausbildung. Stuttgart ³1997.
MÜNCH, J.: Das Berufsbildungssystem der Bundesrepublik Deutschland. Brüssel/Luxemburg 1994.

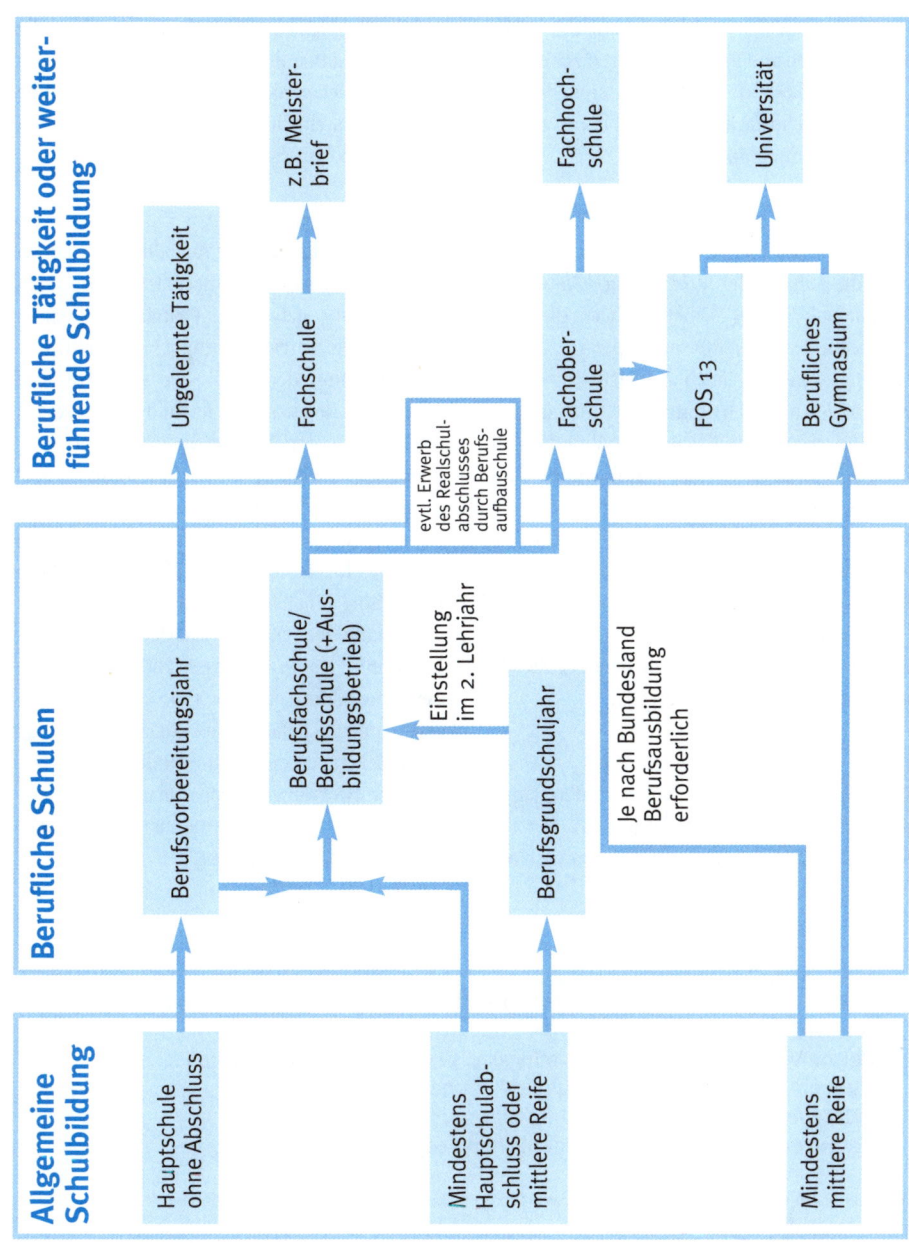

Berufliche Tätigkeit oder weiterführende Schulbildung

- Ungelernte Tätigkeit
- z.B. Meisterbrief
- Fachschule
- Fachhochschule
- Universität
- Fachoberschule
- FOS 13
- Berufliches Gymnasium

evtl. Erwerb des Realschulabschlusses durch Berufsaufbauschule

Berufliche Schulen

- Berufsvorbereitungsjahr
- Berufsfachschule/ Berufsschule (+Ausbildungsbetrieb)
- Einstellung im 2. Lehrjahr
- Berufsgrundschuljahr
- Je nach Bundesland Berufsausbildung erforderlich

Allgemeine Schulbildung

- Hauptschule ohne Abschluss
- Mindestens Hauptschulabschluss oder mittlere Reife
- Mindestens mittlere Reife

**F
91**

Wie verteilen sich die Aufgaben der Ausbildung im dualen System auf Betrieb und Berufsschule?

Die Aufteilung der Ausbildung auf die beiden Träger Betrieb und Berufsschule ist das wesentliche Kennzeichen des dualen Systems. Betriebe und Berufsschulen kooperieren bei der Berufsausbildung miteinander.

Aufgaben der Berufsschule

Die Berufsschule (→ F 90) übernimmt vorwiegend die Aufgabe der *fachtheoretischen* und der *allgemeinen Bildung*. Neben Fächern, die einen konkreten beruflichen Bezug haben (z. B. Buchführung), werden auch berufsübergreifende Fächer (z. B. Deutsch) unterrichtet. In jüngerer Zeit sind es vor allem Fächer zur politischen Bildung wie Sozialkunde oder Politik, die verstärkt in den Lehrplan aufgenommen werden.

Angesichts des rapiden sozialen Wandels sind auch die Anforderungen an den Einzelnen gestiegen, sich in der Gesellschaft zurecht zu finden – Ausbrüche von Gewalt gegen Minderheiten etwa stellen eine zusätzliche Herausforderung für die politische Bildung dar.

Die Lehrpläne der Berufsschulen

Die *Lehrpläne* der Berufsschulen werden, gemäß dem Prinzip des Kulturföderalismus, von den Ländern erlassen. Allerdings müssen sie zuvor auf die *Rahmenlehrpläne* abgestimmt sein, die von der Kultusministerkonferenz der Länder verabschiedet werden. Auf diese Weise wird eine gewisse Einheitlichkeit unter Berücksichtigung der Kulturhoheit der Länder gewährleistet.

Aufgaben betrieblicher Ausbildung

Der betriebliche Teil der Ausbildung in einem anerkannten Ausbildungsberuf ist an die *Ausbildungsordnung* gebunden. Weitgehend Freiheit genießen die Betriebe bezüglich der zeitlichen Detailplanung, der Wahl der Lernorte und Methoden sowie des Ausbildungspersonals (→ F 89). Im Betrieb findet die so genannte *fachpraktische Ausbildung* statt. Zum Teil gibt es allerdings *zusätzliche inner- und überbetriebliche Schulungsangebote*. Schließlich haben auch die Betriebe eine Funktion, die über die fachliche Ausbildung hinausgeht: Denn sie erfüllen „für die Auszubildenden eine wichtige Sozialisationsfunktion" (ARNOLD/MÜNCH 2000, S. 44). Die Berufsausbildung ist für viele Schulabgänger eine der ersten Erfahrungen mit der beruflichen Wirklichkeit, einem Acht-Stunden-Arbeitstag, der Verantwortung für Produkte und Dienstleistungen und dem Verhältnis zwischen Arbeitgebern und Arbeitnehmern.

---

1. Welche Möglichkeiten der Kooperation gibt es zwischen Betrieben und Berufsschulen?
2. Welche Vorteile des dualen Systems sind gegenüber einer rein schulischen oder rein betrieblichen Ausbildung erkennbar?
3. Welche Aufgaben fallen der Berufsschule zu? Welche Aufgaben fallen der betrieblichen Ausbildung zu?

ARNOLD, R./MÜNCH, J.: 120 Fragen und Antworten zum Dualen System der deutschen Berufsausbildung. Baltmannsweiler 2000.
PÄTZOLD, G.: Lernortkooperation. Impulse für die Zusammenarbeit in der beruflichen Bildung. Heidelberg 1990.

Berufsschule und Betrieb sind Partner bei der Ausbildung im Rahmen des dualen Systems.	
In der	In dem
staatlich getragenen	**privatwirtschaftlich organisierten**
Berufsschule	**Ausbildungsbetrieb**
findet durch	findet durch
Berufsschullehrerinnen und Berufsschullehrer	**fachlich und persönlich geeignete Ausbilder und nebenberufliche Ausbilder**
Unterricht in	Arbeit und Unterricht in
fachtheoretischen und allgemeinen Bereichen	**fachpraktischen Bereichen**
gemäß der	gemäß dem
Lehrpläne der Länder	**Ausbildungsrahmenplan**
statt.	statt.

Neben den Lernorten der dualen Berufsausbildung und dem allgemeinen Schulwesen gibt es eine Reihe von Orten, die traditionell nicht dem Bildungswesen zugeordnet werden, an denen aber dennoch viel und zum Teil systematisch gelernt wird.

Bibliotheken

Ein Lernort, dem ein ausgesprochen hohes Potenzial für lebenslanges Lernen (→ E 66) zugesprochen wird, ist die Bibliothek. Durch die Bereitstellung von Literatur, von elektronischen Lernmedien und z. T. von Lese- oder Arbeitsplätzen finden Jugendliche und Erwachsene hier eine Lernumgebung besonderer Art: Sie verbindet das Angebot hochwertigen Lernmaterials und entsprechender -mittel mit der völligen Freiheit bei der Gestaltung des Lernprozesses. Inzwischen machen sich Bibliotheken sogar zunehmend die unterstützende Beratung der Lernenden zur Aufgabe (vgl. SEITTER 2000, S. 84).

Medien

Medien spielen als Lernquellen und als Mittel zur Förderung der Motivation der Lernenden eine wichtige Rolle (→ B 26). Als Bildungsmedium ist vor allem das Internet hervorzuheben, das umfangreiche Informationen und verschiedenstes Material etwa zur Recherche bereithält (MAROTZKI 2000). Auch die Massenmedien Radio und Fernsehen liefern z. T. bildungswirksame Programme (NOLDA 2001) und werden von einigen Bevölkerungsgruppen zielgerichtet zur Ausbildung oder Weiterbildung eingesetzt.

Weitere außerschulische Lernorte

- Das *Reisen* und gewisse *Vereinsteilnahmen* werden nach SEITTER (2000) als außerschulische Lernorte aufgefasst.
- Das *Lernen am Arbeitsplatz* trägt ebenfalls zur Weiterbildung des Einzelnen bei. Die Bedeutung des Lernortes Arbeitsplatz ist in den letzten Jahren stark angewachsen. Denn – wie Untersuchungen belegen – kann Lernen am Arbeitsplatz gegenüber dem verschulterten Lernen in Seminaren unter verschiedenen Bedingungen durchaus Vorteile haben.
- Jugendbildung und politische Bildung werden von Vereinen, Verbänden und auch Parteien getragen.

Eine bedeutsame Aufgabe wird es sein, das informelle Lernen an außerschulischen Lernorten „behutsam auf die Bewusstseinsstufe eines reflektierten, intentionalen selbst gesteuerten Lernens anzuheben" (DOHMEN 1999, S. 24) – der Grund dafür ist vor allem, dass der gesellschaftliche Wandel immer häufiger Anpassung durch Lernen erforderlich macht. Zudem sinkt der Wert von Bildungszertifikaten tendenziell. Formelle Lernangebote weisen gegenüber informellen Möglichkeiten häufig keinerlei Vorteil mehr auf. Neben der *Weiterbildungsberatung*, die über verschiedene Bildungswege informiert, kommt somit der *Lernberatung* (→ B 27) eine zunehmend wichtigere Aufgabe zu, denn mit ihrer Hilfe kann Lernen im Rahmen selbst gesteuerter Lernprozesse gefördert werden, ohne dass die Lernorte in irgendeiner Weise ins Bildungssystem integriert werden müssten.

1. Welche Orte informellen Lernens gibt es?
2. Wie unterscheidet sich das Lernen in der Bibliothek vom Lernen in Seminaren oder Kursen?
3. Überlegen Sie, welchen Lernbedingungen informelles Lernen entgegenkommt.

Lernbedürfnisse Erwachsener

Bedürfnisse und Interessen	Beispiele	Lern- und Erfahrungsorte
technologischer Wandel - Aktualisierung beruflicher Qualifikationen - Umgang mit technischen Alltagsgegenständen - Freude am Umgang mit Technik	- PC-Kentnisse im Büro - Internet-Literacy - SMS - Programmierung	- Medienarbeitsplätze in Bibliotheken - Internet-Café - technische Gegenstände aller Art
wirtschaftlicher Wandel - lebenslanges (Um-)Lernen - zunehmende Eigenverantwortung - Erschließen neuer, attraktiver Berufsfelder - Bildungsinflation	- Ende des Lebenszeitberufs - private Alterssicherung - Webdesign, Online-Redaktion - Hochschulabschluss keine Arbeitsplatzgarantie	- Fachliteratur - Gespräche, Börsenvereine - PC - inhalts- statt abschlussorientierte Lernangebote
gesellschaftlicher Wandel - Verständnis für gesellschaftliche Entwicklungen - Umgang mit Medien - ethische Herausforderungen	- Einblick in fremde Lebenswelten - Werbung - Reproduktionsmedizin	- Reisen - Gespräche, Fernsehen, Printmedien - Literatur, Gespräche, Fernsehen und Rundfunk

DOHMEN, G. (Hrsg.): Weiterbildungsinstitutionen, Medien, Lernumwelten. Bonn 1999.

MAROTZKI, W. (Hrsg.): Zum Bildungswert des Internet. Opladen 2000.

NOLDA, S.: Zur Vermittlung von Bildungswissen im Fernsehen. In: FAULSTICH, P. u. a. (Hrsg.): Wissen und Lernen, didaktisches Handeln und Institutionalisierung. Beiheft zum Literatur- und Forschungsreport Weiterbildung. Bielefeld 2001, S. 90–100.

SEITTER, W.: Lesen, Vereinsmeiern, Reisen. (Vergessene) Elemente einer Theorie des lebenslangen Lernens. In: Zeitschrift für Pädagogik, 2000, H. 1, S. 80–96.

Welche Rolle spielen die verschiedenen Formen der Beratung im Schulwesen?

Beratung ist laut Beschluss der Kultusministerkonferenz der Länder vom 14.9.1973 eine der Aufgaben von Lehrpersonen. Je nach Anlass sehen die Schulgesetze daneben aber auch noch andere Fachkräfte für Beratungsaufgaben vor.

Lehrerinnen und Lehrer leisten alltägliche Beratung – vor allem im Unterricht und in Sprechstunden. Darüber hinaus gibt es die Beratungslehrer, die im Allgemeinen zusätzlich qualifiziert sind, und den schulpsychologischen Dienst, dessen Mitarbeiter umfassend psychologisch ausgebildet sind. In jüngerer Zeit kommen ferner Sozialpädagogen hinzu, die etwa in Regelschulen Beratungsaufgaben übernehmen.

Aufgaben der Beratung

Als Aufgaben der Beratung im Schulbereich werden häufig die Felder Schullaufbahnberatung, Einzelfallhilfe und Systemberatung genannt (vgl. z. B. Perrez u. a. 1985, S. 38 f. sowie verschiedene Schulgesetze der Länder).

Die *Schullaufbahnberatung* informiert zum einen über die verschiedenen Bildungswege und zum anderen über die mit ihnen verbundenen Ansprüche und Möglichkeiten. Grundlage hierfür ist die Kenntnis des Schulsystems, insbesondere die Kenntnis

- der jeweiligen Übergangsmöglichkeiten zwischen verschiedenen Schulformen (auch zwischen dem allgemeinen und dem beruflichen Bildungswesen),
- der Charakteristika der verschiedenen Schulformen.

Ein besonderer Fall ist der Übergang von der Schule ins Berufsleben oder Hochschulsystem, für diesen ist gemäß Sozialgesetzbuch III die Arbeitsverwaltung, also die Berufsberatung des Arbeitsamtes, zuständig.

Als *Einzelfallhilfe* bezeichnet man die Beratung bei individuellen Problemen im Lernprozess, etwa Konzentrations- oder Disziplinschwierigkeiten, vorübergehende oder dauerhafte Behinderungen oder Ähnliches. Als Einzelfallhilfe gewinnt die Lernberatung (→ B 27) neben der Erziehungsberatung immer mehr an Bedeutung. Allerdings hat die Beratung durch Lehrerinnen und Lehrer hier oft nur eine Einstiegsfunktion. Die Beratung ist zumeist in einem psychologisch- oder sozialpädagogischfundierten Rahmen fortzusetzen, wie es etwa in den kommunalen Erziehungsberatungsstellen geschieht.

Mit *Systemberatung* ist die Beratung in der Schule gemeint, die sich nicht nur an die Lernenden und die Eltern richtet, sondern auch an die Institution selbst – im Sinne einer Beratung zur Organisationsentwicklung.

Für die *schulische Beratung* gibt es kein einheitliches Konzept oder herausragendes Modell, aber einige (psychologische) Beratungskonzepte, auf die häufig implizit oder explizit zurückgegriffen wird. Zu nennen sind insbesondere (vgl. Martin 1980, S. 88 ff., Tymister 1990):

- die klientenbezogene Beratung Rogers,
- verhaltenstherapeutische Konzepte,
- Konzepte der Individualpsychologie.

1. Welche Beratungsfelder gibt es im Schulwesen?
2. Welche Kenntnisse benötigt man, um bei der Wahl der Schullaufbahn zu beraten?
3. Überlegen Sie, bei welchen Beratungsfällen ein Lehrer die Ratsuchenden an andere Beratungsstellen weiterverweisen sollte.

Einzelfallhilfe

- Lernberatung
- Erziehungsberatung
- Vermittlung an pädagogische und psychologische Beratungsstellen

Beratung im Schulwesen

Schullaufbahn- beratung

- Schulsystem
- Übergänge von einer Schulform zu einer anderen
- Charakteristika und Anforderungen der Schulformen und Bildungsgänge

Systemberatung

- Schulentwicklung
- Qualitätsentwicklung
- Lernkulturwandel

Martin, L. R.: Beraten und Beurteilen in der Schule. Ziele, Möglichkeiten und Grenzen. München 1980.

Pätzold, H.: Pädagogische Beratung und Lernberatung. In: Arnold et al. (Hrsg.): Qualitätssicherungen an Schulen. Donauwörth 2006 S. 153–176.

Perrez, M./Büchel, F./Ischi, N./Patry, J.-L./Thommen, B.: Erziehungspsychologische Beratung und Intervention. Bern, Stuttgart, Toronto 1985.

Tymister, H. J. (Hrsg.): Individualpsychologisch-pädagogische Beratung. Grundlagen und Praxis. München, Basel 1990.

Die Ausbilderin oder der Ausbilder eines Betriebes ist für die unmittelbare Ausbildung des Lehrlings verantwortlich. Das *Berufsbildungsgesetz* (BBiG) verlangt hierfür die fachliche und persönliche Eignung. Auch der einstellende Arbeitgeber muss persönlich geeignet sein, um Auszubildende zu beschäftigen. Das BBiG nennt als Gründe für mangelnde Eignung z. B. den mehrfachen Verstoß gegen dieses Gesetz (Art. 20).

Fachliche Eignung

Die fachliche Eignung der Ausbilderinnen und Ausbilder besteht aus zwei Teilen:

1. Zum einen müssen Kenntnisse im auszubildenden Beruf vorhanden sein – oft weisen die Ausbilder selbst eine abgeschlossene Ausbildung in diesem Beruf auf.
2. Zum anderen müssen berufs- und arbeitspädagogische Kenntnisse vorhanden sein – also Wissen über Methodik und Didaktik, Recht der Berufsbildung usw. Wie diese erworben und nachgewiesen werden können, regelt die *Ausbildereignungsverordnung* (AEVO). Nur im Handwerk wird die Ausbildereignung üblicherweise durch die *Meisterprüfung* nachgewiesen, bei der auch die Ausbildereignung geprüft wird.

Wer bildet aus?

An der Ausbildung im Betrieb wirken oft mehrere Personen mit. Ausbilderinnen und Ausbilder im Sinne der AEVO sind der *Ausbildungsleiter* sowie der *Ausbildungsmeister* und/oder *hauptberufliche Ausbilder*. Natürlich werden viele Auszubildende auch von anderen Mitarbeiterinnen und Mitarbeitern im Betrieb angeleitet. Diese *Ausbildungsbeauftragten* oder *nebenberuflichen Ausbilder* leisten oft einen erheblichen Teil der Ausbildung. Da sie jedoch diese Aufgabe nur nebenberuflich wahrnehmen, müssen sie ihre Ausbildungseignung nicht durch eine Prüfung nachweisen. Allerdings werden die nebenberuflichen Ausbilder oft vor Ort durch die hauptberuflichen Ausbilder und Ausbildungsleiter qualifiziert.

Entwicklung der betrieblichen Ausbildung

Mit der Neuordnung der Metallberufe von 1987 hat die betriebliche Ausbildung einen neuen Kurs eingeschlagen. Mehr Bedeutung wird der Entwicklung umfassender Handlungskompetenz beigemessen, und zwar über einzelne Qualifikationen hinaus. Damit ändert sich auch die Rolle der Ausbilderinnen und Ausbilder. Denn indem die Auszubildenden stärker in den Prozess der Planung, Durchführung und Bewertung von Arbeitsaufgaben eingebunden werden, ist die Aufgabe der Ausbilderinnen und Ausbilder weniger direktiv und besteht nicht so sehr im Vormachen und Kontrollieren als mehr im *Begleiten*, *Moderieren* und *Beraten* der Auszubildenden.

1. Wer ist an der Ausbildung beteiligt?
2. Welche Voraussetzungen werden an Ausbilderinnen und Ausbilder gestellt?
3. Warum wandelt sich mit der Neuordnung der Ausbildungsberufe auch die Rolle der Ausbilderinnen und Ausbilder?

BAUSCH, T.: Die Ausbilder im dualen System der Berufsbildung. Bielefeld 1997.
KUTT, K.: Ausbilder im Betrieb. Empirische Befunde zur Situation und Qualifikation des Ausbildungspersonals. Berlin 1990.

Gemäß der Ausbildereignungsprüfung müssen betriebliche Ausbilder über folgende Fertigkeiten verfügen:

Allgemeine Grundlagen:
- Gründe für die betriebliche Ausbildung
- Einflussgrößen auf die Ausbildung
- rechtliche Rahmenbedingungen der Ausbildung
- Beteiligte und Mitwirkende an der Ausbildung
- Anforderungen an die Eignung der Ausbilder

Planung der Ausbildung:
- Ausbildungsberufe
- Eignung des Ausbildungsbetriebes
- Organisation der Ausbildung
- Abstimmung mit der Berufsschule
- Ausbildungsplan
- Beurteilungssystem

Mitwirkung bei der Einstellung von Auszubildenden:
- Auswahlkriterien
- Einstellung, Ausbildungsvertrag
- Eintragungen und Anmeldungen
- Planen der Einführung
- Planen des Ablaufs der Probezeit

Ausbildung am Arbeitsplatz:
- Auswählen der Arbeitsplätze und Aufbereiten der Aufgabenstellung
- Vorbereitung der Arbeitsorganisation
- praktische Anleitung
- Fördern aktiven Lernens

Fördern von Handlungskompetenz:
- Lernerfolgskontrollen
- Beurteilungsgespräche

Förderung des Lernprozesses:
- Anleiten zu Lern- und Arbeitstechniken
- Sichern von Lernerfolgen
- Auswerten der Zwischenprüfungen
- Umgang mit Lernschwierigkeiten und Verhaltensauffälligkeiten
- Berücksichtigen kultureller Unterschiede bei der Ausbildung
- Kooperation mit externen Stellen

Ausbildung in der Gruppe:
- Kurzvorträge
- Lehrgespräche

Moderation:
- Auswahl und Einsatz von Medien
- Lernen in Gruppen
- Ausbildung in Teams

Abschluss der Ausbildung:
- Vorbereitung auf Prüfungen
- Anmelden zur Prüfung
- Erstellen von Zeugnissen
- Abschluss und Verlängerung der Ausbildung
- Fortbildungsmöglichkeiten
- Mitwirkung an Prüfungen

(gemäß Art. 2 der Ausbildungsverordnung)

Die Ausbildung von Lehrerinnen und Lehrern für staatliche Schulen war nicht zu allen Zeiten wissenschaftlich orientiert. Bis weit in die 1960er-Jahre hinein wurden Volksschullehrer an pädagogischen Hochschulen ausgebildet, die als ausschließliche Einrichtungen der Lehrerausbildung allerdings nicht den Status von Universitäten hatten. Zum Teil wurden sie seitdem schrittweise in Universitäten eingegliedert, als eigenständige Einrichtungen wurde ihr Status ebenfalls entsprechend angehoben. In jüngster Zeit wird auch die teilweise Einbeziehung der Fachhochschulen in die Lehrerausbildung diskutiert – etwa in den Empfehlungen zur Lehrerausbildung des nordrhein-westfälischen Expertenrats (Expertenrat 2001, S. 117).

Ausbildungsphasen

Die Lehrerausbildung in Deutschland zeichnet sich durch einen im internationalen Vergleich relativ hohen pädagogischen Anteil und eine lange Ausbildungszeit aus. Die Ausbildung ist aufgeteilt in zwei Phasen:

1. die *universitäre Ausbildung* als erster Phase,
2. den *Vorbereitungsdienst an Schulen und in den Studienseminaren* (Referendariat) nach Abschluss der universitären Ausbildung.

In vielen Staaten werden nicht alle Lehrämter an Universitäten ausgebildet, beispielsweise ist der Primarbereich häufig ausgenommen (z. B. Belgien, Luxemburg).

In der ersten, universitären Phase der Lehrerausbildung wird neben den Fachwissenschaften ein erziehungswissenschaftliches Studium absolviert, dessen Anteil je nach angestrebter Schulform unterschiedlich hoch ist. In dieser Phase werden *wissenschaftliche Grundlagen* erworben und einige Bereiche vertieft. Das erste Staatsexamen beinhaltet unter anderem eine Prüfungsarbeit, in der die Absolventen nachweisen, dass sie mit der jeweiligen Fachmethodik und ihren Konzepten vertraut sind.

In der zweiten Phase findet die stärker *praktisch orientierte Ausbildung* an Studienseminaren und Schulen statt, in der schulische Erfahrung und die Reflexion im Seminar miteinander verbunden werden. Während in der ersten Zeit die *Hospitation* im Vordergrund steht, wird später zunehmend *eigenverantwortlicher Unterricht* gehalten. In mehreren Unterrichtsbesuchen und *Lehrproben* wird die Eignung des Kandidaten für ein Lehramt überprüft.

Kritik und Ausblick

Die Trennung in eine wissenschaftliche und eine praktische Ausbildungsphase ist vielfach kritisiert worden. Es hat bereits Versuche gegeben, die Lehrerausbildung einphasig zu gestalten (vgl. DÖBRICH u. a. 1980). Gegenwärtig werden schulpraktische Erfahrungen zunehmend durch begleitete Praktika in die universitäre Phase der Ausbildung aufgenommen. Darüber hinaus gibt es auch Überlegungen, die Lehrerausbildung grundsätzlich mehrstufig zu gestalten, indem zunächst ein fachwissenschaftliches Studium (mit Bachelor als Abschluss) absolviert wird, auf das ein Lehramtsstudium postgradual aufbauen kann (vgl. Expertenrat 2001, S. 115 f.).

1. Wie ist die Ausbildung von Lehrerinnen und Lehrern zwischen Hochschule und Studienseminar aufgeteilt?
2. Welche grundsätzlichen Konzepte zur Lehrerausbildung gibt es?
3. Welche Rolle spielt die erziehungswissenschaftliche Ausbildung im Rahmen der Vorbereitung auf die Lehrtätigkeit?

→ # Drei Modelle der Lehrerausbildung

Das Volksschulmodell und das Gymnasialmodell sind an der ursprünglichen Ausbildung von Grundschul- und Gymnasiallehrern orientiert. Auch wenn sie sich seit den 1960er-Jahren zunehmend angenähert haben, weisen sie immer noch große Unterschiede auf.

2. Phase	schulpraktische Ausbildung an Schule und Studienseminar	schulpraktische Ausbildung	wissenschaftliche pädagogische Ausbildung
	1. Staatsexamen	**Bachelor o. Ä.**	
1. Phase	■ großer Anteil an Pädagogik ■ auf berufliche Kompetenz gerichtet ■ praxisbezogen ■ Ausbildung ursprünglich an der Pädagogischen Hochschule	■ großer Anteil an Fachwissenschaft ■ auf wissenschaftliche Kompetenz gerichtet ■ fachbezogen ■ Ausbildung an der Universität	■ reine Fachausbildung ■ auf fachpraktische Kompetenz gerichtet ■ Ausbildung an der Fachhochschule
	Volksschulmodell	**Gymnasialmodell**	**Vorschlag des Expertenrats[1]**

[1] Der Vorschlag des Expertenrates basiert auf dem „Abschlussbericht des Expertenrats im Rahmen des Qualitätspakts" und aktuellen Diskussionen hierzu (vgl. auch SCHNABEL u.a. 2001).

CORTINA, K. S. / BAUMERT, J. / LESCHINSKY, A. / MAYER, K. U. / TROMMER, L. (Hg.): Das Bildungswesen in der Bundesrepublik Deutschland. Strukturen und Entwicklungen im Überblick. Reinbek 2003.
DÖBRICH, P./KODRON, C./MITTER, W.: Einphasige Lehrerausbildung in Oldenburg. Gutachten für die Universität Oldenburg. Oldenburg 1980.
Expertenrat im Rahmen des Qualitätspakts: Abschlussbericht. Münster 2001.

Die etwa 340 Hochschulen in Deutschland bilden den so genannten *tertiären Bereich* des Bildungswesens:

- Drei Viertel der Studierenden sind an den ca. 160 Universitäten, theologischen oder pädagogischen Hochschulen und Kunsthochschulen eingeschrieben,
- ein Viertel wird an den ca. 180 Fachhochschulen ausgebildet (BMBF 2001, S. 150 und S. 154).

Die Hochschulen sind in Deutschland – im Gegensatz zu vielen anderen Ländern – integraler Bestandteil des staatlichen Bildungswesens. Auch wenn die Zahl der nichtstaatlichen Hochschulen zunimmt (vor allem im Bereich der Fachhochschulen), spielen sie zahlenmäßig keine bedeutende Rolle.

Dem föderalen Prinzip gemäß sind die *Bundesländer* für die Hochschulen verantwortlich, der Bund beteiligt sich im Wesentlichen über Beihilfen am Hochschulbau. Außerdem gewährleistet er die Wahrung eines Mindestmaßes an Einheitlichkeit durch das *Hochschulrahmengesetz* (HRG). Die *Aufgaben der Hochschulen* bestehen unter anderem in:

a) der Durchführung von Forschung und Lehre,
b) der Abnahme von Hochschulprüfungen,
c) der Berufung von Professorinnen und Professoren,
d) der Sicherung des wissenschaftlichen Nachwuchses und in den wirtschaftlichen Aufgaben wie etwa der Zusammenarbeit mit regionalen Unternehmen (vgl. Arbeitsgruppe ... 1997, S. 638).

Die Aufgaben der Hochschulen im Einzelnen

Bei der Durchführung der zugewiesenen Aufgaben sind die Hochschulen gemäß der grundgesetzlich gesicherten *Freiheit von Forschung und Lehre* (GG Art. 5, Abs. 3) relativ wenig eingeschränkt. Das betrifft sowohl die Auswahl der Forschungs- und Lehrthemen als auch die Methodik. Mit der Abnahme von Prüfungen (z. B. Diplomprüfungen, Staatsexamina) leistet die Universität einen Beitrag zur Vergabe von Berechtigungen und sichert die Ausbildungsqualität in akademischen Berufen (z. B. Lehrer, Mediziner, Ingenieure).

Im Gegensatz zu anderen Bereichen (etwa der Schule) erneuert sich das Wissenschaftssystem im Wesentlichen aus den eigenen Reihen, indem die Hochschulen nicht nur die Ausbildung des wissenschaftlichen Nachwuchses durchführen, sondern die ‚Scientific community' auch selbst darüber mitentscheidet, welche Wissenschaftlerinnen und Wissenschaftler Lehr- und Forschungsaufgaben übernehmen.

Die *wirtschaftlichen Aufgaben* umfassen die Förderung des Wissenschaftstransfers und Maßnahmen zur Regionalentwicklung (zum Beispiel durch Ausgründungen).

In jüngerer Zeit werden im Hochschulbereich vor allem die Neuordnung zahlreicher Studiengänge (z. B. Lehramt, Jura etc.), die Verlagerung von Teilen der universitären Ausbildung an die Fachhochschulen, die Einführung angelsächsischer Studienabschlüsse (Bachelor und Master) sowie die Möglichkeit Studiengebühren einzuführen diskutiert.

1. Welche Aufgaben erfüllen die Hochschulen? Welche Konflikte könnte es zwischen den verschiedenen Aufgaben geben?
2. Welche Argumente sprechen für, welche gegen Studiengebühren?
3. Welche Möglichkeiten einer Aufgabenteilung zwischen Fachhochschulen und Universitäten wären vorstellbar? Welche Folgen hätte das für die beteiligten Institutionen?

Im Folgenden werden die grundlegenden Bedingungen für die Bereiche Forschung und Lehre gemäß dem Hochschulrahmengesetz aufgelistet.

Forschung		Lehre
■ Gewinnung wissenschaftlicher Erkenntnisse ■ wissenschaftliche Grundlegung ■ Weiterentwicklung von Lehre und Studium	**Ziele**	■ Vorbereitung auf ein berufliches Tätigkeitsfeld ■ Befähigung zu wissenschaftlicher oder künstlerischer Arbeit ■ Befähigung zu verantwortlichem Handeln im Staat ■ berufsqualifizierender Abschluss ■ Weiterbildung
■ alle wissenschaftlichen Bereiche im Rahmen der Aufgabenstellung der Hochschule ■ Anwendungsforschung ■ Erforschung der Folgen der Anwendung wissenschaftlicher Erkenntnisse	**Gegenstand**	■ Studiengänge mit dem Ziel berufsqualifizierender Abschlüsse ■ inhaltliche Festlegung durch genehmigte Prüfungsordnungen ■ z. T. wissenschaftliche Tätigkeit mit dem Ziel einer Promotion, Habilitation o. Ä.
Personal		
■ Professoren ■ wissenschaftliche und künstlerische Assistenten ■ Oberassistenten und Oberingenieure ■ Hochschuldozenten ■ wissenschaftliche und künstlerische Mitarbeiter ■ Lehrkräfte für besondere Aufgaben		

Arbeitsgruppe Bildungsbericht am Max-Planck-Institut für Bildungsfragen: Das Bildungssystem in der Bundesrepublik Deutschland. Reinbek 1997.
Bundesministerium für Bildung und Forschung (BMBF): Grund- und Strukturdaten 2000/2001. Bonn 2000.
PEISERT, H./FRAMHEIN, G.: Das Hochschulsystem in Deutschland. Bonn ²1997.

Das Bildungswesen wird im Allgemeinen in vier Bereiche aufgeteilt:

1. den *Primarbereich* – er umfasst in Deutschland die Grundschule, also die Klassenstufen 1 bis 4 (bzw. 6 in einigen Ländern),
2. den *Sekundarbereich* – er beinhaltet die daran anschließenden allgemeinen (und im Sekundarbereich II auch beruflichen) Bildungsangebote bis zum Abitur bzw. zur abgeschlossenen Berufsausbildung,
3. den *tertiären Bereich* – er bezeichnet in Deutschland die Hochschulbildung,
4. die *Weiterbildung* – sie findet in Deutschland als quartärer Sektor oder *vierte Säule* gesondert Erwähnung; in anderen Staaten oder in der OECD wird sie dem tertiären Sektor zugerechnet.

Um das vielgestaltige Feld der Weiterbildung zu systematisieren, sind verschiedene Kategorien entwickelt worden, die sich an den Bildungszielen, an der Trägerschaft und an historischen Aspekten sowie an den Methoden oder an den Zielgruppen orientieren. Sehr verbreitet ist die Unterscheidung zwischen *allgemeiner* und *beruflicher Weiterbildung* – zum Teil wird die *politische Weiterbildung* auch als gesonderter Aspekt hinzugenommen. Die Zuordnung allgemein/beruflich bereitet nicht selten gewisse Schwierigkeiten, da es angesichts sich wandelnder und schwer vorhersagbarer Veränderungen des beruflichen *Qualifikationsbedarfs* häufig schwer zu entscheiden ist, ob eine Weiterbildungsveranstaltung beruflich relevant sein könnte. – Die wachsende berufliche Bedeutung von *Fremdsprachen* im Zeitalter der Globalisierung ist ein Beispiel für einen solchen veränderten Qualifikationsbedarf. Selbst formale Unterscheidungen, etwa danach, ob eine Weiterbildungsmaßnahme durch einen Betrieb oder privat in Anspruch genommen worden ist, erweisen sich dort als problematisch, wo eine wachsende Zahl selbstständiger „Arbeitskraft-Unternehmer" (PONGRATZ) als Ein-Personen-Betrieb Weiterbildung nachfragen.

Weiterbildung als Lebensbereich

Die Schwierigkeiten, das Feld der Weiterbildung zu systematisieren, machen deutlich, dass diese zunehmend die verschiedensten Lebensbereiche durchdringt und zum Teil miteinander vernetzt. Weiterbildung ist keine isolierte gesellschaftliche Erscheinung oder strukturierte Antwort auf bestimmte qualifikatorische Bedarfslagen, sondern wird mehr und mehr auch zu einem integralen Bestandteil des Lebens in modernen Gesellschaften.

1. Wieso lässt sich der Weiterbildungsbereich schwerer systematisieren als die anderen drei Bereiche des Bildungswesens?
2. Wo ist die Trennung in Primar-, Sekundar-, Tertiär- und Quartärbereich unscharf?
3. Welche anderen Ordnungsmöglichkeiten des Weiterbildungsbereiches fallen Ihnen ein?

ARNOLD, R./GIESEKE, W. (Hrsg.): Die Weiterbildungsgesellschaft. 2 Bde., Neuwied/Kriftel 1999.

CORTINA, K. S. / BAUMERT, J. / LESCHINSKY, A. / MAYER, K. U. / TROMMER, L. (Hg.): Das Bildungswesen in der Bundesrepublik Deutschland. Strukturen und Entwicklungen im Überblick. Reinbek 2003.

FAULSTICH, P./ZEUNER, C.: Erwachsenenbildung. Eine handlungsorientierte Einführung in Theorie, Didaktik und Adressaten. Weinheim, München 1999.

WITTPOTH, J.: Recht, Politik und Struktur der Weiterbildung. Baltmannsweiler 1997.

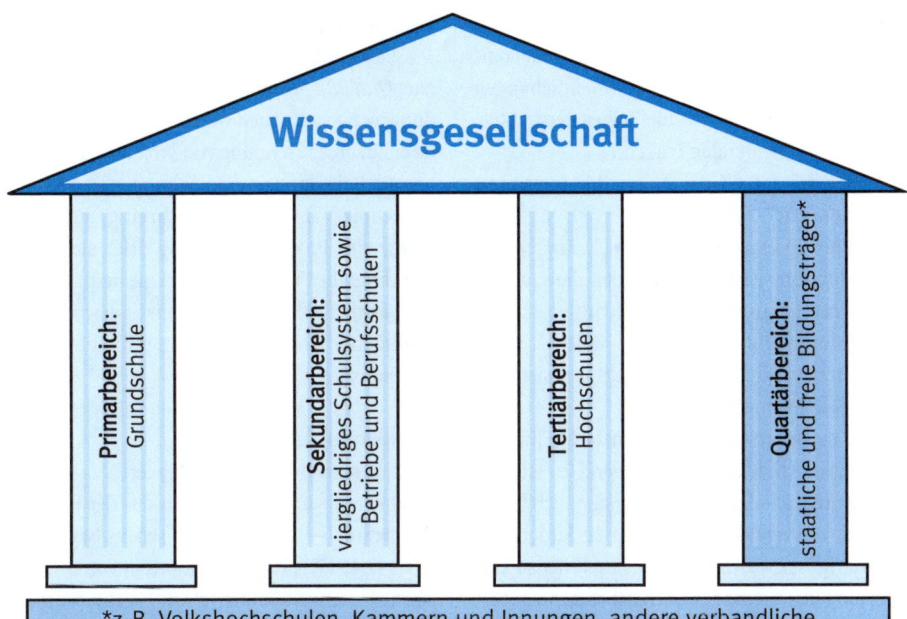

Wissensgesellschaft

Primarbereich: Grundschule

Sekundarbereich: viergliedriges Schulsystem sowie Betriebe und Berufsschulen

Tertiärbereich: Hochschulen

Quartärbereich: staatliche und freie Bildungsträger*

*z. B. Volkshochschulen, Kammern und Innungen, andere verbandliche Einrichtungen, Weiterbildungsunternehmen, Hochschulen, internationale Bildungsanbieter, Privatpersonen als (freiberufliche) Referenten

Fünf Differenzierungsmöglichkeiten der Weiterbildung

Das Thema Qualitätssicherung beherrscht seit einigen Jahren wie wenige andere die pädagogische Diskussion. Zahlreiche Veröffentlichungen befassen sich aus unterschiedlicher Perspektive mit den entscheidenden Fragen:

- Was wird unter Qualität im Bildungswesen verstanden?
- Welche Indikatoren können herangezogen werden, um eine Aussage über die Qualität bestimmter Angebote zu machen?
- Welche gewünschten und welche unerwünschten Konsequenzen ergeben sich aus der Beurteilung von Qualität?

Bereits bei der ersten Frage gehen die Meinungen stark auseinander. So nahe liegend es ist, von einer guten Schule zu sprechen oder auch hochwertige Weiterbildungsangebote zu fordern, so schwierig ist es, diese Begriffe inhaltlich zu klären. Ein Blick auf die gesellschaftlichen Aufgaben von Schulen oder Hochschulen zeigt, dass hier verschiedene Ziele angestrebt werden, die zumindest zum Teil in Konflikt zueinander stehen.

Qualitätsbestimmung

Qualität kann also zum einen *inhaltlich* bestimmt werden, indem sie solche Ziele operationalisiert und bei Zielkonflikten Prioritäten setzt. Ein anderer Weg besteht darin, Qualität über *Prozessmerkmale* (etwa das Ausmaß an Schulung der Mitarbeiterinnen und Mitarbeiter) zu definieren. Er wird durch die Anwendung der DIN ISO 9000 ff. im Bildungsbereich beschritten. Dieser wohl markanteste Vorstoß eines *Systems zur Qualitätssicherung* im Rahmen von Bildungsveranstaltungen ist jedoch problematisch, da er auf einer Trennung von *Produkt* und *Kunde* basiert. Bei Bildungsveranstaltungen ist aber der Teilnehmer als Kunde gleichzeitig auch der Träger des Produktes Bildung. Hier stellt sich allerdings die Frage, inwieweit eine ursprünglich aus dem Bereich der Produktionswirtschaft stammende Norm überhaupt auf Bildung übertragbar ist.

Indikatoren für Qualität

Ein *alternativer Weg*, der seit längerem mit Erfolg beschritten wird, besteht darin, aus der Pädagogik heraus – mit „einheimischen Begriffen" (NITTEL 1997, S. 163) – ein Konzept von Qualität zu entwickeln und umzusetzen. Hierbei wird auf etablierte Modelle wie eben die DIN ISO 9000 ff. zurückgegriffen, die jedoch nicht unverändert umgesetzt werden, sondern in einen kooperativen Prozess der Entwicklung von Qualitätsmaßstäben eingehen (vgl. z. B. ARNOLD 1997). Auf dieser Grundlage können – ebenfalls im Dialog – Indikatoren für Qualität bestimmt werden. Der Vorteil eines solchen dialogischen Verfahrens liegt darin, dass die Expertise der in der Institution Beteiligten in den Qualitätssicherungsprozess einfließt und jene sich nicht durch ein oktroyiertes System bevormundet fühlen.

ARNOLD, R. (Hrsg.): Qualitätssicherung in der Erwachsenenbildung. Opladen 1997.

ARNOLD, R./WIECKENBERG, U.: Instrumente der Qualitätssicherung in der kirchlichen Erwachsenenbildung, Teil 1. Heft 8 der Pädagogischen Materialien der Universität Kaiserslautern. Kaiserslautern 2000.

HELMKE, A. (Hrsg.): Qualität und Qualitätssicherung im Bildungsbereich: Schule, Sozialpädagogik, Hochschule. Beiheft zur Zeitschrift für Pädagogik Nr. 41. Weinheim 2000.

NITTEL, D.: Teilnehmerorientierung – Kundenorientierung – Desorientierung. Ein Votum zugunsten eines „einheimischen" Begriffs. In: ARNOLD, R. (Hrsg.): Qualitätssicherung in der Erwachsenenbildung. Opladen 1997, S. 163–184.

Zehn Leitsätze zur Qualitätssicherung

Qualitätssicherung ist systematisch.
Eine durchschaubare Systematik ist Grundlage erfolgreicher Bemühungen um Qualität.

Qualitätssicherung wird dokumentiert.
Frühere Ergebnisse und Know-how zur Qualitätssicherung müssen schriftlich verfügbar sein.

Qualitätssicherung ist Thema.
Sie kann nicht nebenbei erfolgen, sondern muss als Diskussionsgegenstand im Bewusstsein bleiben.

Qualitätssicherung ist kontinuierlich.
Verbesserungen entwickeln sich nicht sprunghaft. Erreichtes kann verloren gehen, wenn Qualitätssicherung nicht fortgesetzt wird.

Qualitätssicherung ist umfassend.
Sie setzt an allen Phasen und auf allen Ebenen an: Bedarfsermittlung wie Evaluation, Schulorganisation wie Didaktik usw.

Qualitätssicherung ist demokratisch.
Qualität lässt sich nur erreichen, wenn auf das Wissen der Beteiligten nicht verzichtet wird und sie den Prozess anerkennen und sich einbringen können.

Qualitätssicherung ist kommunikativ.
Kommunikation ist der erste Schritt zur Mitwirkung aller Beteiligten.

Qualitätssicherung betrifft auch Routine.
Verbesserung besteht nicht nur in der Entwicklung von Neuem, sondern auch in der Optimierung von Gewohntem.

Qualitätssicherung ist keine Kontrolle.
Verbesserung und nicht Kontrolle steht im Mittelpunkt. Qualitätssicherung benötigt ein Klima des Vertrauens.

Fehler sind erlaubt.
Nur durch das Zulassen und den konstruktiven Umgang mit Fehlern sind große Fortschritte möglich.

(nach: ARNOLD/WIECKENBERG 2000, S. 8)

1. Wie würden Sie Qualität in Bezug auf Schule/Hochschule/Weiterbildung definieren?
2. Welche Probleme ergeben sich bei der Übertragung der DIN ISO 9000 ff. auf den Bildungsbereich?
3. Welche Probleme können bei dialogischen Verfahren der Qualitätssicherung auftreten?

Schulen sehen sich heute vielfältigen Veränderungen gegenüber. Diese Veränderungen machen es erforderlich, die herkömmlichen Konzepte von Schulaufsicht und Schulverwaltung zu überwinden.

Schule als System

Damit Schulen sich als lebendige und lernende Organisationen entwickeln können, die auf ihre Umfeldveränderungen reagieren, benötigen sie eine größere Autonomie. Man spricht heute auch von einer teilautonomen Schule. Diese soll für alle, die an dem *System* Schule beteiligt sind, einen erhöhten Gestaltungsspielraum mit sich bringen. Denn inhaltliche Fragen sowie Personal und Sachmittel können vor Ort besser aufeinander abgestimmt werden und sollen dann einer Überprüfung anhand pädagogischer Gesichtspunkte standhalten, die in einem Leitbild (Schulprogramm, -profil) definiert sind. Die Bezeichnung schulscharfe Ausschreibung von Stellen drückt aus, dass Schulen Lehrpersonen gezielt selbst darauf hin auswählen, ob und inwieweit diese dem eigenen Schulprogramm zu entsprechen vermögen.

Drei Wege der Schulentwicklung

Versteht man Schulentwicklung als die Gesamtheit der Maßnahmen, mit denen die Zielklarheit, die Teamfähigkeit, die Selbststeuerungsfähigkeit sowie das organisationale Lernen von Schulen gefördert werden, so lassen sich drei Wege der Schulentwicklung unterscheiden, die allerdings parallel und integrativ beschritten werden müssen:

1. Die *Organisationsentwicklung* beinhaltet eine gezielte, auf Datenerhebung und Schwachstellenanalyse basierende Veränderung von schulischen Strukturen, Abläufen und Kooperationsmustern.
2. Die *Unterrichtsentwicklung* bezieht sich auf die Veränderung und Verlebendigung der schulischen Lernkultur (Unterrichtsmethoden etc.).
3. Die *Personalentwicklung* meint die kontinuierliche und konzeptionell (z. B. aus dem Schulprogramm) begründete Personalauswahl, Personalfortbildung, Personalführung und Personalförderung.

Jeder dieser drei Wege bleibt für sich allein unvollständig.

Allerdings hat sich gezeigt, dass ein Einstieg in einen *Schulentwicklungsprozess* gefunden werden kann, indem zunächst an einer Ebene, beispielsweise der Schulentwicklung als Unterrichtsentwicklung, angesetzt wird. Die anderen Ebenen lassen sich auf der Grundlage von Erfolgen in einem Bereich nach und nach erschließen.

1. Welches Ziel haben schulscharfe Ausschreibungen?
2. Wie hängen die drei Bereiche Organisationsentwicklung, Personalentwicklung und Unterrichtsentwicklung zusammen?
3. Welche Verfahren der Personal-, Organisations- und Unterrichtsentwicklung gibt es?

ALTRICHTER, H./SCHLEY, W./SCHRATZ, M. (Hrsg.): Handbuch der Schulentwicklung. Innsbruck/Wien 1998.
EIKENBUSCH, G.: Praxishandbuch Schulentwicklung. Berlin 1998.
ROLFF, H.-G. u. a.: Manual Schulentwicklung. Weinheim/Basel 1998.
ROLFF, H.-G.: Instrumente und Verfahren der Schulentwicklung. Studienmaterial der Universität Kaiserslautern (Fernstudium Schulmanagement). Kaiserslautern 2001.

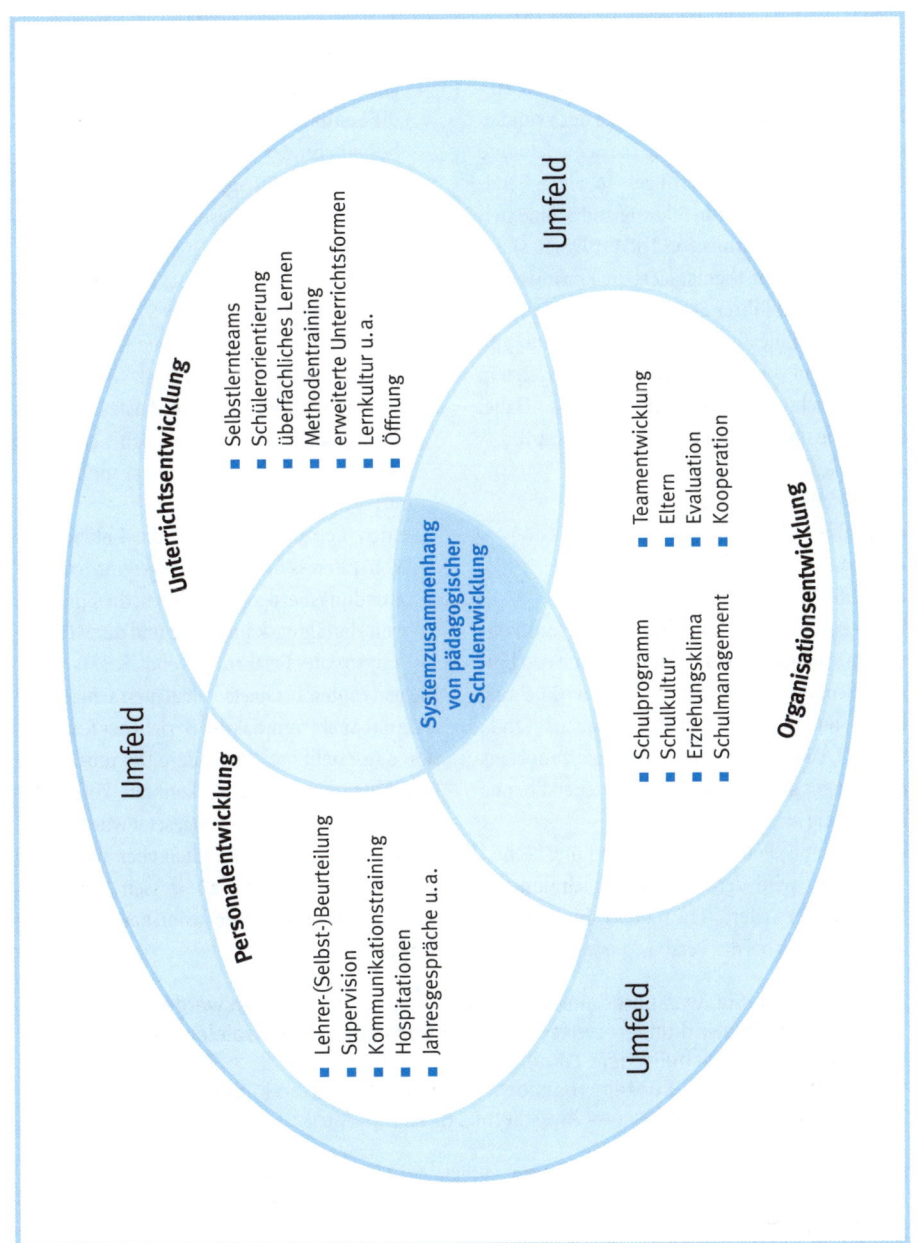

Umfeld

Unterrichtsentwicklung

- Selbstlernteams
- Schülerorientierung
- überfachliches Lernen
- Methodentraining
- erweiterte Unterrichtsformen
- Lernkultur u.a.
- Öffnung

Organisationsentwicklung

- Teamentwicklung
- Eltern
- Evaluation
- Kooperation

- Schulprogramm
- Schulkultur
- Erziehungsklima
- Schulmanagement

Systemzusammenhang von pädagogischer Schulentwicklung

Personalentwicklung

- Lehrer-(Selbst-)Beurteilung
- Supervision
- Kommunikationstraining
- Hospitationen
- Jahresgespräche u.a.

Umfeld

Umfeld

(nach ROLFF 2001, S. 10)

1992 hat der damalige Ministerpräsident Nordrhein-Westfalens und spätere Bundespräsident, JOHANNES RAU, eine Expertenkommission einberufen, „um Antworten auf einige der grundlegenden Fragen zu finden, die die schnellen und tief greifenden Veränderungen in allen Bereichen der Gesellschaft an Bildung und Schule stellen" (Bildungskommission NRW 1995, S. 3). Im Abschlussbericht thematisiert die Kommission, die in der Wahl ihrer Schwerpunkte freie Hand hatte, die Schule als Haus des Lernens und gibt eine Vielzahl von Hinweisen, wie Schulen sich in dieser Richtung entwickeln könnten. Dabei spricht sie unterschiedliche Bereiche an, z. B.:

- Schulaufsicht,
- Personalentwicklung,
- Schulformdifferenzierung,
- Koedukation,
- berufliche und allgemeine Bildung.

Diese Bereiche sind allerdings als Gesamtkonzept zu sehen, denn eine „Herausnahme von Einzelvorschlägen und ihre isolierte Verwirklichung würde nur geringe Wirkungen haben" (ebd., S. XXX). Die Entwicklung der Schule zum Haus des Lernens setzt also auf verschiedenen Ebenen gleichzeitig an:

- Durch eine „Politik der Ermöglichung" (ebd., S. XXIX) wird der Handlungsspielraum der Schulen erweitert, etwa beim Einsatz von Mitteln oder bei der Personalauswahl.

- Schulleitungen werden hierauf entsprechend vorbereitet.

  „Angesichts der neuen Anforderungen an die Leitung einer teilautonomen Schule, insbesondere der zusätzlichen Personalführungs- und Managementaufgaben, ist eine Ausbildung für diese Funktionen unverzichtbar" (ebd., S. 325).

- Eine differenziertere Betrachtung von Schulzeit als „Lebenszeit" (ebd., S. 223) führt zu flexibleren Konzepten zur Gestaltung der Zeit, die in der Schule verbracht wird.

- Die Lernkultur wandelt sich. Anstelle der Vermittlungslogik der traditionellen Lernschule mit einem festgefügten Bildungskanon geht es um

  „den Lernprozess selbst, die Entwicklung von Interessen, den Hinzugewinn von anwendungsbezogenem Wissen, die Zunahme von Handlungskompetenz und die Möglichkeit sozialer Erfahrung" (ebd., S. 82).

Die genannten Beispiele beleuchten schlaglichtartig das Spektrum, das der Bericht der Kommission dargestellt hat. Wie andere Dokumente der Politikberatung enthält er konkrete Vorstellungen, die zum Teil bereits umgesetzt wurden (vgl. MSW 1998, S. 23 ff.), er enthält aber auch einen „utopischen Überschuss", dessen Einlösung innerhalb weniger Jahre wohl kaum erwartet werden kann.

---

1. Beschreiben Sie, was unter einem Haus des Lernens verstanden werden kann.
2. Welche Wechselwirkungen zwischen den oben genannten Beispielen zur Konzeption von schulischem Lernen sind vorstellbar?
3. Vergleichen Sie das Konzept Haus des Lernens mit anderen in diesem Buch dargestellten pädagogischen Ansätzen (z. B. → A 9, A 10).

Bildungskommission NRW: Zukunft der Bildung – Schule der Zukunft: Denkschrift der Kommission „Zukunft der Bildung – Schule der Zukunft" beim Ministerpräsidenten des Landes Nordrhein-Westfalen. Neuwied, Kriftel 1995.
Ministerium für Schule und Wissenschaft Nordrhein-Westfalen (MSW): Zukunft der Bildung. Zweieinhalb Jahre Dialog um die Denkschrift „Schule der Zukunft". Zweiter Zwischenbericht. Düsseldorf 1998.

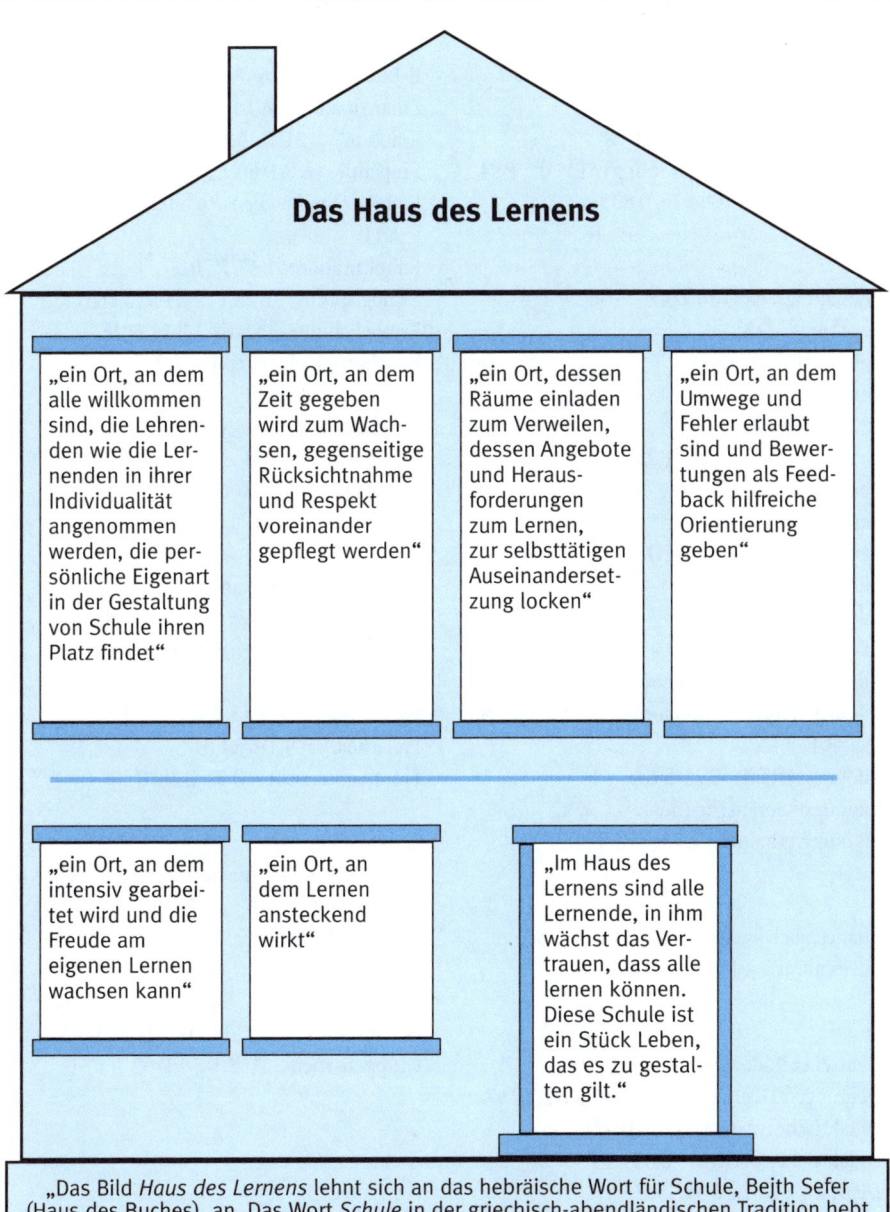

Das Haus des Lernens

„ein Ort, an dem alle willkommen sind, die Lehrenden wie die Lernenden in ihrer Individualität angenommen werden, die persönliche Eigenart in der Gestaltung von Schule ihren Platz findet"

„ein Ort, an dem Zeit gegeben wird zum Wachsen, gegenseitige Rücksichtnahme und Respekt voreinander gepflegt werden"

„ein Ort, dessen Räume einladen zum Verweilen, dessen Angebote und Herausforderungen zum Lernen, zur selbsttätigen Auseinandersetzung locken"

„ein Ort, an dem Umwege und Fehler erlaubt sind und Bewertungen als Feedback hilfreiche Orientierung geben"

„ein Ort, an dem intensiv gearbeitet wird und die Freude am eigenen Lernen wachsen kann"

„ein Ort, an dem Lernen ansteckend wirkt"

„Im Haus des Lernens sind alle Lernende, in ihm wächst das Vertrauen, dass alle lernen können. Diese Schule ist ein Stück Leben, das es zu gestalten gilt."

„Das Bild *Haus des Lernens* lehnt sich an das hebräische Wort für Schule, Bejth Sefer (Haus des Buches), an. Das Wort *Schule* in der griechisch-abendländischen Tradition hebt den Gegensatz zur Geschäftigkeit des Erwachsenenlebens hervor."

(Bildungskommission NRW 1995, S. 78 und 85)

Index

→ Index

Index

Quellennachweis

Die Genehmigung zum Abdruck haben freundlicherweise erteilt:
© Grafik Seite 17 – Krüger, H. H.: Einführung in Theorien und Methoden der Erziehungswissenschaft. Verlag Leske + Budrich, Opladen ³2001, S. 11. © Seite 25 – Braunmühl, E. v.: Zeit für Kinder. Fischer Verlag, Frankfurt a. M. 1978, S. 17 ff. © Grafik Seite 29 – Kessler, E./Krätzschmar, C.: Schulpädagogisches Repetitorium. Luchterhand Verlag, Neuwied 1993, S. 4. © Grafik Seite 53 – Arnold, R./Schüssler, I.: Wandel der Lernkulturen, Ideen und Bausteine für ein lebendiges Lernen. Wissenschaftliche Buchgesellschaft, Darmstadt 1998, S. 73. © Grafiken Seite 75/77 – 1977 by Hoffmann und Campe Verlag, Hamburg. © Grafik Seite 93 – Jank, W./Meyer, H.: Didaktische Modelle. Cornelsen Scriptor, Frankfurt a.m. 1994, S. 41. © Grafik Seite 99 – Klafki, W.: Studien zur Bildungstheorie und Didaktik. Beltz Verlag, Weinheim/Basel 1985 (²1991), S. 215. © Grafik Seite 115 – Kleber, E. W.: Diagnostik in pädagogischen Handlungsfeldern. Einführung in Bewertung, Beurteilung, Diagnose und Evaluation. Juventa Verlag, Weinheim 1992, S. 95. © Grafik Seite 119 – Arnold, R./Schüssler, I.: Wandel der Lernkulturen, Ideen und Bausteine für ein lebendiges Lernen. Wissenschaftliche Buchgesellschaft, Darmstadt 1988, S. 178. © Seite 123 – Klippert, H.: Kommunikationstraining. Beltz Verlag, Weinheim 1995, S. 19.